新时代网络教育融媒体教材

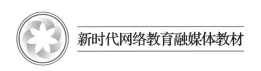

社区发展与家庭教育
（修订版）

刘剑玲 主编

清华大学出版社
北京

内 容 简 介

在责任共担、资源共享和终生教育理念的引领下,社区发展与家庭教育成为当下教育和社会管理等相关学科领域的重要研究内容和主干课程,主要研究家庭、学校和社区协同育人的规律与特点。

本书共包括八章。第一章社区与社区管理重点叙述了社区的构成要素、发展历程和国内外社区建设的比较。第二章社区教育与发展对社区教育的作用、内容和实施进行了深入探讨。第三章家庭与家庭教育重点介绍了社会变迁影响下的家庭教育和国内外先进理念指导下的家庭教育。第四章家庭、学校、社区协同育人对家、校、社协同育人的必要性、理论基础和先进经验进行了详细论述。第五章家庭教育的原则与方法和第六章家庭教育的指导阐释了家庭教育的一般方法和原则,对不同家庭类型、不同的儿童发展阶段的家庭教育进行分析并提出指导建议。第七章父母发展与亲职教育重点介绍了亲职教育的相关内容及探究了如何成为高效能父母的问题。第八章特殊儿童的家庭教育重点关注了智力异常、自闭症等特殊儿童群体的鉴别与家庭教育指导。

本书既可以作为高等院校在校学生、社区管理人员和学校教职工的学习书籍,也可以作为家长的家庭教育指导书目。其他涉及社区发展与家庭教育相关专业背景的社会人士,只要感兴趣,也可以阅读此书。

图书在版编目(CIP)数据

社区发展与家庭教育/刘剑玲主编.—修订本.—北京:清华大学出版社,2020.2(2025.4 重印)
新时代网络教育融媒体教材
ISBN 978-7-302-54620-7

Ⅰ.①社… Ⅱ.①刘… Ⅲ.①社区建设—关系—家庭—教育—网络教育—教材
Ⅳ.①C916.2 ②G78

中国版本图书馆 CIP 数据核字(2020)第 002499 号

责任编辑:田在儒
封面设计:刘 键
责任校对:赵琳爽
责任印制:杨 艳

出版发行:清华大学出版社
   网 址:https://www.tup.com.cn,https://www.wqxuet
   地 址:北京清华大学学研大厦 A 座   邮 编:100084
   社 总 机:010-83470000   邮 购:010-62786544
   投稿与读者服务:010-62776969,c-service@tup.tsinghua.edu.cn
   质量反馈:010-62772015,zhiliang@tup.tsinghua.edu.cn
印 装 者:涿州市般润文化传播有限公司
经 销:全国新华书店
开 本:185mm×260mm 印 张:14.5   字 数:259 千字
版 次:2006 年 5 月第 1 版 2020 年 4 月第 2 版 印 次:2025 年 4 月第 2 次印刷
定 价:49.00 元

产品编号:086515-02

新时代网络教育融媒体教材
编委会

主　编：陈文海　邓　毅

委　员：宋　英　单志龙　武丽志　韩　明

　　　　张妙华　潘战生　陈小兰　卢和琰

　　　　赖显明

　　进入新时代,党和政府高度重视各级各类教育的教材建设,注重发挥教材在立德树人中的重要作用。2016年,在全国高校思想政治工作会议上,习近平总书记就提出"教材建设是育人育才的重要依托"这一重要论断。课程教材作为学校教育工作的核心内容之一,集中体现了教育思想和理念、人才培养的目标和内容。教育部陈宝生部长强调高等教育要实现"四个回归",第一个回归就是"回归常识",而"教育的常识就是读书",对于大学生来说,首先要读好、读懂、读通的就是"课程教材"。2019年,教育部高教司吴岩司长也在多个场合反复强调"教学改革改到深处是课程,改到痛处是教师,改到实处是教材"。足见教材的重要性,以及教材建设的紧迫性。

　　对于网络教育、继续教育来说,教材则更加重要。因为学习者大多数时间都是依靠教材和数字化学习资源进行自学的。印刷教材成本低、携带方便、容易保存,可以反复看、跳跃看、边看边做笔记,是非常重要但又极易被忽视的移动学习资源。教材是晦涩难懂还是通俗易懂,直接影响着远程教育学生的学习热情、学习体验和学习成效,关乎学生的学习获得感和成就感。

　　华南师范大学高度重视网络教育教材建设,并将教材建设作为网络教育高质量发展的重要抓手之一。2008—2011年,我校承担并完成了教育部重大研究课题"继续教育改革和发展战略与政策研究"的子课题"远程与继续教育教材设计的现状、问题与发展研究",并于2011年在清华大学出版社正式推出了"新世纪网络教育系列教材",迄今已出版24册,在行业内产生了积极影响。在相关研究与实践过程中,我们注重成人学习、远程学习的特点和规律,充分发挥印刷教材作为教学内容主要载体和联系其他教学媒体的纽带作用,以霍姆伯格"有指导的教学会谈理论"为指导,努力创新版面设计、表现形式、编写方式,力争做到图文并茂、通俗易懂、易学易用,满足学习者的多样化、个性化、自主学习需求。

　　2014年是中国"融媒体"元年。当年4月,《人民日报》刊登《加快推进传统媒体和新兴媒体融合发展》一文,8月中央全面深化改革领导小组第四次会议审议通过了《关于推动传统媒体和新兴媒体融合发展的指导意见》。所谓"融媒体",就是充分利用互联网载体,把那些既有共同点,又存在互补性的不同媒体,在人力、内容、宣传等方面进行全面整合,实现"资源融通、内容兼融、宣传互融、利益共融"。说到底,"融媒体"要"融"的关键就是传统媒体和网络媒体。

　　站在"融媒体"的时代高度,网络教育、继续教育的教材应当怎样编、怎样建设——我们一直在思考,在酝酿,在探索。在原有印刷教材建设的经验和基础上，经过积极筹备，我们引导课程主讲教师（也是教材主编）在原有印刷教材基础上，录制系列精品教学微课（通常 5~15 分钟，最长不超过 30 分钟），并用二维码的方式实现纸介图书与在线微课的链接，进一步促进学生的线上线下混合学习。这就是本套丛书的建设背景和基本思路。

概括而言，本套丛书有如下特点，也是我们教材建设的主张和初心。

一是强调立德树人、育人为本，将思想政治教育融入课程，融入文化知识教育，贯穿教材体系。让教师一开始就围绕这个目标来设计教材，从而让学生能够始终围绕这个目标来学习。

二是强调以学生为中心，让学生（特别是成人业余自学的学生）易学、易用，因此我们更愿意称其为"学材"而非"教材"。无论是内容选取，还是编写体例，一切的出发点是"学生"，而不是"教师"。简单说，就是站在学生（读者）的立场来设计。

三是强调突出远程教育特色，特别是促进学习者与教材的交流与对话。我们将教师的"教"融入教材，将学生的"活动"融入教材，增进学生和教材的互动、和网络资源的互动、和其他学习者的互动，从而实现学生跟着教材就能够自学的目的。

四是强调立体化、网络化，也就是定位在"融媒体"。通过二维码实现传统教材与网络视频、音频、讨论组、其他外部资源等的链接，从而使得教材从封闭走向开放，从静态走向动态。

五是强调立足岗位，贴近实践。作为网络教育、继续教育的教材，其内容必须满足成人在职学生的岗位能力提升需求，因此教材会有更多案例，更多实操内容，而非仅仅是概念、原理的罗列。跟得上一线实践的发展，与岗位技能标准对接是我们追求的目标。

六是强调表现形式上的生动活泼、通俗易懂。把复杂的事情用通俗的语言表达出来是一门学问，需要编写者有深厚的学科功底和语言功底。本套丛书从编写体例、栏目设计、语言文字等方面，力求循序渐进、娓娓道来、图文并茂、生动活泼，从而降低阅读难度，提高基于教材的自学效果。

本套教材的出版离不开清华大学出版社一贯的大力支持，也离不开各位领导、专家的关心与指导，更离不开各位主编及其团队的辛勤付出，在此一并感谢！正是大家的共同努力，推动了本套教材的面世，谢谢大家！

于广州·华南师范大学

2020 年 1 月

前 言

习近平总书记在 2018 年全国教育大会上指出"家庭是人生的第一所学校，家长是孩子的第一任老师"，家庭教育在潜移默化、耳濡目染中对人的一生发挥着独特而必要的基石性作用，奠定了一个人世界观、人生观和价值观的雏形。家庭教育是社区教育的基础，社区教育的有效开展能为家庭教育提供良好的社区文化氛围，家庭教育的主体内容和方式等都可以作为社区教育的发展要素。为了更好地提高教育质量实现教育公平，不仅要重视学校教育，更要强调社区与家庭教育的协调发展。

如何提升家庭教育与社区教育的质量，促进家庭与社区的和谐发展？本书前两章较为全面地阐述了社区、社区教育、社区发展的基本概念、特点、内容等；第三章主要讲述家庭教育的产生与发展；第四章重在探讨学校、家庭、社区协同育人；第五、六、七章侧重于家庭教育、亲职教育的原则和方法；第八章介绍了特殊儿童的家庭教育对策。

本书不是家庭教育和社区教育的原理性理论教材，而是一本面向大中专院校教育专业学生的应用型教材。本书在介绍社区发展与家庭教育基本原理的基础上，面向实际，紧扣家庭教育工作特点，以系统的理念和先进的教育观念为统领，引导学习者掌握进行家庭教育与社区教育的基本原则与方法，以期提升学习者具体的应用操作技能，最终达到促进儿童更全面的发展，促进学校更深刻的变革，以及推动社区更有序发展的目的。

本书在编写中突出以下三个特色。

第一，课程内容体现科学育儿、资源共享的新趋势。本书特别提炼出公共管理学、社会学、学前教育学、家庭教育学和儿童发展心理学等相关领域影响力较大的理论思想，并将其融入社区和家庭教育资源的整合之中，帮助学习者拓宽视野和知识面。本书重点关注学龄前儿童的家庭教育指导，并围绕如何选择适宜的教育方法、如何提升亲子沟通的技能等实践内容来展开。

第二，课程理念秉持责任共担、协同育人的新思想。本书结合时代发展需求和社区发展的前沿理论，如协同育人理论、善治理论等，强调学校、社区、家庭的协同育人功能和职责。

第三，课程呈现形式多样。本书提供了微课视频（扫描二维码观看），附有阅读案例、拓展阅读和思考与练习等多种素材，努力将理论和实践相结合，真正推动教育专业学生核心技能的提升。

本书第一章由杨玥、刘剑玲编写；第二章由颜梅玲编写；第三章由颜梅玲、刘剑玲编写；第四章由高昌林、刘剑玲编写；第五章由李英哲编写；第六章由吴悦超编写；第七章由陈佳淳、吴悦超、李英哲编写；第八章由李英哲编写。网络视频课程由刘剑玲录制。全书统稿由刘剑玲、李英哲负责。

由于编者水平与经验有限，书中难免有不足之处，敬请读者与同行批评指正。

编　者

2020 年 3 月

本书课件、勘误、更新等资料，
请扫描二维码观看或下载。

目 录

1　第一章　社区与社区管理

3　　第一节　何谓社区

9　　第二节　社区是如何管理的

17　　第三节　现代社区的打造

31　第二章　社区教育与发展

33　　第一节　社区教育作用何在

38　　第二节　社区教育包含什么

48　　第三节　社区教育的开展

61　第三章　家庭与家庭教育

63　　第一节　家庭教育是如何变化的

68　　第二节　社会变迁影响下的家庭教育

70　　第三节　先进教育理念指导下的家庭教育

87　第四章　家庭、学校、社区协同育人

89　　第一节　为什么要协同育人

94　　第二节　协同育人的相关理论

96　　第三节　协同育人的先进经验

107　第五章　家庭教育的原则与方法

109　　第一节　家庭教育要遵循哪些原则

115　　第二节　怎样的家庭教育方法更有效

135　第六章　家庭教育的指导

137　　第一节　不同类型家庭的孩子如何施教

144　　第二节　特殊类型家庭的孩子怎样引导

150　　第三节　不同发展阶段孩子的教育重点

167　第七章　父母发展与亲职教育

169　　第一节　何谓亲职教育

173　　第二节　如何成为高效能的父母

195　第八章　特殊儿童的家庭教育

197　　第一节　智力异常儿童的家庭教育

204　　第二节　自闭症儿童的家庭教育

207　　第三节　其他特殊儿童的家庭教育

217　参考文献

第一章
社区与社区管理

　　"社区"一词产生于19世纪,是指由一定数量居民组成的、具有内在互动关系与文化维系力的地域性的生活共同体。随着社会的发展,人们对社区管理的关注也越来越多。第二次世界大战后,面对百废待兴的世界各国,联合国开始大力倡导社区发展运动,其宗旨在于加强国家政府和社区间的联系,协助社区运用各种外界援助和内部资源,改善社区物质、文化条件。其主要目的是提倡互助合作精神,鼓励社区居民自力更生解决本社区的问题,培养社区成员民主自治能力,促进社会的协调发展。

　　20世纪80年代中期,民政部为促进我国社会进步和经济发展启动了中国社区服务和建设工程,在借鉴美国、英国、新加坡等国成功经验的基础上,以全面提高生活质量为特征的基层社区建设活动在我国各省市蓬勃兴起。2005年后,国家政策开始由城市社区建设向新农村社区倾斜,十九大以后社区建设成为一项新的工作,大力推进社区建设,是我国城市经济和社会发展到一定阶段的必然要求,是面向新时代我国城市现代化建设的重要途径。

　　本章共包含"何谓社区""社区是如何管理的""现代社区的打造"三节内容,将通过社区及社区管理等核心概念的阐述,社区建设的案例分析,拓展阅读的方式进行呈现。

 学完本章,你将能够:

1. 了解社区与社区管理的相关概念和发展历程;
2. 理解社区的特点、功能和管理体制;
3. 形成现代社区发展和管理新观念。

　　民众时常在情感上强烈地归属于他们的社区,他们将社区视为是大城市生活的避难所,是维系家庭生活的场所,也是创造他们梦想的生活环境的机会。

——理查德·C.博克斯

第一节 何谓社区

一、社区的概念

"社区"一词源于拉丁语,原意是亲密的关系和共同的东西。将"社区"作为社会学的一个范畴来研究是起源于德国的社会学家斐迪南·滕尼斯于1887年所著的社会学名著《社区与社会》。滕尼斯认为,社区首先是在血缘、家庭、家族的自然基础上建立的血缘共同体,逐步发展和分离为人们居住在一起的地缘共同体,最后进一步发展为精神共同体。

多年来,不同学者尝试从不同的角度对"社区"做出一个科学的定义。美国学者R.帕克可谓最早给"社区"概念下定义的社会学家之一。他认为"社区的基本特点可以概括为:一是有按区域组织起来的人口;二是这些人口不同程度地与他们赖以生存的土地有着密切的联系;三是生活在社区中的每个人都处于一种相互依赖的互动关系中"。时隔20年后美国社会学家乔治·希勒里综合已有的研究提出了"社区是指包含着那些具有一个或更多共性要素以及在同一区域保持社会接触的人群"。

近些年,我国的很多社会学家开始对"社区"进行深入细致的研究,而且对"社区"的理解和认知诸不相同。例如,华东师范大学范国睿教授认为:"社区是生活在一定地域内的个人或家庭,出于对政治、社会、文化、教育等目的而形成的特定范围,不同社区间的文化、生活方式也因此区别开来。"学者刘视湘从社区心理学的角度定义为:"社区是某一地域里个体和群体的集合,其成员在生活上、心理上、文化上有一定的相互关联和共同认知"[1]等。这些定义中有的从社会学角度,有的从地理学角度,有的从心理学角度去界定社区,尽管对于"社区"的定义各不相同,但综合社区发展的历史进程和相关研究,我们可以给"社区"这一概念作一宽泛的定义:"所谓社区,是指由一定数量居民组成的、具有内在互动关系与文化维系力的地域性的生活共同体;地域、人口、组织结构和文化是社区构成的基本要素。"[2]

---

① 刘视湘.社区心理学[M].北京:开明出版社,2013.

② 徐永祥.社区发展论[M].上海:华东理工大学出版社,2000.

社区作为居民生活的社会共同体，通常包括地域、人口、组织结构和文化四大基本要素。地域是社区自然地理与人文地理的空间载体，人口是社区运作与变迁的主体，组织结构是社区活动得以开展的社会组织形式，文化是社区范围内具有特质的精神纽带。

作为地域性的社会共同体，社区总是存在于一定的自然地理与人文地理构成的空间之中，有着一定的边界。如自然地理包括社区所处的方位、拥有的自然资源等；人文地理包括社区内的人文景观、建筑设施等。至于社区范围的划定，不同国家也会有所不同。就我国情况而言，农村中的一个乡、城市中的一个街道、一个居民区都可以被界定为大小不同的社区。

人是社会的主体，也是社区生活的主体。人口要素包括人口的数量、素质、结构、流动情况等。数量是指居住在社区内的人口数量；人口素质包括居民的身体素质、文化素质、思想素质等；人口结构是指各类居民人口的数量比例，如科学家、教师、工人、退休人员等；流动情况则是指一定时间内搬入及迁出人口数量的变化。针对社区人口要素的普查对更好地开展政府管理工作有着重要的作用。

社区的组织结构主要是指社区内各社会群体和组织之间的相互关系和其结构方式。社区群体包括家庭、社区服务部门、社会团体等。

社区文化会影响一个社区的整体氛围，不同地域的社区有着不同的社区文化。一般来说，社区文化受到历史传统、风俗习惯、村规民约、生活方式、交际语言等的影响。

社会学家们普遍认为一个社区应该包括一定数量的人口、一定范围的地域、一定规模的设施、一定特征的文化、一定类型的组织。并且按照不同的标准将社区分为多种不同的类型。

根据空间特征的不同，大致可以分为城市社区和农村社区。

根据规模的不同，可以分为大型社区、中型社区、小型社区、微型社区等。根据我国人口众多的现实，大型社区一般是指人口超过 10 万人的社区；中型社区一般是指人口为 5 万～10 万人的社区；小型社区一般是指人口为 2 万～5 万人的社区；微型社区一般是指人口在 2 万人以下的社区。

根据功能的不同，可以分为工业社区、商业社区、文化社区等。工业社区是指工企业比较集中、环境污染比较严重的社区；商业社区是指商业发达、经济繁荣的社区；文化社区是指教育、科学、文化、卫生等事业单位集中的社区。

根据区位的不同，可以分为中心社区、边缘社区等。中心社区是指位于城市中心地带、人员密集的社区；边缘社区是指位于市区边缘、城乡接合部的社区。

根据形态的不同，可以分为高级住宅区、普通住宅区、贫民区等。

实践

调查看你所生活的社区属于哪种类型？

高级住宅区是指地理位置优越、环境优美、生活水准很高的社区；普通住宅区是指地理位置一般、环境较好、生活水准一般的社区；贫民区是指地理位置较差、环境恶劣、生活水准较低的社区。

二、社区的特点

社区的特点是指社区区别于其他社会组织的标志，社区具有区域性、聚集性、共生性三大特点。

（一）区域性

从范围上看，社区具有区域性特征。有一定的地理区域；有一定数量的人口；居民之间有共同的意识和利益，并有着较密切的社会交往。一个村落、一条街道、一个县、一个市，都是规模不等的社区。在日常生活中，人们常提及的社区往往是与个人的生活关系最密切的、有直接关系的较小型的社区，如农村的村或乡、城市的住宅小区。

（二）聚集性

从形式上看，社区具有聚集性特征。社区无论大小，都有居民居住，通常还包括若干个社会组织或单位。在我国农村，设有村委会等组织，有的村还兴办若干个乡镇企业。在城市，一条街道上往往就分布着党政机关、企业、学校、商店等各种社会组织或单位。一个乡、县或较大的城市包括的社会组织和单位就更多了。

（三）共生性

从社区内部各个群体、组织的关系上看，社区具有共生性特征。人们的生活和工作都是集中在社区里进行的。社区里的人们通过共同生活、共同劳动而相互熟悉，形成共同的社区意识。社区意识就是人们对所在社区的认同感、归属感和参与感。在小型居住社区里，人们还会形成相互帮助、相互照应的亲密情感联系。

三、社区的功能

随着新公共管理运动和社区运动的蓬勃发展，社区在政治、经济和文化实践领域中充当着越来越重要的治理角色。根据中西方社区建设实践，社区在社会治理中发挥着以下功能。

（一）管理功能

社区的管理功能是指管理生活在社区的人群的社会生活事务；是

指一定的社区内部各种机构、团体或组织，为了维持社区的正常秩序，促进社区的繁荣与发展，满足社区居民物质和文化活动等特定需要而进行的一系列的自我管理或行政管理活动。譬如，政府对公众的各方面的服务最后会通过社区的管理工作得到具体体现，如市政建设、公用事业、居住环境、医疗保健、养老保险等，尤其是将来社会保障福利体系等，最后都会通过社区管理来得以实现。

（二）服务功能

视频

社区的功能与发展

扫描二维码观看微课视频

社区的服务功能是指为社区居民和单位提供社会化服务。服务机构的重要职能是为社区成员提供社区服务，如生活服务（家电维修、洗熨衣物、计算机网络管理，等等）；文化体育服务（组织文艺表演、举办体育活动、组织外出旅游、组织青少年校外活动，等等）；卫生保健服务（设置家庭病床、指导计划生育、免疫接种、打扫公共区域，等等）；治安调解服务（守楼护院、调解家庭和邻里纠纷、法律咨询、办理户口，等等）。社区的服务功能是现代社区最基础的、也是最为重要的社会功能。

（三）保障功能

社区的保障功能是指救助和保护社区内弱势群体。主要包括"妇女法律援助"，主要有婚姻家庭权益、财产权益、人身权益、劳动与社会保障权益；"未成年人法律援助"，主要有家庭保护、学校保护、社会保护、司法保护；"残疾人法律援助"，主要有财产权益、人身权益、劳动权益、社会权益保障；"农民工法律援助"和"老年人法律援助"。

（四）教育功能

社区的教育功能是指在提高社区成员的文明素质和文化修养。社区教育是构建终身教育体系的有效形式，社区教育在教育连续性、社会适应性、教育手段多样性，以及教育与社会各部门的合作方面都较好地适应了终身教育的原则要求，在构建终身教育体系中具有重要作用。从幼儿教育到老年教育，文化教育到职业教育，社区教育在其中所发挥的作用是不可替代的。

（五）安全稳定功能

社区的安全稳定功能是指化解各种社会矛盾，保证居民生命财产安全。例如，对社区进行安全保卫，包括社区治安、消防及交通安全管理、社区安全保卫综合治理、社区人口管理、刑事案件的预防及处理等。

阅读案例

上海市罗城居民区建成于 1996 年,是集商品房、售后公房、原拆原还动迁房于一体的老式混合型社区,小区总人口三千余人。

2017 年上半年,开始进行住宅小区综合治理。罗城的老居民常说,罗城从来不缺绿色。小区的居民,很多有种植的特长和爱好。走进罗城,随处可见居民自发布置的绿色盆景。可是,太过随性的"绿色",比如花盆占道,门口零星"自制苗圃",这些现象之前在罗城屡见不鲜、屡禁不止。

住宅小区综合治理开展以来,居委会通过调研居民意愿,将原先废弃的土地"变废为宝",变成一半种植蔬菜、一半种植绿植的"同乐园"。这一做法,既从根本上解决了居民无地种植、乱种植的问题,也为罗城增添了一抹亮丽而整齐的绿色。

小区居民从"自拔门前草"开始,自发组成了护绿队。居民楼前野草长得快,有楼组长看见了,蹲下清理了;有居民上下班路过,也随手拔去几株野草。"绿化师傅忙不过来,举手之劳而已。"罗城正在"举手之劳"中悄然变美。

——节选自唐小丽.昔日老宅院今朝变花园 罗城小区"疏堵"结合换新颜.人民网上海频道 http://sh.people.com.cn/n2/2017/0815/c134768-30609976.html,2017-08-15.

思考:罗城小区的做法体现了社区的哪些功能?

四、社区的发展

"社区发展"这一概念最早由美国社会学家弗兰克·法林顿在 1915 年出版的《社区发展:将小城镇建成更加适宜生活和经营的地方》一书中提出。此后其他社会学者也从不同的角度对社区发展的基本理论与方法进行了论述。与此同时,20 世纪初期,在英国、法国和美国等国出现了"睦邻运动",宗旨是充分利用社区的人力、物力资源,培养社区居民的自治精神和互助精神,动员社区居民参与改造社区生活条件的活动。第一次世界大战期间,美国政府适应战时的需要,在全国普遍开展了"社区组织运动",改进社区工作,开展战时服务。但目前被各国所普遍推行的社区发展理论与实践则是第二次世界大战后由联合国倡导发展起来的。

第二次世界大战以后,世界各国,尤其是非洲、亚洲、中南美洲的发展中国家,面临着贫穷、疾病、失业、经济发展缓慢等一系列问题。要解决这些问题,仅仅依赖政府力量是远远不够的。于是,一种运用社区组织方法,合理利用民间资源,发挥社区自助力量的构想应运而生。1955年联合国发表《通过社区发展促进社会进步》(*Social Progress Through Community*)的专题报告,指出社区发展的目的是动员和教育社区内居民积极参与社区与国家建设,充分发挥创造性,与政府一起大力改变贫困落后状况,以促进经济增长和社会的全面进步。联合国此计划侧重点更多在于发展中国家,尤其是农村地区,希望通过"扶贫性"的开发促进当地的社会进步和发展。例如,联合国专门设置了土地改革、水利建设以及教育培训等项目,以资助落后国家或地区农村地区的改革发展。其后,联合国的社区援助项目如贫民区改造计划等,又延伸到一些发展中国家的城市。进入20世纪70年代以来,联合国的社区发展计划越来越强调经济与社会的协调发展,越来越关注居民及其他社区成员的"社区参与"和社区管理水平的提高。从英国、美国、新加坡等国与中国的现况来看,关于社区发展的理解侧重点不同,特色也很鲜明。

例如,英国大多数学者将社区发展视为"第三世界的发展工作及发展中国家的自助计划",第二次世界大战后出台了"社区发展项目"(Community Development Projects),针对贫困社区、落后社区"特殊的社会需要",在考文垂、利物浦等城市的12个较为贫困的社区首先进行实验,组建专门的行动小组和研究小组,通过设立社区中心,开展社区就业、社区教育、移民社会融合等多方面的服务。虽然最终"社区发展项目"走向衰落,却也留下了丰富的遗产:以社区为基础的发展理念取代了简单的城市基础建设,促进了社区社会组织的广泛发展,也使得社区工作得到广泛的认可。20世纪90年代后期,英国政府以社区为视角,关注社区大多数人的利益,通过地方政府的支持,塑造他们自己的社区;使人们生活在和睦的邻里关系中,保证城市社区空间和建筑的亲和性;减少污染、交通拥堵,追求可持续发展;发展高质量的社区服务,确保社区安全,为人们的生活提供良好的环境。启动的"邻里复兴国家策略"(National Strategy for Neighborhood Renewal),以国家性的策略规划和包容性的社区政策,把社区作为城市复兴乃至国家复兴的真正伙伴,推进了社区发展的步伐,深化了社区发展的内涵。

与欧洲不同,19世纪末处于工业化和城市化快速发展时期的美国,正面临海外移民的高潮,大量失地及贫苦的欧洲农民涌入美国各大城市,带来了新的社会问题。因此,美国早期的睦邻中心主要用来帮助新移民尽快融入新环境,提供的服务包括成年人教育(特别是英语课程)、日托中心、图书馆和休闲设施等。与英国等国相比,社区睦邻中心运动在美国的发展更为迅速和普遍,不仅对所在社区的贫民及整个社区的福利提高有很大贡献,对一般社会问题的解决以及社会改革运动的推进也有很大影响。目前社区发展在美国已经发展成一系列主流的社会实践和制度性活动,成为美国城市政治经济领域中的重要组成部分,已经形成了全国性的社区发展系统,包括大量的参与者、战略、政策工具和实践。

新加坡由于经济和社会发展水平相对较高,因此社区发展的侧重点更多是通过居民的积极参与来推动社区经济、优化生活环境与生活质量,使社会正义与社会民主得到全面发展。

我国对社区发展的关注相对较晚,20 世纪 80 年代,我国曾开展过全国性、大规模的社区运动,旨在缩小社区差距,如"上山下乡"运动等,并在一定程度上改善了落后地区的社会经济面貌,但当时社区发展依旧比较粗放,并未取得良好效果。改革开放后,随着社会主义市场经济的发展,人民生活水平不断提高,原来由政府和企业承担的社会职能开始向社区转移。1985 年,民政部门开始将"社区"概念引入实际生活;1987 年,社区服务开始在全国推广。20 世纪 90 年代,我国学者和民政部门借鉴国外社区发展经验,提出"社区建设"概念,开始关注社区管理问题,如上海市提出到 2000 年社区建设和管理的奋斗目标:"初步形成安定安全的社区治安秩序、便民利民的社区服务网络、团结和谐的社区人际关系、健康向上的社区文化氛围,并为建成配套设施齐全、环境舒适优雅、管理规范有序、保障功能完善的现代化社区奠定基础。"在上海、南京、青岛等地的示范和带动下,全国各地城市社区建设也陆续开展起来。2005 年后,国家政策开始由城市社区建设向新农村社区倾斜,重点关注"三农"问题,党的十九大积极倡导开展社会主义新农村建设,农村社区的社会面貌得到很大改善;城市社区发展渐趋成熟,在养老、教育、环境保护、权利保障等方面发挥着重要作用。

第二节

社区是如何管理的

一、社区管理的概念

社区管理是在政府的指导下,社区职能部门、社区单位、社区居民对社区的各项公共事务和公益事业进行的自我管理。主要是指一定的社区内部各种机构、团体或组织，为了维持社区的正常秩序，促进社区的发展和繁荣，满足社区居民物质和文化活动等特定需要而进行的一系列的自我管理或行政管理活动。

阅读案例

精细化"五长制"服务助力大社区

五星社区作为一个2016年成立的年轻社区，共有31栋59个单元共计8 400户人家。社区"两委"成员一共8人，要管理好如此庞大的居民群体是十分棘手的问题。

五星社区党总支创新社区党建发展模式，积极探索党建引领楼栋"微服务"网络服务体系，即"五长制"服务：片区长、居民小组长、楼栋长、单元长、楼层长。由社区党总支牵头，各司其职、精细化服务，将服务延伸到群众身边，收集群众需求和意见建议，通过"五长制"组织构架力量的发挥，积极引导居民参与社区治理、自我管理、自我服务。深化党员直接联系群众的服务体系，突出党建引领，完善服务体系，发挥党员作用，让党建服务更加精细化、更接地气、更贴近居民所需。

而今，居民小组建立了微信群，有什么通知可以在微信群里传达。需要统计采集的信息和材料也可以由楼层长开始做工作，再一层一层汇总给居民小组长，最后汇集到片区长那里。

除此之外，社区的凝聚力有了极大的增强。社区充分调动居民的主动性、积极性，不仅让居民们真正参与到管理工作中来，减轻了社区治理的压力，更让"主人翁"意识深入居民心中。自我服务、自我管理也让社区的发展变得顺畅起来。

——节选自沈悦.大社区细管理 抓好"居民""社区"转型［N］.华西社区报,2018-01-30.

二、社区管理的组织机构

社区管理的关键所在是社区管理的组织机构。社区管理的组织机构健全与否、编制人员的配备状况、机构的运行机制等都直接影响社区管理根本目标的实现。我国社区组织机构有街道办事处、城市居民委员会、业主委员会、居民自治性组织和物业管理公司。社区组织机构图如图1-1所示。

街道办事处是区人民政府的派出机构，受区人民政府领导，依照法律、法规的规定，在本辖区内行使相应的政府管理职能。街道办事处的设

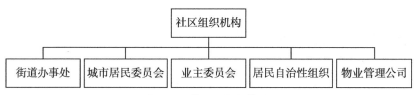

图 1-1　社区组织机构图

立、变更或者撤销，应当根据地域条件和居民分布状况，符合便于联系群众的要求。街道办事处的设立、变更或者撤销，由区人民政府向市民政局提出，市民政局审核同意后报市人民政府批准。街道办事处设主任1名，副主任若干名。街道办事处主任、副主任由区人民政府任命。街道办事处按照精干、高效原则，下设社会发展、市政管理、社会治安综合治理、社会保障、财政经济等机构，由街道办事处提出报请区人民政府批准。

城市居民委员会是我国特有的城市基层组织。根据《中华人民共和国宪法》和《中华人民共和国城市居民委员会组织法》，城市居民委员会是居民自我管理、自我教育、自我服务的基层群众自治性组织。城市居民委员会享有议事权、提议权、决策权和监督权。

业主委员会是业主自我管理、自我教育、自我服务，实行业主集体事务民主制度，办理本辖区涉及物业管理的公共事务和公益事业的社会性自治组织。它既是业主团体自治管理辖区业主会议的常设执行机构，在业主会议闭会期间行使业主集体自治权利，又是对外代表其辖区全体业主的独立自治组织实体，是本自治团体的最高行政性机关，处于事业性法人的法律地位。

居民自治性组织是我国的居民自治性组织与团体。社区成员作为社区管理和建设的主体，在居民自治性组织中具有基础性作用，引导和培育街道社区中的居民进行自治，提高社区居民的民主意识和自治意识，培养社区居民自我管理、自我服务的能力。要充分发挥社区管理和建设主体中政府法人即市、区两级政府和街道办事处的主导作用，企事业法人即社区内的企事业单位的支持作用，社团法人即各类社会服务团体的中介作用及社区成员的基础作用。社区的管理和建设，归根结底要靠广大社区成员，可以说，群众的参与是社区建设的基础。因此，要引导社区成员以社区建设和管理主体的姿态，创造文明社区，提高社区管理水平和生活质量。

物业管理是指物业管理企业受物业所有人的委托，依据物业管理委托合同，对物业的房屋建筑及其设备、市政公用设施、绿化、卫生、交通、治安和环境容貌等管理项目进行维护、修缮和整治，并向物业所有人和使用人提供综合性的有偿服务。

实践

尝试画出你所在社区的组织机构图，并说说其有什么特点。

三、社区服务的内容

社区服务是指政府、社区居委会以及数字社区等其他各方面力量直接为社区成员提供的公共服务和其他物质、文化、生活等方面的服务，即一个社区为满足其成员的物质生活与精神生活需要而进行的社会性的福利服务活动。在我国，社区服务一般分为社区公共服务和其他面向居民的物质、文化、生活等服务两大类。

（一）社区公共服务

我国国务院在《关于加强和改进社区服务工作的意见》（国发〔2006〕14号）和《关于加强和改进城市社区居民委员会建设工作的意见》（中办发〔2010〕27号）两个文件中将社区公共服务的内容划分为以下七个方面。

（1）社区就业服务。该项社区服务的主要内容包括加强街道、社区劳动保障工作平台建设；通过提供就业再就业咨询、再就业培训、就业岗位信息服务和社区公益性岗位开发等，对就业困难人员提供具有针对性的服务和援助。

（2）社区社会保障服务。该项社区服务的主要内容包括加强企业离退休人员社会化管理服务工作，加快老年公共服务设施和服务网络建设。随着人口老龄化社会的到来，社区居民对养老服务的需求和要求也越来越高，提供高质量的养老服务是社区服务的重要内容。

（3）社区救助服务和社会福利服务。该项社区服务的主要内容包括加强对失业人员和城市居民最低生活保障对象的动态管理，及时掌握他们的就业及收入状况，切实做到"应保尽保"。进一步推进社会福利社会化，加快发展社区居家养老服务业。大力发展社区慈善事业，加强对社区捐助接收站点、"慈善超市"的建设和管理。

（4）社区卫生和计划生育服务。该项社区服务的主要内容包括坚持政府主导、社会力量参与，建立健全以社区卫生服务中心（站）为主体的社区卫生和计划生育服务网络，以妇女、儿童、老年人、慢性病人、残疾人、贫困居民等为重点，为社区居民提供预防保健、健康教育、康复、计划生育技术服务和一般常见病、多发病、慢性病的诊疗服务。

（5）社区文化、教育、体育服务。该项社区服务的主要内容包括发展面向基层的公益性文化事业，逐步建设方便社区居民读书、阅报、健身、开展文艺活动的场所，加强对社区休闲广场、演艺厅、棋苑、网吧等文化场所的监督管理，促进社会主义精神文明建设。

（6）社区流动人口管理和服务。该项社区服务的主要内容包括按照"公平对待、合理引导、完善管理、搞好服务"和"以现居住地为主，现

视频

社区管理与社区服务

扫描二维码观看微课视频

居住地和户籍所在地互相配合"的原则,实行与户籍人口同宣传、同服务、同管理,为流动人口的生活与就业创造好的环境和条件。

(7) 社区安全服务。该项社区服务的主要内容包括:深入开展基层安全创建活动,加强社区警务室(站)建设,大力实施社区警务战略,建立人防、物防、技防相结合的社区防范机制和防控网络。

(二)其他面向居民的物质、文化、生活等服务

其他面向居民的物质、文化、生活等服务具体包括以下内容。

(1) 社区便民利民服务。该项社区服务的主要内容包括居民生活服务、家务劳动服务和精神文化生活服务。其中,居民生活服务是以方便居民的日常生活为宗旨,开设多种有偿、低偿或者无偿的服务项目;家务劳动服务以减轻职工家庭的负担为目的,减少居民的后顾之忧;精神文化生活服务是以丰富社区居民的精神文化生活为目的的社区服务。

(2) 社区自助互助服务。该项社区服务的主要内容包括动员驻社区单位和社区居民开展邻里互助等群众性自我服务活动;倡导驻社区单位和社区居民开展社会捐赠、互帮互助;管理、利用好社区公益性服务设施。有条件的社区根据居民需要,以热线电话救助网络、社区服务站等为服务平台开展非营利性服务。

(3) 社区志愿服务。该项社区服务的主要内容包括推行志愿者注册制度,培育社区志愿服务意识,弘扬社区志愿服务精神;发展社区志愿者队伍,优化志愿者人员结构,壮大志愿者力量;建立志愿服务激励机制三个方面。

(4) 鼓励社区生活服务类组织开展社区服务活动。该项社区服务的主要内容包括重点支持和鼓励社区居民成立慈善组织、文体组织、科普组织和生活服务组织等社区社会组织,并参与各种活动;积极支持社会组织开展社区服务活动,并加强引导和管理,以动员社区居民踊跃参与社区服务供给。

(5) 社区商业服务。该项社区服务的主要内容包括针对各类组织、企业和个人开展的社区商业服务项目,有关部门要简化审批手续,落实各项优惠政策;鼓励下岗失业人员自办或合伙兴办社区服务组织,或通过小时工、非全日制工和阶段性就业等灵活方式参与社区服务。

(6) 有关单位向社区居民开放服务设施,引导社区内或周边企事业单位的内部食堂、浴池、文体和科教设施等,向社区居民开放。

链接

中国社区网

阅读案例

畅通民意推出"畅谈客厅"解难心

"社区工作虽然琐碎复杂,但它与居民利益息息相关,所以不

能因事小而有懈怠。"社区工作者如是说。

畅家巷社区虽地处中心城区，但辖区老旧小区、三不管楼院众多，由于房子管道老化，极易引起漏水问题，进而造成楼上、楼下居民纠纷。如何有效化解居民矛盾，构建和谐而美好的社区？社区通过将民主协商理念引入社区自治管理工作中，建立"民情征询会、民主协商会、监督评议会"工作模式，搭建并推出了"畅谈客厅"，专门解决邻里间矛盾、老城区基础设施改造、小区院落"微治理"、妇女儿童法律维权、法规政策落实监督评议等问题，为社区畅通民意、疏导社会问题，提供了有效途径。

位于畅家巷的126～138号院子，在以前因楼顶长期堆积生活垃圾，给住在这里的居民出行、生活都带来了诸多不便。2018年，社区和街道通过召开"民情征询会、民主协商会"并集结辖区各类资源，在对该楼院进行重建、粉刷和美化的基础上，通过安装安全电子门、各类健身器材等设施，极大地改善了居民的生活环境，也让连接主干道和小街巷的"破巷子"，在改造后摇身变为温馨诗意的"寻巷"，社区此举得到了居民认可和称赞。

——节选自杨晟途.深化"畅"服务 群众"享"实惠——兰州城关区畅家巷社区打造"畅享"基层治理新模式综述.中国甘肃网 http://gansu.gscn.com.cn/system/2019/08/22/012211833.shtml,2019-08-22.

思考：案例中体现了社会服务的哪些内容？

四、社区资源的构成

社区活动的开展离不开社区资源，社区资源是一个复杂的、多学科的综合概念，社区资源是实施社区实践活动所需要的资源的统称，是指一切可供社区活动利用，能够提供发起、支持、承载、服务等功能的所有物质财富和精神财富的总和。一般而言，社区资源可分为人力资源、物力资源、财力资源、文化资源和组织资源五大类。

社区的人力资源是指能够为其他社区居民服务，提供知识、技能、经验或奉献自己的时间或体力的社区居民，包括社区居委会成员、社区骨干、社区志愿者、居住在社区的有特殊才能的人士或名人等。在现代共建共享的发展理念的指导下，社区管理机构应当动员整个社区的成员参与到社区建设中，也就是说，整个社区的居民都是社区的人力资源。

社区的物力资源是指社区内有助于开展社区服务、能够促进社区发展的物质资源,包括室内外活动场地、活动设备、器材、工具等。如社区的篮球场、游泳池、草地等。

社区的财力资源是指可用于开展社区服务或活动的经费,包括政府购买服务的经费、辖区内的企事业单位赞助经费、各种社会捐赠以及活动的经费。社区管理机构应当主动向社区成员公示社区财务经费的使用情况,以保障居民的知情权和监督权。

社区的文化资源是指社区中有助于促进精神文明建设的资源,既包括物质文化资源,如建筑物、典籍、古迹、文物等文化遗产,也包括精神文化资源,如民俗、艺术等。

社区的组织资源是指可以推动社区服务和促进社区发展的各类组织或机构,包括基层政府、辖区内的企事业单位、社会团体、各类自助和互助的团队和小组等。社区的组织机构是管理社区日常事务、维系社区运行的主体。

社区资源整合能力是社区管理机构和人员的必备素养,一般而言,社区资源整合有以下四个步骤。

(1)资源识别。这是社区资源整合的首要步骤,社区管理机构及人员应当善于识别社区的人力资源、物力资源、财力资源、文化资源和组织资源。资源识别需要社区工作者进行深入调查、了解社区的发展和运作状况,比如绘制社区资源地图等。

(2)有效联想。在识别资源的基础上,社区工作者应当思考如何把零散的社区资源整合起来,发挥其应有的价值。有效联想可通过头脑风暴的方式进行。

(3)有效链接。在完成资源识别和有效联想后,社会工作者应该思考如何帮助资源需求方和资源拥有者建立联系,让资源从拥有者流动到需求者,从而满足需求者的问题。建立有效链接需要社区工作者深入调查和研究居民的服务需求,只有这样才能提高社区资源的配置效率,更好地满足社区居民的需求。

(4)维系发展。在社区资源进行链接使用后,社会工作者还需要有维系发展的社区资源经营意识,对资源的使用状况进行评估,如居民满意度调查,此外,还应该对资源进行维护,以确保各种资源能正常供给,如篮球场的维护、植被修剪等。

 阅读案例

探索区域化党建联席模式
共商共建共享周边资源

为了更好地发挥辖区企业优势,更好地服务居民群众,鲁峰社区深入挖掘整合周边资源，召开区域化党建联席会议，共商发展思路。烟台市司法局、烟台山医院、芝罘区考核办、世回尧派出所、鲁峰小学的各位负责人对"大党委"的建设提出了自己的设想，为社区的发展建言献策，在司法援助、居民健康、社区平安、教育发展等方面给予了社区大力支持。

2018年2月，烟台市司法局为社区的图书室送来党建、司法、少儿读物等方面图书200余册，进一步丰富了社区图书室的藏书，这批贴近群众生活、内容新颖健康、可读性强的图书，成了丰富社区群众文化生活的添加剂。据悉，这是司法局近年来第二次为鲁峰社区赠送图书，共筑的爱心图书室为居民提供了阅读的便利。作为鲁峰社区的"双管双责"单位，市司法局心系社区居民，每年都会走进社区，开展司法讲座，并为居民提供免费法律咨询，帮扶困难家庭，给予了社区建设极大的支持。

为居民送健康，是社区服务的一项重要内容之一。为提高社区居民的健康意识和自我保健能力，10月，芝罘医院的医护人员走进鲁峰社区，为居民进行健康义诊和咨询。活动当天，听说社区医院的专家来社区进行义诊，居民们一大早就来到义诊地点等候。看到大家热情高涨，义诊医生们进入小区后立马支好医疗设备，一边为居民科普健康知识，一边进行义诊。芝罘医院的骨科、神经外科医师分别就健康生活方式、骨科疾病防治进行了详细的讲解，通俗易懂，并有针对性地为居民做健康检查，设立了咨询台，对前来咨询的居民进行一对一的耐心指导。此次义诊活动，方便了群众在家门口看病就医，让居民足不出户就可以享受免费的医疗与服务，提高社区居民的健康知识水平，增强居民的健康保护意识，受到居民的好评。

不仅如此，"六联六促"共建单位区考核办积极参与社区的工作，邀请老师为社区工作人员讲解新闻图片拍摄技巧、邀请党校教师为社区党员上党课，每周走访辖区企业，了解他们的需要，及时为企业解决面临的问题和困难。世回尧派出所的民警则利用"线上＋线下"的方式，及时向辖区居民通报警情，开展宣传，配合社区开展各类安全讲座，提升了辖区居民的法律意识。

——节选自宋晓娜. 让居民"幸福指数"更高 鲁峰社区整合资源凝聚力量 全力打造和谐文明宜居社区[N]. 烟台日报，2018-12-05.

现代社区的打造

　　社区建设是 20 世纪中期社会学家对现代城市管理开展研究时提出的概念,是目前国际上普遍采用的比较规范并比较可行的城市管理新模式。社区建设是指在政府的领导下,依靠社会力量,利用社会资源,强化社区功能,完善社区服务,解决社区问题,促进社区政治、经济、文化、环境协调和健康发展,不断提高社区成员的生活水平和生活质量的过程。

一、社区建设的内容

　　社区建设发展水平和区域社会经济发展水平息息相关,不同地区的社区建设不尽相同,一般而言,社区建设主要有以下六个方面。

　　(1)社区服务,包括开展面向社区老人、儿童、残疾人等的生活救助和福利服务,面向全体社区成员的便民利民服务和面向属地单位的社会化服务。

　　(2)社区卫生,包括社区的公共卫生、医疗保健和计划生育等,譬如社区医院,不以营利为目的,为社区成员提供公共卫生和基本医疗服务,让小病在家门口就能解决,缓解了人们的就医压力。

　　(3)社区治安,包括社区内的治安保卫、民事调解、帮教失足青少年、防火防盗和其他社会治安综合治理工作,如组织开展本社区经常性和群众性的法制教育与法律咨询、民事调解工作等。

　　(4)社区环境,包括绿化、环境建设和环境保护等。

　　(5)社区文化,包括各种群众性的文化、体育、教育、科普活动,以及其他形式的社会主义精神文明建设活动。例如结合城市建设,积极创办市民学校,不断完善社区公益性文化体育设施,形成包括舆论阵地、文化场站、体育场馆、休闲场所和青少年、老年活动室等在内的各种文化体育活动网点,不断满足居民群众学习、娱乐和健身活动的需要。

　　(6)社区组织,包括社区党组织、社区自治组织、社区中介组织的建设。例如社区党建活动等。

二、社区建设的理念

社区建设的理念是社区在自身发展和建设过程中所秉持的价值取向，是社区建设的重要思想指导。下面将介绍三个当下社区建设的主流理念。

（一）民主管理

传统的社区管理模式的特点是国家通过行政体系对社区实行全权管理，社区管理机构只有街道办事处和城市居民委员会，居民只能服从街道的管理。随着社会经济的发展和居民受教育水平的提高，这种行政化、命令式的管理模式已经不适合现代社区的发展，居民要求民主管理的呼声越来越高，社区发展的各利益相关者要求参与社区事务管理的需求越来越大，社区组织单一的纵向互动模式被打破，社区内各组织的横向关系大大加强。社区管理需要一种民主的、多元化的管理模式，因此民主管理理念成为现代社区建设的主流理念之一。

民主管理是相对于绝对服从、绝对专制管理而言的。社区的民主管理是指社区自治组织和居民通过制定社区自治规则条例，运用民主的方式和手段，管理社区内部相关的社会事务和政治事务，共同缔造和谐稳定的城市社区环境的过程。具体而言，社区民主管理的内容主要包括以下两点：首先，政府交付社区管理的相关事宜，即法律规定社区需要协助政府处理的事务，主要有居民就业服务、居民内部纠纷的调节、社会保障、外来流动人口的管理；其次，对社区居民内部相关事务的管理，主要有社区治安管理、环境管理、医疗卫生服务等。

（二）协同与可持续发展

可持续发展是指既满足当代人的需要，又不损害后代人满足需要的能力的发展。可持续发展的核心是发展。可持续发展追求的是共同发展和协调发展，即协同发展。社区是一个由多主体构成的开放系统，各主体代表着不同的利益，社区管理在一定程度上是利益的角逐，也是经济与人口、资源、环境、社会以及内部各个阶层的协调。社区系统中各利益相关者达成一致时，就会形成合力，推动社区的建设和发展，产生"1＋1＞2"的协同效应；反之，则不利于社区的建设和发展。例如，当一项决定被社区成员认同和通过后，居民在实施该项决定时的积极性会比较高。除了协同好内部各子系统之间的关系之外，还需协同一切可以协同的力量来弥补自身的不足，如对社区资源进行整合等。

（三）智慧社区

智慧社区是社区管理的一种新理念,是指充分利用物联网、云计算、移动互联网等新一代信息技术的集成应用,为社区居民提供一个安全、舒适、便利的现代化、智慧化生活环境,从而形成基于信息化、智能化社会管理与服务的一种新的管理形态的社区。智慧社区涉及智能楼宇、智能家居、路网监控、个人健康与数字生活等诸多领域,如图 1-2 所示。现代社区面临着安全隐患、物业管理成本高涨、社区交流少、传统物业服务缺乏发展动力和住宅项目竞争加剧等挑战,智慧社区就是应对这一系列挑战的最新方案。现代智慧社区建设通常包括智慧物业管理,如门禁系统、电子商务服务,如网购、智慧养老服务和智慧家居四个方面。

三、国内外社区建设模式的比较

在社区建设方面,西方发达国家比中国更加成熟。随着中国社会经济的迅速发展,东部发达城市的社区建设水平也渐渐接近西方国家,接下来将从社区划分、公共服务设施建设和管理方式三个维度来比较美国、新加坡和中国的社区建设模式。

智慧社区的服务应用

家电控制、安防报警、视频监视、健康检测

可视对讲、门禁系统、安防管理、公共监控

生活购物、便民服务、在线教育、社区活动

政策通知、民生管理、事务办理、政民交流

物业通知、物业报修、业主意见、物业服务

更多智慧应用……

图 1-2 智能社区的服务应用案例

（资料来源:洛阳澳凯富汇信息技术股份有限公司）

（一）美国模式

1. 社区划分

美国的社区是以"街区"划分的,社区里的具体事务商议和发展项目的安排都是由"街区"中的社区董事会举行社区听证会来进行讨论和决策。

视频

国内外社区建设模式的比较

扫描二维码观看微课视频

2. 公共服务设施建设

（1）社区服务

社区服务包括为老年人和残疾人提供照顾，为学前儿童提供保育，对在校儿童组织夏令营，为失业者提供职业培训和职业介绍服务并进行家庭企业咨询，为无家可归者、单亲家庭提供住房支持，为妇女儿童提供保护服务，为低收入个人或家庭提供资助，帮助移民或难民迅速融入本地社会、实现本地化。这些服务大致上可归类为养老服务、教育服务、社会保障服务和流动人口管理四个方面。

（2）社区文化

在社区文化建设方面，社区利用社区内的各种文化设施组织开展文艺、教育、科普、体育、娱乐等活动。

（3）社区治安

社区治安的主要目的是改善社区环境，尤其是提高社区安全性，提高居民的生活质量，而且有利于优化投资环境，吸引商业投资。

3. 管理方式——共享型自治

（1）政府依法管理

政府依法管理主要通过三条途径开展，一是制定法律，涵盖了政治、经济、文化和社会生活等各个方面；二是制定优惠政策，尤其是激发为社会公益事业服务的非营利性组织积极性方面的政策；三是增加财政支出，包括增加社会福利支出、退伍军人福利和服务支出等。

（2）社会全面参与

政府除了管理一些属于政府福利范围的社会事务外，绝大多数的社会问题，都是由活跃于社区中的各类组织以及绝大多数以义工为身份的普通市民积极参与解决的。政府制定项目和计划，通过一些优惠政策，提倡和鼓励个人、企业、学校等组织参与社区建设，比如，公共汽车公司就有一个免费为老人机构出行提供车辆和驾驶员的服务项目。而各类机构也与社会保持高度密切联系（他们称作"合作伙伴关系"），充分利用社区中的资源网络，通过他们，想方设法为服务对象争取到更多廉价的甚至无偿的服务。

（3）资金多方筹集

在美国，社区主要通过三种渠道筹集资金。一是通过财政渠道筹集，主要由政府承担；二是通过收费渠道筹集，主要通过企业化运作的营利性机构，他们不享受政府的补贴，其资金全部来自对服务对象的收费；三是通过捐款渠道筹集，主要由个人或企业捐赠，募捐的形式主要包括将机构的设施与社区其他单位共享以收取场地费、制作特制的礼品进行义卖、通过自身的名气与企业进行联谊活动以及加强宣传力度等。

（4）分工日臻完善

在美国，非营利性机构的发展和管理十分成熟，并且在公共事务管理领域发挥着不可替代的作用。通过长期的市场运作,各类组织确定了自己不同的服务对象和发展方向,而且分工协作,协调发展,形成了较为合理的布局,各类组织在各自擅长的领域为社区提供服务。

美国社区的新突破
大型社区规划建设的三大趋势

摘要:如今,新住宅社区内的泳池、游乐场和俱乐部会所已经不足以吸引置业人群,开发商们越来越注重居民生活的便利性和乐趣性,全美越来越多的大型规划社区也开始寻求新突破。

1. 方便社区居民上下班通勤

位于洛杉矶的 Playa Vista 新型现代化城市社区将 Google、YouTube 和 Imax 等全美大型知名公司引入社区,为居民提供了一种零通勤的生活方式,此外,大波士顿地区的 Union Point 正在建设的铁路系统,建成之后可以极大地方便当地居民换乘现有的波士顿地铁运输系统(MBTA)。

2. 规划运动区域,打造健康社区

位于佛罗里达州那不勒斯地区的 Ave Maria 与 Jeep 汽车公司合作打造了极致的户外探险区,当地居民可以在户外探险区内进行长达 90 分钟的生态冒险。此外,奥兰多诺娜湖新城也在不断引入类似的机构,改善居民的生活方式,提高居民的健康状况。诺娜湖新城内规划了一处 2.63 平方千米的健康与生命科学园,又称为"医疗城",此外,还有为运动员提供服务的强生人类行为研究院,供全美网球协会使用的 100 个网球场,以及一处 0.09 平方千米的足球训练场地。

3. 定期举办文化活动,增进社区居民友谊

亚利桑那州的 Trilogy 项目为会员提供 Explore 360 跨社区旅行服务计划,可以与 55 位以上的社区居民一起进行环球旅行。比外,科罗拉多州隆娜特里(Riddgegate)社区为居民提供艺术和教育的机会,开发商与隆娜特里市合作,在社区内建立了世界一流的艺术中心和社区图书馆。因此,如果新规划社区具备以上大型规划新趋势,将会有更高的价格和更好的销量。如今,就业的便利性、生活的健康度和社区的互动性将推动社区的发展。

——节选自美国社区的新突破 大型社区规划建设的三大趋势.威翰地产网站 http://www.windhamchina.com/news_2438.html,2019-05-22.

（二）新加坡模式

1. 社区划分

新加坡社区组织是以选区为基础，社区组织的活动范围以选区为基本单位，每一个社区包含若干新镇中心，16～18个选区（邻里中心），负责大约80万户居民。一个新镇中心含有5～8个邻里中心，4万～10万户住户。其中，每个邻里中心一般包含6～7个邻里组团中心，6 000～12 000个住户。一个邻里组团中心，一般由4～8幢房屋组成，1 000～2 000个住户。形成了由邻里组团中心、邻里中心、新镇中心和区域中心等构成的多层次的社区网络。

2. 公共服务设施建设

公共服务设施建设具体包括以下内容。

（1）邻里组团中心。社区设有儿童游乐场、便利店等。

（2）邻里中心。根据居住人口的数量，社区一般建有一幢建筑面积为5 000～10 000平方米的综合楼，内设有商场、银行、邮政局、诊疗所等，提供娱乐休闲、金融、物流和卫生等社区服务。

（3）新镇中心。社区配套公共设施集中在新镇中心及其周围，主要有学校、图书馆、邮政局、体育场馆、游泳中心、医院、宗教设施、公园、交通转换站等。

（4）区域中心。新加坡全国的五大社区，每个区域都设置一个区域中心，设有各种大型商业、图书馆、公园等服务设施，都市型工业项目也穿插其中。

3. 管理方式——政府主导型

在新加坡的社区治理中，政府始终都处于主导地位，直接对社区进行管理。社区内主要有三个管理组织：居民顾问委员会、居民委员会和社区中心管理委员会。其中居民顾问委员会负责协调社区内组织的工作，居于核心地位。居民委员会的职责在于维护本社区的治安，保护本社区的环境卫生，解决本社区的邻里纠纷等。社区中心管理委员会负责社区中心运行并制订一系列的活动计划。尽管新加坡受西方社区自治影响较深，越来越多的居民以志愿者的身份参与社区活动，但是其管理方式依旧是政府主导型，政府的主导作用体现在以下四个方面。

（1）政府设有专门的政府职能机构管理全国的社区事务，在社区里有各种形式的派出机构来管理本社区的事务。

（2）社区活动的大部分经费由政府财政拨款，所以政府能够紧紧控制社区的发展方向。

（3）国家有专门的职能部门对各个社区的活动组织者进行培训，所以能够控制和统一组织者的思想。

（4）政府职能部门合理规划土地的利用，严格控制土地的供应，采取一系列的措施来控制房价，使人们居者有其屋。

 **阅读案例**

不求新、不求高大上，
注重在现有条件下不断升级

在新加坡，社区是颇具活力的一个社会单元。寻找活力所在，就不得不提新加坡政府公共住屋（以下简称组屋）计划。在新加坡，满足年龄、收入等条件的新加坡公民可向建屋发展局购买远低于市场价的组屋。目前，80%以上的新加坡人居住在由政府提供的组屋里。这些组屋的一层全部被设计为商铺和活动区域，组屋区没有围墙，区内公共设施由全民共享。

为了一探究竟，记者跟随新加坡贸工部兼教育部高级政务部长徐芳达来到新加坡大巴窑市镇。苍翠如盖的雨树、整洁通畅的街道、热闹的小贩中心、高耸的住宅楼……这是一个根据邻区规划概念开发的典型市镇，市镇中心周边环绕着各个邻区，每个邻区都设有一个邻近居民的邻里中心，提供从"油盐酱醋茶"到"衣食住行闲"等各项服务。

对于一些坐落在具有高度重新发展潜能土地上的老旧组屋，在寻找到合适地段，且政府有足够资源的前提下，新加坡建屋发展局会在征求居民意见后，整体重建全新的组屋。原先的居民可以选择集体搬入新组屋，以继续保持维系多年的社群关系，同时，新建后开辟出的新空间也能让更多年轻家庭入住，为旧组屋区注入新的活力。

方便居民出入的"电梯翻新计划"，为解决老旧组屋维修问题而设的"家居改进计划"，更新老旧组屋的"选择性整体重建计划"……通过这些计划，新加坡的老旧社区完成了一轮又一轮的"新陈代谢"。除了住房更新外，要让一个社区拥有持续的生命力，更需在与居民的互动中不断升级社区功能。

为了将下水道、沟渠、水库改造成美丽清洁的溪流湖泊，与邻近的土地成为一体，以创造出充满活力的社区公共空间，新加坡正在推行"活跃、美丽、干净水源"计划（简称 ABC 水源计划）。一条条穿社区而过的河流，将难以与人亲近的混凝土河道改造成为与绿草、溪石融为一体的亲水景观。"我们希望人人都与河道亲近，享受了干净水源带来的美好，自然会自发地保护水源，这就使得居民成了利益相关者。"新加坡宜居城市中心副司长林定龙说。

在走访中记者感受到，新加坡的社区追求的并非"高大上"和面面俱到，这里的社区是会呼吸的，是人本化的，有着浓浓的生活气息。

——节选自陈佳莹.新加坡给我们带来哪些启示 未来社区的
"三体"实践[N].浙江日报,2019-08-21.

（三）中国模式

相比西方而言,中国社区建设起步比较晚,且区域间发展水平差距悬殊。2000年,民政部颁布《民政部关于在全国推进城市社区建设的意见》,并提出了五个社区建设的原则,即以人为本,服务居民;责权统一,管理有序;扩大民主,居民自治;资源共享,共驻共建;因地制宜,循序渐进。

1. 社区划分

社区划分是以现有街道行政区为依据,在街道办事处指导下,区域内企事业单位、社会团体和居民共同参与社区事务的管理。

2. 公共服务设施建设

（1）社区事务服务设施

社区实现了市、区、街道"三级连通"以及社区服务信息网、热线电话网、实体服务网"三网联动",为社区居民提供便利、快捷的服务。

（2）社区卫生服务设施

社区卫生中心、精神工疗站、红十字卫生室等卫生服务机构为广大社区成员提供预防、保健、医疗、康复、健康教育和计划生育指导等服务。

（3）社区文化活动设施

社区基本形成市、区、街道（乡镇）和居（村）委会四级公共文化服务网络,基本做到步行15分钟可到达一个文化服务站点。社区文化活动设施涵盖社区教育、社区信息、图书、青少年活动、老年活动、健身等。

3. 管理方式——政府主导型

现阶段,中国的社区基本上形成了"二级政府、三级管理、四级落实"管理体制,其中"二级政府"是指市、区二级政府;"三级管理"是指市、区、街道三级管理;"四级落实"是指市、区、街道、社区居委会四级落实。

在社区内部管理上,中国社区主要呈现出以下三个特点。

（1）重视党政组织在社区管理中的核心领导地位。

街道党工委、街道办事处和城区管理委员会在社区管理中担任领导者和组织者。街道党工委掌握了社区最高权力,对街区内的政治、经济和社会发展实行全面领导。街道办事处受政府的领导,其工作职责是社区管理和社区服务。街道办事处拥有部分城区规划参与权、分级管理权、综合协调权和属地管辖权。城区管理委员会是新成立的组织，由街道办事处牵头领导，派出所、房管所、工商所市容监督分队等单位组成，它是规划、协调、指导地区性城市管理事务的临时机构。

（2）加强社区管理的执行力度。

社区发展委员会、社区治安综合治理委员会、财政经济委员会等是社区治理的执行组织，对辖区内社会发展与建设工作进行管理与协调，对辖区内市政市容工作实行综合管理，对辖区内街道财政进行预决算，协助街道党工委和街道办事处领导辖区内的社会治安综合治理工作。

（3）发挥社区居民以及群众组织积极性。

社区内企事业单位、人民团体、自治组织、社会工作者、居民群众等是社区治理的重要角色，对社区公共事务管理进行议事、协调、指导、监督和咨询。

阅读案例

近期，上海市长宁区规划资源管理局和新华路街道启动了 15 分钟社区生活圈规划试点工作。以"热情、关爱、包容、活力"为定位的新华路街道，入选了市级试点，并作为重点试点之一。新华路街道以"花园社区、人文新华"为主题，紧密围绕老百姓日常生活中衣食住行的基本要求，营造低碳、绿色、健康的生活方式，打造开放、便利、共享的居住空间品质，焕发新华路街道人文生机与社区活力。

根据《上海市 15 分钟社区生活圈规划导则》，社区生活圈将成为上海社区公共资源配置和社会治理的基本单元。

"15 分钟社区生活圈"就是要让市民在以家为中心的 15 分钟步行可达范围内，享有较为完善的养老、医疗、教育、商业、交通、文体等基本公共服务设施。通过构建宜居、宜业、宜学、宜游的社区服务圈，提高居民生活品质。

新华路街道老旧住区总体品质相对较差，其中，为老服务设施匮乏、大型活动空间不足、慢行街巷断头路较多等问题突出，硬件设施相对落后，长期困扰着社区居民的出行和日常生活。

工作组深入了解居民的生活习惯，发掘社区生活发展瓶颈，结合社区特征，参考相关标准，对社区需求进行全要素梳理，形成短板要素清单，明确下一步应当重点补足提升的内容。

1. 多种渠道挖潜空间资源

针对街区可利用空间资源有限的情况，工作组积极从多种渠道挖潜空间资源。对社区可开发地块、存量更新地块进行梳理，并结合实地调研挖潜附属空间、桥下空间、街角空间、闲置用房等社区零星微空间，对该部分空间进行整合再利用，推进社区更新改造。

2. 多种手段创新治理模式

工作组在社区短板清单和资源挖潜基础上，强化社区顶层设计，绘制"一张蓝图"，引领社区发展。通过规划调整、城市更新、社区微更新、管理优化等多种手段，创新治理模式，推动项目落地；同时，尝试采用可视化的分析方法，更直观生动地呈现社区各项问题，并在此基础上对各项短板进行相应补足。

3. 三年计划进行长远规划

考虑到近期项目从需求的迫切性、实施主体的积极性及实施难易度等方面入手，工作组拟订三年行动计划，细化实施主体、资金来源、建设时序、操作路径等多方面内容，形成一张清单与一张索引，作为各建设部门的三年建设行动依据。

新华路街道试点工作的后续环节中，长宁区规划资源管理局还将继续携手新华路街道和社区规划师进行全过程跟进。同时，继续做好调研工作，真正服务于老百姓，提升生活品质，打造有归属感、幸福感的居住社区。

——节选自上海建设"15分钟社区生活圈"，这些社区已先行一步. 澎湃新闻 https://www.thepaper.cn/newsDetail_forward_3723765,2019-06-12.

 本章小结

社区作为人们生活的共同体，其功能随着人类社会发展和社区居民需求的变化不断丰富。在民主管理、协同发展和智慧社区理念的指引下，越来越多的社区居民自觉地或被动地参与到社区建设当中，共同管理社区的公共事务，整合社区资源，为社区居民提供高质量的社区服务。中国是社区建设的后起之秀，在借鉴西方发达国家和地区的社区经验的同时，结合自身实际，逐渐探索出一种符合自身实际的发展模式，今后，社区必定会在中国社会治理中充当越来越重要的角色。

 拓展阅读

制度化 标准化 社会化 信息化
——镇江市推进社区养老服务高质量发展

截至2018年年底，江苏省镇江市60周岁以上老年户籍人口占户籍人口总数的 26.7%,分别高于全省、全国 3.7 个百分点和 8.8 个百分点。近年来,镇江市委市政府积极应对人口老龄化,坚持问题导向,以"制度化、标准化、社会化和信息化"为引领,推进社区养老服务高质量发展。

加强规划引领实现社区养老用房制度化保障。社区养老用房是开展社区养老服务的基本保障。为全面提高居家和机构养老服务设施水平,构建布局合理、城乡统筹、服务规范、机制灵活的养老服务设施网络,促进全市养老服务持续健康发展,市政府和市政府办分别制定出台了《镇江市区养老服务设施布局规划(2016—2020 年)》和《关于镇江市区养老服务设施布局规划的指导意见》,各辖市政府也参照镇江市政府布局规划,及时制定出台当地专项规划,实现了养老服务设施布局规划以县为单位的全覆盖。近年来,全市以规划为引领,实现了社区养老用房的制度化保障。

在已经移交的社区养老服务用房上,金山街道迎江路社区和大港街道港南花苑社区居家养老服务中心均由新建小区配套养老服务用房建设而成,建筑面积均超过 1 000 平方米;在规划已配置和规划预留的社区养老服务用房上,市政府规划要求 4 个建设项目配置的社区养老服务用房建筑面积均不少于 2 000 平方米、12 个建设项目面积不少于 800 平方米;在老小区调剂解决社区养老服务用房上,大多数社区居家养老服务中心通过社区服务中心内部功能调整方式解决,部分利用闲置校舍和机关办公用房改造,部分通过租赁方式解决,等等。

实行等级管理推进社区养老服务标准化建设。为进一步完善社区居家养老服务中心建设、服务和管理评价机制,提升社区养老服务水平,镇江市根据《社区老年人日间照料中心建设标准》和《社区老年人日间照料中心服务基本要求》,结合实际制定出台了《镇江市社区居家养老服务中心评定标准》,将社区居家养老服务中心分为 3 个等级,从低到高依次为 A 级、AA 级和 AAA 级,评定标准包括机构设立、服务对象、项目选址、服务内容、服务队伍、安全保障、内部规范、服务绩效、监督管理等方面内容。

在项目选址上,要求 AAA 级使用面积不低于 500 平方米,宜在建筑第一层,二层的宜设置电梯或无障碍坡道,三层及以上的应设置电梯(目前全市已有多个 AAA 级社区居家养老服务中心加装了电梯);在服务内容上,要求 AAA 级提供膳食供应、个人照护、保健康复、精神文化、休闲娱乐、心理慰藉、教育咨询等日间服务,膳食供应包括集中堂食和上门送餐服务;在服务队伍上,要求 AAA 级有 3 名以上专职人员,有 1 名专职或兼职专业社会工作者,并建立志愿为老服务"时间银行"制度;在监督管理上,要求市区社区居家养老服务中心纳入市 12349 智慧养老信息服务平台统一监管,在信息平台有服务组织的详细服务信息,接受 12349 呼叫中心转介的服务,并由 12349 负责回访,AAA 级机构应向信息平台实时传输视频监控信号。

加大扶持力度推进社区养老服务社会化发展。面对社区养老服务建设和运行经费较高以及缺乏营利能力的现状,近年来,镇江市通过政策扶持和"公建民营"的方式,不断完善政府财力能承受、社会组织能接受、服务对象有感受的可持续发展的社区养老服务机制,积极推进社区养老服务的社会化、品牌化和连锁化发展。目前,全市社区养老"公建民营"率超过 60%,其中,连锁运营 10 个以上社区养老服务机构的社会组织达到 3 个。为贯彻落实 2019 年李克强总理政府工作报告关于大力发展社区养老服务业的要求,镇江市制定出台进一步完善社区养老服务补贴制度的政策措施,这对促进全市社区养老服务发展将起到积极的推动作用。

同时,该市还给予每个 AA 级和 AAA 级机构 20 万元和 50 万元的一次性建设补贴,给予每个示范型助餐点 10 万元、综合型助餐点 5 万元一次性建设补贴,给予每个 AA 级和 AAA 级机构每年最高 12 万元和 18 万元的运行补贴,按每个 3 万元标准给予经营机构一次性连锁运营补贴,建立社区养老服务机构综合保险补贴,等等。

围绕精准服务加强老年助餐服务信息化建设。助餐服务是老年人普遍性养老服务需求,为提高老年助餐服务科学化水平,镇江市较早建立了"老年助餐服务信息管理系统",以"互联网＋"助推老年助餐服务。

实现了助餐服务的精确供应。老年助餐服务的普遍做法是,老年人根据助餐点当天已经制作的菜肴自行选择用餐。由于每天老年人就餐人数和每人所选菜肴的不确定性,导致助餐点无法实现精确供餐,这已成为制约老年助餐服务开展的重要因素,但镇江市通过个人信息采集、助餐卡发放、提前一个助餐日刷卡订餐、助餐信息生成等方式有效地解决了这一难题,实现了集中堂食、上门送餐和午餐配送的精确供应,提高了补贴资金的管理水平。镇江市文件规定按助餐数量给予助餐机构一次性建设补贴和日常运营补贴、困难老人午餐补贴,而助餐服务信息管理系统在以上补贴资金核算方面发挥了重要作用。文件规定给予60 周岁以上的低保、计划生育特殊困难家庭、重点优抚对象每人每餐 3 元的午餐补贴。由于在录入个人信息时,对人员进行了分类,因此,通过信息查询,可准确掌握不同困难类别老人的助餐人次,使原本复杂的核算工作变得简单。

———节选自尹卫民.制度化 标准化 社会化 信息化[N].中国社会报,2019-05-24(003).

思考与练习

一、名词解释

1. 社区

_____
_____
_____

2. 社区管理

_____
_____
_____

练习题剪下后,可作为课程作业上交。

二、简答题

1. 简述社区的特点及功能。

_____
_____
_____
_____
_____

2. 简述社区的组织机构。

_____
_____
_____
_____
_____

三、论述题

1. 请联系实际,谈谈社区服务的内容。

_____
_____
_____
_____
_____

2. 请联系实际，论述社区建设原则在现代智慧社区建设中的应用。

_____

_____

_____

_____

_____

第二章
社区教育与发展

现代意义的社区教育兴起于 20 世纪的欧美国家,"社区教育"一词于 20 世纪 30 年代引入中国。社区教育是指在一定区域内开发、利用各种教育资源,以社区全体成员为对象开展的旨在提高成员综合素质和生活质量,促进成员的全面发展和社区可持续发展,服务区域经济建设和社会发展的教育活动。第二次世界大战后,联合国倡导开展"社区发展运动",强调社区教育的重要地位与作用,号召政府与公民共同支持与参与社区发展。

20 世纪 80 年代,我国引入社区教育;90 年代起,我国开始从政府层面以试点形式探索社区教育的组织形式、管理机制、经费投入机制和质量保障机制。2012 年国家开放大学成立,标志着社区教育资源得到进一步整合,逐渐形成了和全社会教育资源开放共享的机制。随着社区教育实验区、社区教育示范区、社区教育实验项目等各类试点和实验区的建设与发展,各地以开放大学、广播电视大学、职业院校等教育机构为载体,形成了社区教育的三级办学网络,强化了社区基础建设能力。

本章共包含"社区教育作用何在""社区教育包含什么""社区教育的开展"三节内容,将通过社区教育等核心概念的阐述,社区教育开展的案例分析,拓展阅读等方式进行呈现,以不同视角解读社区教育。

 学完本章,你将能够:

1. 了解社区教育的概念、功能及其变迁历程;
2. 理解社区教育的内容和开展形式;
3. 领会社区教育运行模式及管理评价。

　　社区教育是提供教育机会给每一个人,以便达成更充实、更有益的生活;是修正现存的教育系统,以益于一些不利者或被剥夺者;是社会上一些弱势者的凝聚行动,使他们能分析其情境,并且达成政治的改变。

——马丁(J. Martin)

第一节

社区教育作用何在

一、社区教育的概念

社区教育（community education）作为社区和教育两者的结合，最早出现于 20 世纪初美国教育学家杜威的"学校是社会的基础"思想。第二次世界大战后，学者曼雷（F. L. Manley）和莫托（C. S. Mott）在美国密歇根州进行了包括儿童教育、特殊教育、职业合作教育、青年和成年人教育、与大学合作教育、推荐社区辅导、推行学校和地方卫生机构的合作等一系列实验。这个实验不但将社区与教育联系起来，而且将社区与学校结合起来，从社区居民需要出发，协调各方面力量，使社区教育在实践中得到发展，被世界各国广泛接受。

我国对于社区教育的研究最早起源于 20 世纪 30 年代，不同研究者从不同视角对社区教育进行研究，一方面教育学家们将社区教育的重心放在教育上，将社区教育看作一种教育活动，认为社区只是这类教育的一种特征，侧重于研究社区教育目的、方法等；另一方面，社会学家将重心放在社区上，侧重于研究社区教育的社会组织形式、体制等。尽管关于社区教育的定义莫衷一是，但结合教育部 2000 年发布的《关于在部分地区开展社区教育实验工作的通知》和国家标准化管理委员会 2006 年发布的《社区服务指南第 3 部分：文化、教育、体育服务》中的界定，我们认为，社区教育是指在一定区域内开发、利用各种教育资源，以社区全体成员为对象开展的旨在提高成员综合素质和生活质量，促进成员的全面发展和社区可持续发展，服务区域经济建设和社会发展的教育活动。中国社区教育网首页截屏如图 2-1 所示。

从上述对社区教育的概念界定可以看出社区教育具有以下特征：第一，社区教育是在一定区域范围内实施的教育活动，具有区域性；第二，社区教育的对象是社区全体成员，从教育对象而言，其具有广泛性；第三，社区教育的广泛性决定了社区教育的多样性，针对不同的教育对象，社区教育需要提供丰富的教育内容与多样的教育形式供大家选择。

社区教育具有丰富的内涵和广泛的外延。它结合了学校教育、家庭教育和社会教育的各自优势，是一种"集大家之长"的综合性教育。

链接

中国社区教育网

图 2-1　中国社区教育网

同时,作为终身教育的重要实现途径,社区教育可以为不同学习阶段的社区成员提供其所需要的相应教育内容,弥补正规教育的不足,具有补偿性。

二、社区教育的功能

（一）育人功能

社区教育本身是一种教育活动,因此,它具有教育的本质功能——育人功能。社区是人的基本生活与活动场所,在社区中发生的一切都很容易对生活在其中的成员产生影响。社区教育结合学校教育、家庭教育和社会教育的育人优势,在社区这一特定区域内开展各种形式的教育活动,把育人目标贯穿于社区教育活动中,通过课堂传授、活动交流、环境熏陶等形式对社区成员产生影响,有利于提高他们的公民素养,促使他们进行自我约束、自我管理和自我教育。

（二）政治功能

社区教育的政治功能是指社区教育具有传播先进思想,提高社区成员政治素质,促进社区民主发展,维护社会政治稳定的功能。

社区教育的内容广泛而有益,优良的传统美德、先进的时代思想、党的基本方针路线、国家的法规政策、社区的行为规范等有利于社区成员形成正确政治观念的内容都是社区教育的重点内容。通过社区教育的传播与普及,通过一系列的政治学习,有利于提高社区成员的政治素

视频

社区教育的功能

扫描二维码观看微
课视频

质。同时,社区教育也是一种多主体参与的教育活动,既有社区管理组织、社区范围内的学校与企事业单位等机构主体,也有不同年龄、不同职业的广大社区成员个体。要顺利开展社区教育活动,首先需要各主体进行商量讨论,这种商量讨论有利于形成民主协商、共同参与的政治氛围。总之,在社区教育的实施过程中,寓政治教育于社会实践中,有利于锻炼社区成员的政治参与能力,促进社区的民主发展,进而为社会政治稳定提供良好基础。

（三）经济功能

社区教育是社会生产发展到一定阶段的产物,社区教育的经济功能是指社区教育在促进教育和社会经济发展上所发挥的作用。

一方面,社区教育发动社区教育资源支持教育事业的发展。比如,北京市西城区动员社会力量积极开办各类培训活动,组织社会教育机构向学生免费开放,减轻了政府教育投资不足的负面影响,这就是社区教育支持教育事业发展的一种体现。

另一方面,良好的社区教育为社会经济发展提供了稳定的环境基础。经济发展需要稳定的社会环境作依靠。进入信息化时代,人们的闲暇时间越来越多,如何对它进行安排成了关乎社会稳定的一个重要问题。社区作为人的必要活动场所,与人的关系十分紧密。社区教育通过开办各种形式的教育活动,使社区成员的闲暇时间获得了合适的安排,形成稳定的社区环境,为经济发展提供了环境保障。

天津河东区社区教育纪实:《春风梳柳 细雨润花》

（四）文化功能

社区教育的文化功能是指通过社区教育活动将社区中的文化进行整理、选择、传递,并加以改造和创新的功能。

文化是无法通过遗传的方式获得的,因此,社区中的文化需要通过教育活动进行传递。而文化的内容本身是良莠不齐的,因此在文化传递前首先要进行选择,择优去劣,浓缩精华内容,通过社区教育有效传承优秀的区域文化。同时,随着时代的发展和社会的变迁,文化需要不断进行改进和更新。因此,社区教育可以通过培养创新型人才、促进人才流动、推进文化交流等方式来推动文化创新。

阅读案例

江宁路街道成立社区教育联盟

长久以来,"社区教育"更多面向辖区老年人,受众较为单一,如何让"社区教育"更好地成为学校教育与家庭教育的联系纽带,将广大的青少年纳入进来? 4 月 16 日,江宁路街道成立社区教育联盟,旨在有效整合社区、学校、家庭等多方力量,共同做好社区未成年人教育。

社区有着丰富的实践资源、人文资源,是对学校教育和家庭教育的有效补充,街道整合相关力量,推出课程、实践、活动等多种形式的 14 个项目清单,供联盟成员点选。比如,蒋家巷居民区讲师团是一支由社区居民自发组织成立的基层讲师团队,目前有老党员、老干部、老专家等成员 10 名,他们形成"导师团课程配送"项目;在"小白鸽"温馨服务站项目上,街道依托"上海市儿童医院"病房学校项目,拟为北京西路院区血液科病房的孩子们捐助儿童读物,并提供线上学习课程和线下活动;在少先队员实践基地项目中,提供少先队实践活动,让少先队员走出校园、走进社区、了解社区,让学生在实践中增长知识,培养能力,全面发展……

同时,街道方面还引入中福会少年宫相关资源,开设江宁办班点,为社区青少年全面发展提供更多的实践平台和人文课堂。

"青少年未来参与社会事务的起点在社区,终点还是在社区。"街道方面相关负责人表示,目前社区的现状是老年人多,参与社区治理的人口老龄化程度高。我们力争让学生们多了解社区,融入社区,社区教育联盟是一个很好的平台、窗口和载体,为他们未来成长为社会治理主力军埋下美好的伏笔。

——节选自黄竞竞.江宁路街道成立社区教育联盟.上海市静安区人民政府网站 http://wap.jingan.gov.cn/xwzx/002006/20190419/7571104d-c6a4-4c5c-8698-187da1593ad5.html, 2019-04-18.

三、社区教育的变迁

（一）国外社区教育的变迁

国外社区教育大致经历了萌芽期、发展期和繁荣期这三个阶段。

1. 萌芽期

为了适应第一次工业革命机器大生产的发展,培养工业社会所需的技术工人,以英国为代表的工业发达国家出现了社区教育的萌芽。1785 年白贝克创立的英国工艺社被认为是国外现代社区教育的开始。

2. 发展期

19 世纪中叶,在移民运动、城市化进程和教育理念更新的影响下,社区教育得到了相应的发展。其中,美国社区学院是国外社区教育发展期的重要代表。

美国的社区学院是由初级学院发展而来的，在美国进步主义教育运动的影响下进入办学职能多样化阶段。社区学院是以社区为中心的教育，充分利用社区资源，为社区成员提供教育服务，促进社区发展。

3. 繁荣期

第二次世界大战后，联合国倡导开展"社区发展运动"。1955 年，《通过社区发展促进社会进步》一文发表，强调社区教育的重要地位与作用；1960 年颁布的《社区发展与经济发展》提出社区发展是一种过程，号召政府与公民共同支持与参与社区发展；1995 年召开的第七届国际社区教育大会通过《社区教育宣言》，强调社区教育是发展的关键。联合国发表、颁布、通过的一系列文件，促进了社区教育的发展，国外社区教育进入繁荣期。

（二）我国社区教育的变迁

根据国家政策的变迁和社区教育的实际发展状况，可以将我国现代意义上的社区教育分为萌芽阶段、试点探索阶段和发展完善阶段。

1. 萌芽阶段

1985—1990 年是我国社区教育发展的萌芽阶段。20 世纪 80 年代，我国引入社区教育。1986 年上海市成立真如中学社会教育委员会，是我国社区教育发展的雏形。1988 年发布的《关于改革和加强中小学德育工作的通知》中首次提及"社区教育"一词，确立了社区教育在我国教育体系中的重要地位。同年，上海市新疆街道和彭浦街道成立社区教育委员会，标志着我国社区教育形式的正式出现。

2. 试点探索阶段

1991—2011 年，我国开始从政府层面以试点形式探索社区教育的组织形式、管理机制、经费投入机制和质量保障机制。这一时期社区教育的发展具有三大特点。

第一，国家启动社区教育的局部试点，并在全国开展实验区建设。1991 年，上海第一家社区学校——真如镇社区教育学校成立。随后，全国范围内社区教育试点开始增多。2001 年，教育部组织建设社区教育实验区，并在此基础上，于 2008 年开始分别从实验区中遴选社区教育示范区，此项工作促进了全国社区教育事业的深入发展，推动了社区教育规模的巨大增长。

第二，社区教育纳入政府发展规划中，并在组织形式、管理机制、经费投入机制、质量保障机制等方面探索出一些较好的经验。国家在社区教育实验区中，将各类短期培训作为主要的教育形式，重点开展创建学习型组织的工作，探索建立社区教育的网络体系。

第三，社区教育在终身教育理念的引领下和建设学习型社会的追求下迎来发展新契机。1993年，国务院颁布《中国教育改革和发展纲要》，首次提出终生教育理念；2002年，党的十六大报告首次提出建立"全民学习、终生学习的学习型社会"，掀起了创建学习型城市的浪潮。这两大理念的提出，调动了公民参与社区教育的热情，增强了各方投资社区教育的力度，扩大了社区教育的发展空间，为社区教育的后续发展带来了更多的机遇。

3. 发展完善阶段

2012年至今，是我国社区教育的发展完善阶段。2012年国家开放大学成立，标志着社区教育资源得到进一步整合，逐渐形成了和全社会教育资源开放共享的机制。开放大学是在广播电视大学的基础上组建的，体现了我国广播电视教育对国际成人教育系统的适应。从其目前发展的情况和发挥的职能来看，国家开放大学开展学历教育和非学历教育，社区成员可注册入学；通过云平台向社区成员开放推送大量在线教育资源，帮助其在线开展自主学习，并通过学分银行实现学习成果认证、积累和转换。目前，国家开放大学已经成为中国社区教育发展的中坚力量。

同时，随着社区教育实验区、社区教育示范区、社区教育实验项目等各类试点和实验区的建设与发展，各地以开放大学、广播电视大学、职业院校等教育机构为载体，形成了社区教育的三级办学网络，强化了社区基础建设能力。

链接

国家开放大学

第二节

社区教育包含什么

一、社区教育的内容

（一）社区教育内容的分类

社区教育内容是依据社区教育目的或目标选择出来的以社区教育课程、社区教育活动等形式所呈现的文化知识、技能经验及社会价值与规范的总和。[①] 根据不同的分类标准划分了复杂多样的社区教育内容，社区教育内容是德、智、体、美等文化内涵的延伸，因此本文将社区教育内容分为社区德育、社区智育、社区体育和社区美育四大方面。

1. 社区德育

社区德育是指社区教育的施教者利用社区各类教育资源，根据确定的社会要求，有目的、有组织、有计划地对社区受教育者进行思想、政治、道德等方面教育的活动。

1980 年国际道德教育会议报告中将各国道德教育计划中共同强调的内容分为社会价值标准、个人价值标准、国家和世界的价值标准、认知过程的价值标准四大类[②]。我们认为，社区德育的内容也可划分为四大类：一是文明习惯教育；二是基本道德品质和家庭美德教育；三是公民道德教育；四是道德理想教育。

其中，青少年德育是我国社区德育的重要内容。青少年是我国社区教育最初的重要教育对象。1978 年，领会党的十一届三中全会精神，关注改革开放中的精神文明建设，青少年校外德育成为当时的教育热点。因此，最初的社区教育分担了学校教育的一部分职责，承担了青少年校外德育工作，是一种以青少年德育为主的教育。社区教育发展至今，和学校教育、家庭教育形成了教育合力，仍然承担着青少年德育的重要任务。

2. 社区智育

社区智育是学校智育的延伸和补充，它主要有两大部分内容：生活知识教育和基本技能教育。生活知识教育包括自然科学知识教育、人文知识教育和社会常识教育。基本技能教育包括计算机网络技术教育、外语交际技能教育、综合实践能力教育、职业技能教育。

其中，职业技能教育是社区智育的重要内容。社区教育的对象按年龄划分大致可以分为婴幼儿、青少年、成年人和老年人。在社区智育方面，婴幼儿与老年人不是智育的主要受教育者，而青少年的智育主要由学校教育承担，因此社区智育的主要教育对象是社区内的成年人。而成年人的生活重心在于工作，因此社区智育的职业技能教育是重要的教育内容。社区职业技能教育主要是针对社区内待就业、新上岗、失业、外来务工等人员提供的职前教育、岗位转换技能教育、就业技能教育等多方面教育。

3. 社区体育

随着社会的发展，人们的闲暇时间越来越多，各类有益的体育活动

视频

社区教育的内容

扫描二维码观看微课视频

---

① 侯怀银.社区教育[M].北京:北京师范大学出版社,2015:141.
② 檀传宝.学校道德教育原理[M].北京:教育科学出版社,2000:96.

为人们的闲暇时间安排提供了方向。社区体育旨在通过开展体育知识教育与组织体育活动，促进社区成员的身心健康发展，增进社区成员间的交流互动，促进社区的和谐发展。

因此，我们将社区体育内容分为体育知能、健康教育和体育活动三大类。体育知能包括体育知识和体育技能；健康教育包括健康观念、健康知识和健康生活方式；体育活动包括竞技活动、健身活动和康复活动。

4. 社区美育

美育可以帮助人们认识美、欣赏美、创造美，促进人们精神健康发展。社区美育是美育的重要组成部分，主要包括美感教育、审美教育和创造美的能力教育三大方面内容。社区通过美育使社区成员受到美的熏陶，不断追求真善美，促进美好社区的建设。

（二）社区教育内容的开展

社区教育的内容丰富多彩，社区教育的开展形式也多种多样。青少年德育活动、职业培训班、家长学校、老年大学等都是社区教育开展的重要形式。

1. 青少年德育活动

社区是青少年除了家庭与学校以外的重要活动场所，社区青少年教育是学校教育的延伸，对青少年的德育发展具有重要作用。在下面的案例中你可以看到不同社区所开展的促进青少年德育的各类教育活动。

实践

调查看你所生活的社区开展了哪些社区教育活动。

阅读案例

济南市历下区打造社区暑期青少年德育课堂

济南市历下区文化东路街道以社区办公服务用房改造提升为契机，在中创开元山庄等3个社区着力打造暑期青少年德育课堂，通过搭建社区活动平台、组建德育宣教队伍、开展丰富实践活动，为社区内的青少年提供活动场所，满足社区青少年学习生活需求，丰富假期业余生活。

搭建社区活动平台。今年以来，街道加大社区办公服务用房改建力度，专门为满足青少年假期活动需求设置了素质教育中心和青少年图书阅览室，将陆续安装计算机、图书、桌椅、棋牌等活动设施。暑期，中创开元山庄社区继续与社区"四点半"学校联合，开辟德育实践第二课堂，在完成学业辅导的同时，为青少年免费提供舞蹈排练、书法培训、电子阅览以及棋牌竞技等活动场所，充分满足其业余学习生活的需要。

组建德育宣教队伍。成立暑期德育宣教队伍,通过现身说法,在社区青少年德育课堂开展"懂礼、懂史、爱国、爱家"的思想教育。同时,社区老人充分发挥自身资源优势,邀请多名行业代表走进社区课堂,用通俗易懂的方式讲解专业知识,并有计划地安排青少年进行实地参观,提高了青少年参与社会、学习生存、保护自己的实践能力。

开展丰富实践活动。暑期开始后,由各社区牵头将组织青少年参加居民消夏晚会、助老帮扶行动、慈心捐助等五大类二十多项社会实践活动。

——节选自昝璐.济南市历下区打造社区暑期青少年德育课堂.中国文明网 http://www.wenming.cn/syjj/dfcz/sd/201407/t20140715_2062630.shtml,2014-07-15.

2. 职业培训班

职业培训是社区教育的重要内容,也是各社区的关注焦点。比如,武汉市青山区新沟桥街光明社区就根据社区实际情况开展了社区职业技能培训活动。

阅读案例

武汉市青山区新沟桥街光明社区
开展职业技能培训活动

为了提高下岗失业人员的职业技能,促进再就业工作的开展,武汉市青山区新沟桥街光明社区开展了职业技能培训活动。社区选派了有就业能力且有就业愿望的下岗失业人员参加了此次技能培训班的学习。通过培训班的学习,使他们树立了正确的择业观,不仅提高了自己的职业技能素质,也为自己今后再就业打下了良好的基础。

——节选自社区开展职业技能培训活动.武汉市青山区新沟桥街光明社区官方微博.

3. 家长学校

家长学校是一种以婴幼儿家长和中小学生家长为主要对象,以传授科学的家庭教育知识与方法为主要内容的教育形式。为了加强学校、社区与家庭的教育合作,提升家庭教育水平,我国许多地区都建立了网上家长学校。比如,厦门市的网上家长学校就设立了"新闻中心"

"德育天地""心理健康""视频播报""校园小喇叭""名校访谈""专家讲坛""七彩活动""名师风采"等模块，为家长教育提供指引。同时，许多社区也利用家长学校开展一系列有益活动，传播科学的家庭教育理念。

4. 老年大学

在人口老龄化的背景下，随着终身教育理念的倡导，老年教育越来越受到人们的重视。老年大学是老年人继续学习、终身学习的重要场所。1973年，法国创立了世界上第一所老年大学。

随着我国人口老龄化的发展，老年大学也在各省市兴起，中国老年大学协会随之成立。中国老年大学协会是组织全国各地老年大学开展协作与交流的全国性非营利性社会组织，其组织机构图如图2-2所示。

协会的业务范围包括：①组织老年大学校际间的经验交流、信息沟通；②开展老年教育学术、理论和教学研究；③推动老年大学规范化建设，不断提高办学水平、教学质量；④优秀教学大纲、教材的推荐及编写；⑤推动老年远程教育的发展，扩大老年教育覆盖面；⑥加大老年教育的宣传力度，扩大社会影响；⑦开展老年大学办学、教学和理论研究人员的培训工作；⑧积极开展老年社会文化活动；⑨开展国际的交流与合作。

老人进入大学主要目的是陶冶情操，而不是为了晋级或就业，因此老年大学教学计划和内容完全按照老人需求来设定，老人们需要什么就可以学习什么。以此贯彻落实老有所教、老有所学、老有所为、老有所乐的老龄工作方针，通过组织离退休老同志再学习，通过学习达到增长知识、丰富生活、陶冶情操、促进健康、服务社会、老有所养的目的。

链接

中国老年大学协会

阅读案例

社区老年大学，老人老有所乐

荆门高新区名泉社区老年大学自2018年4月9日开班以来，人们经常看到老年人三五成群前往老年大学上课，老人们在这里相互学习、相互交流，不仅提高了自身修养，陶冶了情操，也丰富了晚年生活。

为满足社区老年人的精神文化需求，2018年年初，名泉社区针对辖区老年人开展需求调查，了解到老年人的空闲时间较多，大多是在家帮忙带孩子，孩子上学期间，老人们的活动较单一，大多待在家里看电视或三五成群打牌，社会交往少，缺少交流沟通平台。针对这一现状，名泉社区依托社区居家养老服务中心，与蓝天社工组织联合开办社区老年大学。

得知社区开办老年大学的消息后，老人们踊跃报名，名泉社区

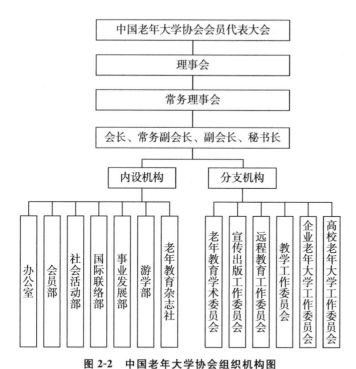

图 2-2　中国老年大学协会组织机构图

（资料来源：http://www.caua1988.com/nzcms_show_news.asp?id＝5707）

与蓝天社工根据老人们的报名情况和兴趣爱好进行分班，但却为一件事发愁：老人们的积极性都很高，报名的人太多，也要配备相应的老师，到哪里找这么多志愿者老师？社区和蓝天社工利用微信公众号发布招募令，不少热心公益、有特长的居民主动报名，社区原有的群众性文化社团也纷纷助力，加入老年大学的师资队伍中来，充实师资力量。

　　社区老年大学开班当天就有 100 多名学员参加，开设了 5 个班级。如今，名泉社区老年大学已有学员 500 余人，班级也增加到10 个，辖区老人们的学习热情空前高涨。蓝天社工专门负责老年大学的日常课程、教室及老师的安排，并对学员上课纪律做出规定，引导每个班推选两名班长维持班级纪律和学员之间的联络事宜。

　　——节选自朱小梦明. 社区老年大学，老人老有所乐. 荆门新闻
　　　　网 http://www.jmnews.cn/news/2018/07/249649.shtml，
　　　　2018-07-23.

　　思考：社区老年大学为何如此火爆？

二、社区教育的课程

任何类型的教育都离不开课程。关于课程的定义有广义和狭义之分,广义课程是指"学生在教师指导下进行的各种活动的总和",狭义课程是指一门学科。从本质属性来看,课程是实现教育目的的中介。作为课程下位概念的社区教育课程自然就是实现社区教育目的的中介。作为社区教育活动的中介和载体,社区教育课程是开展社区教育实践的基本依据,也是社区教育实现可持续发展的核心内容。

结合课程概念及社区教育的特殊属性,我们将社区教育课程定义为:以社区成员发展和社区建设的需求为依据,整合社区教育资源的教育活动及其过程的总和。简而言之,社区教育课程是指社区教育教学内容及其进程的总和。

（一）社区教育课程的特征

社区教育的特征直接决定了它的课程有别于学校教育中的传统课程。作为实现终身教育的重要途径,社区教育具有"三全性":一是"全员",即是以全体社区成员为教育对象;二是"全程",即指在人的一生中,不论处于什么时期,不论是婴幼儿还是老年人,社区都要为其提供相应的教育,即社区教育要涵盖社区成员的一生,以满足其持续学习的需求;三是"全面",即社区教育内容要丰富多样,满足社区成员多元化、多方面的教育需求。根据社区教育的"三全性",社区教育课程应以社区居民的学习兴趣和需求为出发点,同时根据社区政治、经济、文化等方面的实际情况和发展趋向进行开发与设计。具体而言,社区教育课程应具备以下四个特征。

社区教育的课程

扫描二维码观看微课视频

1. 区域性

社区教育是在社区范围内开展的教育活动,它的教育对象是社区成员。受空间和人员的限制,社区教育课程要充分考虑本社区的空间条件和区域内的风俗习惯。在社区教育课程的开发设计中,要立足社区实际,利用优势的地理环境,避免客观条件的不足,根据社区成员的习俗与需要,开设符合本社区社情,具有社区特色的课程,为社区发展服务。

2. 实用性

社区成员是社区教育的主要服务对象,是社区教育的主体。社区教育要想更好地服务于教育主体,就不能凭空开设课程,而是要了解教育主体现实的生活世界和真实的内心想法,根据社区成员的实际需求开发、设计课程。因此,社区教育课程的内容要和社区成员的生活紧密联系,要注重实用性,要直接满足本区域内不同层次、不同年龄人群的学习需求,使开设的课程切实提高社区成员的综合素质和生活质量。总之,符合社区成员需求的课程就是实用课程。使所学有所用,是社区教育课程开发与设计的出发点和落脚点。

3. 即时性

社区教育课程的实用性决定了它的即时性。因为社区教育的内容是以社区成员的现实需要为主要依据的,而人的需要又总会因受到各因素的影响而不断变化,所以社区教育课程的内容要根据社区成员的需要进行调整与更新。对于一些过时的、浮夸的、无法引起居民学习兴趣的课程要及时用新的知识点替换。同时,信息是广泛而无限的,而人的知识容量和学习时间又是有限的。因此,社区教育课程的内容只能从无尽的信息中选择与时代发展相符的相关知识。也就是说,社区教育课程内容的选择必须以反映当时社会发展方向为主题,通过鲜活的课程内容引导社区成员积极适应变化中的新时代。具体而言,社区教育课程要把握时代发展的脉搏和国家政策调整的大方向,及时将主流的思想理念、政策内涵融入社区成员的日常生活中。

4. 多样性

社区教育对象的广泛性决定了社区教育课程的多样性。广泛的教育对象涵盖了不同性别、不同年龄、不同爱好、不同职业、不同层次的人群,要满足各个人群不同的教育需求,就需要提供丰富多样的教育内容和教育形式供大家选择。总之,社区教育课程的内容要涵盖社区生活的方方面面,形式要满足社区成员的多种需求,从而满足社区内各种教育对象多元化的学习需要。

(二)社区教育课程的类型

当前,社区教育课程大部分可以分为三个层次。

第一个层次是公民教育。其主要目的在于提高社区成员的公民素养,为他们的日常生活提供理性支撑,增强社区凝聚力,推进社区精神文明建设,从而增强社会凝聚力,推动社会道德文化发展。

第二个层次是社会服务类课程。这类课程主要以社区中的特定人群为服务对象,为他们提供相应的社会服务。包括临退休人员的适应性教育、下岗工人的就业培训、职工子女的课后教育、学龄前儿童的托管等。

第三个层次是社区生活类课程。它的教育内容主要围绕社区成员的日常生活展开,旨在丰富社区成员的业余文化生活。比如,象棋、烹饪、插花、茶艺、绘画等休闲娱乐活动就是这类课程的主要内容之一。社区生活类课程的开展,有利于社区成员合理安排自己的闲暇时间,丰富个人的精神文化生活。例如,北京市朝阳区建立了区社区教育网,在网站中设立了"学习中心"这一模块,以视频讲解的形式提供了丰富的课程资源。包含"早教天地、青少年成长营地、主妇俱乐部、家长课堂、

链接

北京市朝阳社区青少年教育培训中心

新居民之家、幸福养老大课堂、职业技能学坊"等多类课程，为社区居民学习提供更为便利的条件。

三、社区教育的资源

社区教育具有育人功能、政治功能、经济功能、文化功能，经过多次变迁，社区教育进入了发展完善阶段。在这一阶段，要实现社区教育的多种功能，就需要明确社区教育内容，完善社区教育课程，丰富社区教育资源。

社区教育资源是指在社区教育实施过程中，一切可供社区教育活动开发、利用的教育资源。包括社区内可被社区教育利用的资源和社区外可被社区教育利用的资源。又或者说，社区教育资源是指在一定的地域范围内，被用于社区教育的有形资源和无形资源的总和。

按社区教育资源的性质分类，可分为有形资源和无形资源两大类。具体来说，社区教育资源有以下几种类型。

1. 人力资源

社区教育人力资源既有以个体形式存在的社区成员，又有以组织形式存在的社区机构。主要包括社区中在某方面具有专业知识或技能特长的人才以及具有一定社会影响力的组织机构。它通过人才本身所具有的知识技能或组织机构的相关活动，直接作用于具体的社区教育活动。

社区教育人力资源主要包括领导资源、管理资源、教师资源、志愿者资源四个方面：①社区内对社区教育重视程度高、参与意愿足的各相关领导是重要的人力资源；②社区教育中综合素质强、稳定程度高的专职教育管理人员和专业教师是关键的人力资源；③社区中具有某方面特长且与社区教育发展需求相符的兼职教师是基础的人力资源；④社区教育中的志愿者是人力资源的重要补充，包括优秀大学生、退休教师等在内的各行各业中有服务意识的突出人才就是重要的志愿者资源。

2. 物力资源

社区教育物力资源是指以具体形态存在的，可以通过人们的有效开发和利用，丰富社区生活，促进社区教育发展的资源。

具体而言，社区教育物力资源主要包括社区的自然环境和社区范围内各教育机构中的物力资源。社区的自然环境是指社区中天然存在的物质资源，比如，社区中的花草树木、地形地势。社区范围内各教育机构中的物力资源分为两大类：一类是主要承担学校教育的传统教育机构，比如，社区内的幼儿园、中小学等；另一类是区别于学校教育机构的非传统教育机构。传统教育机构中的课室、阅览室、操作台等物力资源,既可以满足在校学生的学习需求,也可以缓解社区教育资源紧缺的情况。非传统教育机构的物力资源范围广泛,社区内的各种活动中心、企事业单位、公共图书馆等机构都具有丰富的教育内涵,社区可以对这些物力资源进行挖掘与利用,丰富社区教育资源。

3. 财力资源

社区教育财力资源是指支持社区教育发展的各类经费。放眼国际社会,社区教育的财力保证来源于多种渠道,主要包括各级政府的财政拨款、教育服务项目的收入、慈善组织的捐赠、个人的支持等。

目前,我国的社区教育以政府为主导,其经费支持也是较为单一的政府投资,社会各界对社区教育资金投入还比较欠缺,如何扩大社区教育经费的来源渠道是丰富我国社区教育资源的重要内容。

4. 文化资源

按社区教育资源的性质分类,文化资源属于无形资源。社区教育文化资源是指在社区教育活动中,为全体社区教育对象所共享且能引导其思维、制约其行动的一种无形的规范与方式。

社区精神文化是社区教育文化资源的重要组成部分,积极向上的精神文化氛围,是社区教育最可利用的文化资源之一。社区内开展的各类精神文化活动,如家风家训、尊老爱幼、文明出行、志愿服务等活动,都有利于在社区内形成良好的精神文化氛围,进而形成浓厚的社区教育氛围,为社区教育的高质量发展提供软环境保障。

此外,社区教育文化资源的另一个重要内容就是社区归属感。社区归属感是指社区居民在认同本社区的基础上从心理上将自己归入这个社区的一种状态。这种归属感体现了居民对本社区的认可、喜爱与依恋。社区成员的归属感越强,对社区活动的参与积极性就越高,也就会对社区教育倾注越多的关注度,从而提高其对社区教育的参与度,促进社区教育的繁荣发展(见图 2-3)。

图 2-3 社区居民用书画作品来表达对祖国的热爱和祝福

(资料来源:中国社区网)

阅读案例

利用社区教育资源，开展幼儿教育活动

泰山市某幼儿园利用社区教育资源，开展幼儿教育活动。在园长的带领下，孩子们走进社区，进行了参观学习活动。首先，在社区相关负责人的引领下，通过观察、听讲、答疑等方式来满足幼儿对社区及社区教育资源的好奇心。之后，参观社区内各类以物质形态存在的教育资源，如四点半课堂、漂流书屋、消防体验室、安全文化长廊等，在社区相关负责教师的讲解下了解社区的一些教育活动。最后，来到居家养老服务中心，参观了一些娱乐休闲活动。通过参观、了解社区的教育资源与活动，丰富了幼儿的相关知识。

——节选自王雅春. 利用社区教育资源，幼儿走进花园社区体验生活. 凤凰网资讯 http://news. ifeng. com/a/20180416/57611925_0. shtml，2018-04-16.

第三节

社区教育的开展

社区教育是在一定区域内以全体社区成员为教育对象的教育活动，具有区域性、广泛性、多样性、综合性、补偿性等特点，它的重要教育目的是提高社区成员素质，促进社区发展。为此，社区需要进行社区教育管理，通过丰富社区教育机构，完善社区教育管理，形成社区教育评价等方式管理社区教育，促进社区可持续发展。

视频

社区教育机构

扫描二维码观看微课视频

一、社区教育机构

社区教育机构是实施社区教育的主要载体，是开展社区教育活动的重要依托。各个国家的国情不同、教育发展不一致，社区教育机构也呈现不同的类型与特点。

（一）国外社区教育机构

1. 北欧社区教育机构

北欧的社区教育也叫民众教育,1844 年科隆威在丹麦建立的第一所民众中学是它出现的标志。北欧的社区教育主要由民众学校和学习小组这两种机构承担。民众学校包括民众中学和民众大学,实施社区的成人教育;学习小组则是一种自主学习的单位。此外,成人教育协会、大学推广部、函授大学、寄宿制青年学院、寄宿制家政学院等机构也有社区教育的内容,承担了北欧社区教育的一部分。

北欧民众教育注重人文精神,采用民主办学。民众教育崇尚人文精神的办学理念,实行人文教育与知识教育和职业教育相结合的方式,注重人的发展,发挥其创造潜力,增强其自信心和在工作、社团生活中积极发挥作用的能力。民众中学享有最大限度的办学自主权,每一所民众中学都可以有自己的办学方式,开设多种多样的课程。有的是为提高工作技能开设的,有的开设音乐、艺术、社会问题研究,以及环境问题等方面的课程,还有的开设旨在继承本民族传统工艺为特色的课程。每个学校都可以自由安排课程,没有统一的教学大纲和强制性指令,教学的内容和方法灵活多样,常常是由教师和学生商量后确定。并且民众中学对教师质量要求比较高,大部分教师是获得文学士或理学士的大学生并且具有从事教育的经历,在教学方法上,除采用传统的演讲、讨论、辩论外,还创造了富有特色的学习班、组织旅行等。此外,北欧各国政府既有不干预民众教育组织活动的传统,又有在立法和经费上对民众教育给予坚定支持的责任。[①]

2. 英国社区教育机构

在英国,普通高校、开放大学、产业大学和社区学院等机构都承担了一定的社区教育服务。1873 年,英国高校开始向社区推广教育,成立大学推广部,提供多种社区教育项目。英国的开放大学利用远程教育满足社会大众对高等教育的需求。产业大学则致力于英国民众的远程学习,帮助全体社会成员认清自我教育需求并为其提供相适应的教育资源。英国的社区学院具有多种办学职能,为社区老年人、青少年、弱势群体等提供相应的教育服务。

3. 美国社区教育机构

社区学院是美国实施社区教育的主要载体与机构。其中,继续教育、终生学习、社区服务和基于社区的教育是它的重要教育内容与服务

---

① 梁新潮,刘丹.国外社区教育的实践及启示[J].福建论坛(人文社会科学版),
2008(4):131-134.

形式。经过多年发展，美国社区学院已成为集"大学转学教育、职业教育、普通教育、补偿教育和社区教育"于一身的教育机构。

美国社区学院管理规范化，运作市场化。美国宪法规定教育是地方政府管辖的事项，发展社区教育的主要责任在州政府，联邦政府和国会主要通过立法施加影响。经费主要是从联邦政府、州政府以及当地税收而来，平均来说大概39%的经费来自州政府的税收，18%来自当地政府拨款，30%来自联邦政府拨款，其余来自学费、企业资助、校友捐赠，或者是在社区内开征社区税，发行债券等多种多样的途径。州设有社区学院理事会，负责审批、管理和指导全州的社区学院。而对社区学院内部管理产生重要影响的管理机构是负责聘任与考核学院院长、审议学院经费预算、发展计划和重要人事安排的董事会，董事一般由学院服务区内的居民选举产生。社区学院招生基本无"门槛"，但日常教学管理是非常细致、严格的，教学根据学生的基础进行，开设菜单式的课程，学生自由选课，考试没通过可不计次数重修。学院从开设的课程中配套组合成不同的证书，学员完成相应的课程之后，可向学院申请结业证书、学历文凭，或准学士学位证书。社区学院追求高质量和高效率的管理制度，正是其适应地方经济和社会发展的重要保障。①

4. 日本社区教育机构

公民馆是日本最具代表性的社区教育机构，它面向所有年龄阶段的公民，为他们提供所需的各类社区教育资源与课程。日本1949年颁布的《社会教育法》明确规定了创办公民馆的目的："为市町村或某一特定地域的居民结合其实际生活进行教育、学术、文化方面的活动，以使居民提高素养、增强健康、陶冶情操、振兴生活和文化，充实社会福利。"②

日本社会教育法制性强，基础设施完善。日本社区教育的成功运行主要在于完善的立法和社区教育设施。1945年日本发布了《有关振兴社会教育的通知》，1947年颁布的《教育基本法》第七条"社会教育"一项明确规定：国家及地方公共团体必须鼓励家庭教育以及工作场所和其他社会所进行的教育活动；国家及地方公共团体必须以设置图书馆、博物馆、公民馆，利用学校设施或以其他适当的方式来努力推广教育活动。该法律还规定：家庭教育以及在劳动岗位和其他社会场所进行的教育，国家和地方公共团体应该予以奖励。此后日本又陆续制定了《社会教育法》(1949)、《图书馆法》(1950)和《博物馆法》(1951)三部基本确立日本社会教育初期框架的法律。这些法律明确规定公民馆、图书馆、博物馆等基本社会教育设施从地区教育经费中拨款建造，供居民免费

---

① 梁新潮，刘丹.国外社区教育的实践及启示[J].福建论坛(人文社会科学版)，2008(4):131-134.

② 梁忠义.战后日本教育[M].长春:吉林教育出版社，1988:103.

使用,确定市民参与社会教育委员会的制度,保障社会教育团体的自主办学权,以及确立学校教育与社会教育的关系等一系列规定。随着社会和教育事业的迅速发展,日本对《社会教育法》进行了5次修改,逐渐走向完善,为保障社区民众的学习权奠定了坚实的法制基础。[①]

(二)我国社区教育机构

我国社区教育机构,从主办单位来看,有教育部等主要职能部门主办的;也有共青团、妇联等人民团体开办的;还有非政府组织创办的。从是否有依托主体看,有独立设置的,也有依托现有资源组建的。关于我国社区教育机构的类型具体可以分为以下几种。

1. 以地方教育部门为主导,整合组建的社区教育机构

在社区教育的推进过程中,各地教育主管部门积极发挥主导作用,整合当地教育资源,组建社区教育机构。

(1)普通高校投身社区教育

目前,我国高校学生志愿活动开始与社区教育实践进行结合。例如,上海财经大学人文学院坚持开展大学生终身教育志愿者服务项目可被视为一种实践。该校组织志愿者参与杨浦区学习型社区的建立,使知识传承项目走入社区生活,以大学文化资源助力社区教育,充分发挥学院专业特色和师资力量,为建设知识创新型杨浦区而努力。可见,普通高校投身社区教育是一种可以发展的方向与思路。

(2)成人高校组建社区教育机构

广播电视大学、职工大学和业余大学等成人高校组建的社区教育机构具有集高等教育、职业教育、社区教育于一体的优势与特性。

北京市丰台区职工大学就是这种机构类型的代表之一。它以独立设置的成人高校——"丰台职工大学"为龙头,是一所以学历继续教育、非学历继续教育和社会生活教育为一体的综合性学校,具有多层次、多功能、多类型、多规格的办学格局,是培养各级各类专门人才的教育基地。

(3)独立设置的社区学院

独立设置的社区学院主要是指独立成院、独立法人、独立财务核算、独立开展教育活动的社区教育机构。

例如,南京市栖霞区社区学院就属于独立设置的社区学院。该社区学院在区政府与教育局的领导下,以构建智慧社区和学习型社区为社区教育理念,以建设和谐社会为中心,以提升社区居民综合素质和生活质量为具体目标,充分利用已经搭建好的教育平台,为全体社区成员提供全方位、多方面的教育培训服务。作为栖霞社区教育的龙头,栖霞

南京市栖霞区社区学院

① 梁新潮,刘丹. 国外社区教育的实践及启示[J]. 福建论坛(人文社会科学版),2008(4):131-134.

区社区学院从区域百姓的多层次、多元化的教育需求出发，在社区范围内，针对不同人群的不同需求开展了各级各类教育培训活动。

2. 以广播电视大学为依托成立的社区教育机构

电大远程教育参与社区教育是社区教育发展的未来趋势和迫切需要，以广播电视大学为依托，被认为是又好又快发展社区教育的现实途径和重要方向。

当前，我国许多省市都认同了依托电大开展社区教育的方案。例如，重庆市根据 2012 年年底下发的《关于进一步加强社区教育工作的意见》，由市教委牵头、依托重庆广播电视大学现代远程教育技术平台和办学网络的优势，成立重庆市社区教育服务指导中心，作为全市社区教育的业务指导机构；各区县（自治县）依托广播电视大学分校或工作站成立社区学院；各街道（乡镇）依托文化中心成立社区学校；社区（村）建立社区学习活动室，从而形成覆盖全市城乡的四级社区教育网络。[①]

2016 年湖北省教育厅明确依托全省电大系统推进社区教育工作。依托湖北电大建立的湖北省社区教育指导中心是全省社区教育统筹协调机构，在全省规划实施社区教育培训项目；依托市州电大建立当地社区教育指导中心，县（市、区）依托县电大或职教中心成立社区教育学院（中心）。将社区教育指导机构建到乡镇（街道）、村（社区），为居民提供灵活便捷的教育服务。[②]

3. 非政府组织主办的社区教育机构

非政府组织主办的社区教育机构主要是指社区内其他组织或个人主办的与社区教育相关的组织机构。校外培训机构、民办学前教育机构等就属于这类教育机构。对于这些非政府组织主办的社区教育机构，社区需要进行严格的审查与规范。比如，定期对社区范围内的校外培训机构进行排查整治，核查培训机构的办学规模、卫生条件、消防设施是否符合要求，重点检查各类培训机构是否具有办学资质与教育许可证，是否涉及学科类培训，是否聘用在职教师等问题。

二、社区教育管理模式

社区教育管理是指通过计划、组织、协调、控制、指挥等管理手段，整合学校教育、家庭教育、社会教育，促进三大教育结构和功能的扩展与丰富，形成一种覆盖全社区的大教育系统。

在我国社区教育的发展过程中主要形成了两大类社区教育管理组

---

① 节选自腾讯教育《满足多样化学习需求 渝将构建四级社区教育网络》。
② 节选自全民终生学习公共服务平台《湖北省教育厅等九部门依托全省电大系统推进社区教育工作》。

织形式:一类是以"委员会"形式出现的社区教育行政管理体制,主要负责社区教育的管理协调。一类是以社区学院等形式出现的社区教育内部管理体制,主要负责具体的社区教育服务。

(一) 以区或街道(镇)为主体的地域型体制模式

社区教育管理的地域型体制模式主要有两种形态:一是区社区教育委员会;一是街道(镇)社区教育委员会,区政府和街道办事处(镇政府)分别是这两种形态的主体。

1. 区社区教育委员会

区社区教育委员会的组织机构一般由区的党政领导担任主任,并由区的各委、办、局等有关部门的主要领导和社会各界知名人士担任委员会成员,同时下设区社区教育委员会办公室,负责社区教育的日常工作和活动实施。

例如,上海市徐汇区就设立了区社区教育委员会,社区教育活动的开展以区社区教育委员会办公室为主体,下设"区教育局社区教育管理办公室",负责部门协调、资源开发、经费运作、调查研究、评比表彰等工作。

2. 街道(镇)社区教育委员会

街道(镇)社区教育委员会是我国社区教育最基本的组织形式,一般以街道办事处(镇政府)为中心。街道(镇)有关单位和机构的代表担任委员会成员,社教科或文教科等职能科室为委员会的办事机构,具体处理社区教育的日常协调管理工作。

例如,南京市江宁区谷里街道的社区教育委员会就明确规定了委员会的主要负责人、相关成员及其所负责的相关工作。该街道社区教育委员会由分管党群的副书记任主任,分管教育的副主任、党工委组纪宣委员任副主任,街道相关部门负责人和社区主任为委员,负责全街道社区教育的统筹规划和组织领导。委员会在各街道社区教育中心内设立社区教育委员会办公室,由该街道社区教育中心的负责人兼任办公室主任,负责落实社区教育的各项工作。

镇江市丹徒区上党镇社区教育委员会也属于这种组织形式。上党镇社区教育委员会由镇长担任委员会主任,由镇政府的有关领导、有关部门的负责人、群众团体的代表组成委员会成员。委员会同样下设办公室,负责贯彻社区教育委员会的各项政策决议和处理社区教育的日常事务。

以政府机构为主导的地域型体制模式具有权威性高、统筹性强、覆盖面广的特点,有利于在行政力量的引领与控制下发挥社区教育的多种功能,促进学习型社区的构建。

（二）以社区学院为龙头的三级社区教育机构体制模式

以社区学院为龙头的三级社区教育机构模式是指由设立在区（县）的社区学院、设立在街道（镇）的社区学校和设立在居委会（村）的社区学习中心构成的三级社区教育机构。这种架构下的社区教育网络体系充分发挥了社区教育的多种功能。

目前，我国许多地区的社区教育管理体制都在向这一体制模式靠拢。嘉兴市秀洲区的社区教育管理体制就在努力发展为这种模式。秀洲区着力构建以区（县）社区教育学院为龙头，以各街道（镇）社区教育中心为骨干，以居委会（村）社区教育教学点为基础的三级社区教育管理体制。经过各方努力，秀洲区已建立了 1 个社区教育学院、7 个社区教育中心、21 个区级成员单位、144 个社区教育教学点，基本形成社区教育三级管理体制。

阅读案例

温州市鹿城社区学院，在鹿城区委、区政府的重视下，于 2005 年开始筹建，2007 年 12 月正式挂牌成立。鹿城社区学院作为鹿城社区教育的"龙头"和重要基地，全面负责全区的社区教育管理工作，组织协调社区所需的各类教育任务，指导基层开展社区教育、科研活动，负责全区社区教育网络建设和管理，为社区居民开展文化与技能培训。社区学院是社区居民学习指导中心、社区学习资源中心、社区教育研究中心。

社区教育管理呈"三级网络"："（区）学院—（街镇）社区学校—（社区）社区分校"，街镇及其他成员单位职责明确，配合密切，具体组织市民开展社区教育活动，让社区百姓在家门口就可享受到内容丰富的优质学习资源。

——节选自温州市鹿城社区教育网 http://www.lcsqxy.com/SchoolWeb/Main/list.asp? CaseID＝110，2019-10-20.

三、社区教育评价

我国的社区教育自 20 世纪 80 年代在上海等地兴起以来，获得了较快的发展。在提高社区成员综合素质和生活质量，推进社区精神文明建设，构建学习型社区，促进社区可持续发展等方面都起到了一定的积极作用。通过三四十年的发展，我国的社区教育在某些省市已经取得了较好的成绩,随之也产生如何进行下一步发展的问题与困扰。这就需要运用评价手段,研究社区教育的发展现状,发扬社区教育的优点,纠正其存在的问题,推动社区教育的良好发展。

社区教育评价是根据一定的指导思想,在社区教育实践的基础上,对社区教育实践的现状及其发展趋势做出客观判断,形成正确导向的过程。通过社区教育评价,可以了解社区教育的发展现状,评判它的教育质量,厘清存在的问题,找准进一步发展的方向,从而促进社区教育的可持续发展。

视频

社区教育评价

扫描二维码观看微课视频

（一）社区教育评价的功能

社区教育评价是社区教育发展的重要一环,对社区教育的发展具有重要作用,要想使社区教育评价发挥正向作用,就需要正确认知社区教育评价的功能。

社区教育评价的功能主要包括诊断功能、鉴定功能、导向功能、激励功能和反馈功能。

1. 诊断功能

所谓"诊断",一要"诊";二要"断"。社区教育评价的诊断功能是指通过评价手段,检查社区教育实施的效果和质量,进而判断与衡量社区教育达到评价标准的程度,找出社区教育实施过程中存在的各类问题,并分析其产生的原因。

2. 鉴定功能

所谓社区教育评价的鉴定功能,是指通过社区教育评价,查明社区教育过程中存在的优缺点,鉴定其教育内容、教育形式等是否适宜社区教育的发展。对所进行的社区教育实践提出客观的意见。

3. 导向功能

当前,社区教育评价的功能已经得到广泛认可和高度重视,社区教育活动已经成为社区发展的重要指标和风标。对社区教育进行评价,就是充分发挥评价的导向作用,在社区内创造全面发展的育人环境,提高社区教育的育人质量,推动社区教育事业的发展,推动学习型社区的形成,使社区教育真正适应社会发展的需要。

4. 激励功能

社区教育评价的激励功能是指社区教育评价对社区教育发展的正向推动作用。具体而言,就是通过评价手段指导社区教育活动,使各社区在教育实践过程中找到发展的动力,激励社区教育前进。

5. 反馈功能

社区教育评价是一种系统的评价,既有内部的自我分析、自我反思、自我总结,又有外部的客观诊断与鉴定,从各方面真实地反映了社区教育的实际情况。通过社区教育评价的反馈，可以清晰了解社区教育的全景。对于做得好的方面，可以进行分析总结，对外分享，发扬光大；对于存在的不足之处，可以进行改进与完善，在后续的社区教育实施中避免再发生。总之，通过反馈取长补短，促进社区教育可持续发展。

（二）社区教育评价的原则

1. 目标的同一性与差异性的统一

各个社区的教育活动，虽然多种多样且各具特色，但是最终的目的都统一到了"人"的发展这一点上，提高社区成员的综合素质，是社区教育的重要目标与核心功能。然而，由于社区内各个人群的职业追求、思想层次、教育水平、生活习惯等的不同导致他们内在的真正需求也各不相同，个性差异在社区内显现。因此，进行社区教育评价时，要在"人"的发展的总前提下，承认差异，"因人制宜"，做出相适应的评价，只有这样才能真正发挥社区教育评价的功能。

2. 运行的开放性与有序性的统一

社区教育是典型的开放性教育，但它的开放是有序的。对社区教育进行评价不是鉴别它们应共同具有的开放程度，而是要根据各个社区发展的历史轨迹、自然条件、经济水平等区别对待。在进行社区教育评价时，应当关注该社区的社区教育是否真正围绕着其个性特色开展，是否有计划、有规范地实施，是否有利于社区教育发展的可持续性。因此，社区教育的开放性必须与具体社区的特殊性相协调，才能得到开放而有序的持续发展。

3. 资源的共享性与协调性的统一

各个社区的实际情况不一样，其享有的教育资源也各不相同。在开展社区教育的评价过程中，面对各社区教育资源数量、种类、结构不一的情况，应引导他们达成资源共享的共识，优化各社区的教育资源结构。在为了社区发展的这一共同目标下，推动各社区在社区教育资源方面形成和谐协调、团结协作的局面。

4. 发展的阶段性与连续性的统一

任何事物的发展都具有连续性，但同时这一连续性是按阶段逐步递进的。因此，社区教育必须按社区的需求和发展的规律，分阶段、有步骤地推进，在每一个时期确立明确的目标和工作的重点。一个阶段工作结束的客观评价，就是下一阶段工作的基础和起点，环环相扣，稳步推进。因此，社区教育评价贯穿在社区教育的全过程，在连续发展的全程中，铺设一个个发展的阶梯。

本章小结

在我国社区教育发展过程中各地把握社区教育的特点,发挥社区教育的功能,充分利用社区内外的人力资源、物力资源、财力资源、文化资源等教育资源,在实践中不断探索构建有效可行的社区教育管理模式,并结合中西方社区教育管理模式,共同探讨我国社区教育未来的发展走向。

拓展阅读

南溪街道做好加法 创建社区治理新模式

南溪街道地处四川南部,位于南溪区境中部偏东,长江上游北岸,是一座有 1 400 多年建城史的历史文化古城,自 2013 年撤镇设街道以来,农村人口不断流入,城市人口迅速增多,旧城功能亟待完善,城市管理已成为我们不得不面对的一大问题。针对党组织在社会治理中引领作用不明显、新老城区规划不匹配、城市管理部分区域权责界限不明、经费匹配不足等具体问题,南溪街道积极探索社区加法,创建社区治理新模式,努力打造"绿色街道、富强街道、文明街道、和谐街道、活力街道"。

创新"社区＋学校"模式,解决群众自治意识淡薄问题。

充分发挥社区教育在动员组织群众方面的优势,建立城市居民学习中心,精准开设各类课程,全面提高居民对社区的认同感和归属感。一是统筹资源办学。投入资金 1 000 万元,整合社区书屋、日间照料中心等资源建成城市居民学习中心,内设茶艺、书法等 10 余个功能室,配置云屏数字借阅机、出版物数字化网点。将党员干部党性教育基地等纳入学习中心的现场教育点,与宜宾广播电视大学合作开通网络学习平台,全面拓展学习空间。二是按需定制服务。通过发放问卷调查方式收集群众学习需求,科学设置舞蹈、瑜伽、烹饪等 20 余项课程并实时动态调整,邀请宜宾电大、南溪职校等教师组建义教队按需施教。针对老年人、留守儿童等特殊人群,开设晨晚课堂、寒暑假课堂,学习时间灵活。三是强化教学成果运用。支持学员根据身体状况、爱好特长等情况组建志愿者队伍,参加广场舞比赛、送文化下乡等活动。城市居民学习中心被四川省职教厅评为"终生学习品牌项目"。2017 年,南溪街道被评为"全国社区教育示范街道"。

创新"社区＋社工"模式,解决服务力量不足问题。

持续培育公益性社会组织,支持热心居民在社会救助、社会慈善、青少年服务等多领域中施展才干,打通联系服务群众的"最后一千米"。一是搭建社工平台。遵循"共融共建共治共享"理念,按照市场运营模式，引入西南财经大学、四川光华社会工作服务中心，建立"三方"协作机制，在凤翔社区和西门社区分别成立"社工站"，着力培养市民积极主动参与社区自治习惯。二是培育骨干队伍。支持社工站独立运营，自主发掘和培养社区骨干力量，为建立专业人才队伍提供智力保证。目前，两个社区工作站点共招募志愿者45位，开展大型公益服务145场，服务覆盖凤翔社区和西门社区居民共12 000余人。三是创新活动内容。创新开展"社区提案大赛""众意空间""党员政治生日"等活动，引导社区党员、群众共同参与社区治理，为社区发展建言献策，提升党建引领社区治理能力。开展"多彩社区""手工创意坊"等创意活动，引导社区居民走出家门参与社区互动，增进相互沟通了解，共同参与解决社区单体楼栋卫生差、信访矛盾突出等问题，成功化解矛盾纠纷20余起。

创新"社区＋物管"模式，解决自治能力不足问题。

根据老旧小区实际情况，引导组建业委会，因地制宜确定物业服务模式，解决秩序维护、公共区域日常维修等基本自治服务缺位问题，改善居住环境。一是分类引入物业。针对老城区、棚户区、单体楼院多的特点，由社区党支部和物业协会党支部共同牵头，在凤翔、南门等5个社区分类采用小区自主管理、社区指导自主管理、社区代为管理3种方式实施物业管理，使社区的物业管理作为社区工作的重要组成部分。二是完善管理机制。建立"党工委领导、办事处指导、物管协会自律、社区住户自治"机制，党工委通过支部对物业公司和党员业主进行管理，办事处采取物业经费"街道补助3个月，其后居民按户自行承担"引导居民参与，社区通过指导物业完善自管章程，定期对物管资金用途、物管成效等开展监督的方式，推动实现重要事项一并商量一并部署，有效地避免了社区与物业公司在管理上存在"两张皮"的情况，提高了服务质量和效率。三是引导居民自治。采取发放传单、LED显示屏滚动播放等方式，宣传小区自治意义与好处。集中邀请物协骨干、社居代表召开业委会创建指导会议，遴选100余名热心公益的小区居民进行培训，帮助建立业委会42个，街道准物业管理覆盖率达到90％以上。

——节选自陈吉高.南溪街道做好加法 创建社区治理新模式[N].宜宾日报，2018-06-19(003).

思考与练习

一、填空题

1. 社区教育具有_____、综合性、_____、多样性和_____等特征。

2. 社区教育的功能包括 _____ 功能、政治功能、_____功能和_____功能。

3. 社区教育资源是指在_____实施过程中，一切可供社区教育活动_____、_____的教育资源。包括_____可被社区教育利用的资源和_____可被社区教育利用的资源。

4. 在我国，根据政策的发展和社区教育实际的发展状况，可以将其演变分为_____阶段、_____阶段和_____阶段。

5. 社区教育具有"三全性"：一是_____，即是以全体社区成员为教育对象；二是_____，即指在人的一生中，不论处于什么时期，不论是婴幼儿还是老年人，社区教育都要为其提供相应的教育，即社区教育要涵盖社区人的一生，以满足其持续学习的需求；三是_____，即社区教育内容要丰富多样，满足社区成员多元化、多方面的教育需求。

练习题剪下后，可作为课程作业上交。

二、名词解释

1. 社区教育

_____

_____

_____

2. 社区教育课程

_____

_____

_____

3. 社区教育资源

_____

_____

_____

三、简答题

1. 社区教育有哪些内容？

_____

_____

_____

_____

2. 社区教育的机构有哪些？

_____

_____

_____

四、论述题

结合社区教育的内容和形式，选择一项具体的社区教育活动，谈谈如何开展社区教育活动。

_____

_____

_____

_____

_____

_____

_____

_____

第三章
家庭与家庭教育

家庭是人类社会发展到一定历史阶段的产物。它以婚姻为基础,以血缘为纽带,是社会的基本细胞,是人生的第一所学校。家庭教育随着家庭的产生而产生,是父母或其他年长者在家庭内自觉地、有意识地对子女进行的教育。随着社会变迁,家庭经历了从群婚制家庭、对偶制家庭到专偶制家庭(一夫一妻制家庭)的演变。家庭教育也随着社会文化价值、经济发展水平、社会人口结构的变迁产生变化。

家庭教育是一切教育的基础,是学校、家庭、社会协同育人的重要组成部分。在家庭教育越来越受到关注与重视的今天,厘清家庭及家庭教育的概念,随时代变迁而转换家庭教育观念与方式,在先进教育理念的指导下实施家庭教育是我们学习的重点。

本章共包含"家庭教育是如何变化的""社会变迁影响下的家庭教育""先进教育理念指导下的家庭教育"三节内容,将通过家庭及家庭教育等核心概念的阐述,先进教育理念的论述,家庭教育的案例分析,拓展阅读等方式带大家一步一步认识与理解家庭教育。

 学完本章,你将能够:

1. 了解家庭及家庭教育的概念;
2. 理解家庭教育的特点;
3. 应用先进的教育理念在变迁社会中实施家庭教育。

　　教育不是长辈的断然命令和晚辈的恭顺服从，而是长辈和晚辈参与其中的紧张和复杂的共同精神活动。

——苏霍姆林斯基

第一节

家庭教育是如何变化的

一、家庭及家庭教育的概念

家庭是人类社会发展到一定历史阶段的产物。它以婚姻为基础，以血缘为纽带，是人类社会生活的基本单位。当两人以婚姻形式确定了关系后就建立了最基本的家庭形式。习近平总书记曾指出："家庭是社会的基本细胞，是人生的第一所学校。"

人类社会出现家庭后，家庭教育作为它的一种重要职能也随之出现。可以说，家庭教育与家庭同时产生。家庭教育是一个常用词，但关于它的科学概念，学界还存在着不同的看法。

《中国大百科全书·教育》认为家庭教育是："父母或其他年长者在家庭内自觉地、有意识地对子女进行的教育。"①

《教育大辞典》将家庭教育解释为："家庭成员之间的相互教育，通常多指父母或其他年长者对儿女辈进行的教育。"②

综上所述，我们认为，广义的家庭教育是指"家庭成员之间互相实施的教育"。狭义的家庭教育是指"家长或家庭中其他年长者以家庭为主体环境，以孩子为主要教育对象，以一定社会对培养人的要求为主要目标，顺应儿童的成长规律和身心特点，通过言传身教，在日常生活实践中自觉地、有目的地、有意识地对孩子实施一定教育影响的社会活动"。

总之，家庭教育是家庭活动、家庭环境和家庭关系对家庭成员产生的教育影响的总和。

家庭教育有一个重要的特点：双向互动性。双向互动性是指在实施家庭教育的过程中，虽然父母或其他年长者是家庭教育的施教者，孩子是家庭教育的受教者，但孩子们不是消极被动地接受家长的教育，他们在根据自身的兴趣、特征、个性接受家庭教育的同时，也会给作为施教者的家长在思想观念上和行为方式上带来影响。

视频

家庭教育的概念

扫描二维码观看微课视频

---

① 中国大百科全书·教育[M].北京:中国大百科全书出版社,1985:140.
② 教育大辞典[M].上海:上海教育出版社,1990(1):11.

二、家庭及家庭教育的演进

（一）家庭的演进

家庭是社会发展的产物，社会的变迁推动了家庭的演进。在人类历史的发展过程中，主要出现了三种与不同时代相适应的家庭形式：与蒙昧时代相适应的群婚制家庭；与野蛮时代相适应的对偶制家庭；与文明时代相适应的专偶制家庭（一夫一妻制家庭）。

1. 群婚制家庭

群婚制是指整群的男子与整群的女子互为夫妻的一种婚姻形式，以这种婚姻形式为基础而建立的家庭就是群婚制家庭。群婚制家庭处于家庭发展的萌芽阶段，是最原始的一种家庭形式，群婚制家庭内部也有一个发展阶段，先后出现了两种家庭形式：一种是血缘家庭（血缘制群婚），是群婚制的低级形式；一种是普拉路亚家庭（普拉路亚群婚制），是群婚制的高级形式。

（1）血缘家庭。血缘家庭是人类历史上的第一种家庭形式。最初的血缘制群婚限制在同辈之间，一对配偶的子孙中每一代都互为兄弟姐妹，同时又互为夫妻，这是血缘家庭最为典型的一种家庭形式。

（2）普拉路亚家庭。随着人类社会的发展，新的思想观念不断涌现。同时，医学技术逐渐发达，人们开始意识到近亲繁殖的弊端。由此，原本限制在同辈之间的血缘制群婚开始受到排斥，新的时代发展要求禁止同辈集团婚，即禁止同胞兄弟姐妹的子女和孙辈互相通婚。人类婚姻开始由族内走向族外，形成了普拉路亚家庭。

2. 对偶制家庭

蒙昧时代与野蛮时代交替时期，在血亲婚配的限制下，人类的适婚范围变得狭窄。这促进了家庭的发展，对偶制家庭开始出现并逐渐兴盛。对偶制家庭虽然存在着多夫和多妻的现象，但相对于群婚制这种家庭形式有了主夫和主妻，是由固定的男子和固定的女子组成家庭一起生活。这一时期的这种婚姻最初大多是"父母之命，媒妁之言"，夫妻间很少存在爱情，婚姻关系并不稳定，男女任何一方都可随时离开。后来，发展到氏族的中后期，夫妻之间发生矛盾冲突时不能随意离开，而需经亲属调解，调解不成方可解除关系，这时的婚姻关系相对稳定。

3. 专偶制家庭（一夫一妻制家庭）

野蛮时代的中高级阶段，男性由于在劳动中具有生理上的优势，取得了家庭财产的掌控权。为了保证财产被自己的亲生子女所继承，男性要求其妻子只能生育专属于他的子女。这样，家庭形式开始演变为专偶制家庭。随着人类历史的发展,出现了不同形式的专偶制家庭,包括奴隶制家庭、封建制家庭、资本主义家庭和社会主义家庭。

（二）家庭教育的演进

人类的家庭形式经历了群婚制家庭、对偶制家庭和专偶制家庭(一夫一妻制家庭)的演变。如果从严格意义上界定家庭教育,那么它是随着严格意义上的家庭即专偶制家庭(一夫一妻制家庭)的出现而出现的。在家庭教育产生以后,它也随时代变迁有了不同的发展与演变。

1. 古代社会的家庭教育

古代社会时期是家庭教育的萌芽期和形成稳固期。奴隶社会时期,社会教育是最原始的教育形式,随着私有制的出现,家庭教育开始萌芽。封建社会时期,家庭教育占据极为重要的地位,具有鲜明的阶级性,它的重要职能是传递生产经验为生产服务,它的教育方式是专制保守的。总体而言,古代社会的家庭教育具有以下几个特点。

(1)贯穿着人身依附和宗法等级关系。不同阶层的家庭,其所实施的家庭教育是完全不同的,不论是家庭教育的目的、形式还是具体的教育内容,都体现了明显的等级性。比如,在我国夏商周时期,统治阶级的家庭教育由专门的官员负责;平民阶层的子女是没有专门的家庭教育的,他们只能通过日常的生活与劳作,向父母或家庭中其他年长者学习他们所从事劳动的相关技能;至于奴隶更谈不上什么家庭教育,因为他们的一切都是完全属于奴隶主的,包括他们的子女,这样自然无法在家庭中对子女实施教育。由此可见,这一时期各阶层的家庭等级分明,家庭教育大不相同。

(2)重视道德教育。古代社会的家庭教育重视子女的道德教育,家庭伦理道德是家庭教育的重要内容。在我国古代,父母常常教导子女遵循封建道德思想理念,比如,以"三纲五常"为核心的封建伦理、男尊女卑的思想。此外,"人伦"是这一时期家庭教育的重要入手点,家庭教育的首要任务是教会子女做人。而做人的标准可主要包括孝敬父母,忠于国家,尊敬师长,等等。

(3)注重早期教育。我国古代社会的家庭教育还十分看重胎教及早期教育。综观我国古代家庭教育,周文王之母胎教的传说至今还被不断流传,孟母三迁、断织劝学、岳母刺字、曾子杀猪教子等故事更是广为人知,影响了许多后人的家庭教育。颜之推在《颜氏家训》中也提及早期教育的相关内容:处于幼儿时期的孩子在行为习惯上具有很大的可塑性,因此应当抓紧时机,从幼儿时期就开始对孩子进行教导,教育孩子什么是应当做的,什么是不可行的,帮助孩子从小养成良好的行为习惯。

2. 现代社会的家庭教育

现代社会时期是家庭教育的发展深化期，不同于古代社会，这一时期，家庭教育的部分功能开始向学校教育和社会教育转移，家庭教育与学校教育、社会教育形成教育的三股重要力量。这样，家庭教育的内容开始得到明确，变得具体，家庭教育的地位也得到了凸显，家庭教育逐步向科学化、规范化、民主化方向发展。同时，儿童作为家庭教育的主要受教者开始获得重视，可以表达自己的教育需求，发挥自身在家庭教育中的主体作用。这一时期的家庭教育主要有以下几个特点。

（1）家庭教育与社会需求相适应。现代社会高速发展，人才的竞争日益激烈，人们越发认识到教育除了给人们带来了科学文化知识外，还赋予了人们生产能力和职业竞争能力。因此，要想适应社会发展的需求，在竞争中处于优势地位，家庭教育的内容和方法就要随之进行调整。许多家长也深刻认识到了这一点，对家庭教育给予越来越多的关注，开始重视家庭教育支出，重视家庭教育智力投资。但有的家长在"不要让孩子输在起跑线上"等激进观念的错误影响下，不惜以牺牲孩子的幸福童年为代价，实施了过度的家庭教育，违背了家庭教育的初衷，违反了孩子健康成长的规律。

（2）家庭教育与学校教育相配合。信息化、网络化的时代，孩子们获取信息的方式和渠道越来越简便与畅通，由此给学校教育带来了巨大压力和多种挑战。家庭作为孩子的第一所学校，是孩子教育的重要组成部分，应当加强与学校教育的合作。同时，学校教育是一种集体教育的形式，在教育过程中难以对每个学生都实施针对性教育，为了弥补这种不足，家庭也应积极配合学校。但受到一些不良教育观念的影响，学校教育与家庭教育在错误观念的引导下出现了错位的情况。比如，学校教育的重点放在了照管孩子上，忽略了固有的教育职能，而家庭却开始向"家庭学校化"方向发展。这种错位使孩子不能在特定的场所获得相应的知识，会挫伤他们的学习积极性，影响孩子的可持续发展。

（3）家庭教育受教育科学的指导。随着社会的发展和科技的进步，"科学育儿"的观念开始涌现，并得到了广泛的传播和认可，许多家长都接受了这一观念。政府部门、各类组织团体和教育机构也采取不同的形式，通过多种渠道为家长实施家庭教育提供理论支持。在理论指导下，家长可以掌握科学的家庭教育知识，采取有效的家庭教育方法，改善孩子成长的家庭教育环境。

（4）家庭教育成为全社会共同关心的事业。家庭教育的良好发展对社会各项事业的建设都起着重要的正向作用。把家庭教育作为国家教育事业发展的一个重要组成部分，纳入国家教育改革与发展规划中，并从国家法律、法规、政策上给予制度保障，是现代社会家庭教育发展的必然趋向。

三、家庭教育的特征

（一）奠基性与终生性

奠基是基石,是基础,是基本。家庭教育的奠基性特点是指家庭教育对孩子所产生的影响是最根本的,对孩子的后续发展有着奠基作用。孩子自出生至进入学校受教育前的这一时期基本都是在家庭中度过的,这一时期属于孩子的早期教育,主要由父母对他们实施教育影响,这种影响是潜移默化而又深入骨髓的,会给孩子的一生留下不可磨灭的痕迹。

终生性特点是指父母对孩子的教育是终其一生的,且它的教育影响也是终生的。家庭教育相伴终生,父母是孩子的终生教师。

（二）亲情性与权威性

亲情性特点是指家庭教育是以血缘关系为基础而建立的具有亲情羁绊的教育。在家庭教育中,施教者与受教者一般是父母与子女的关系,他们之间有着血缘关系,具有天然的亲近性,是其他教育所不具备也无法替代的。

家庭教育的权威性特点主要是指孩子自愿服从与支持父母的安排,体现了父母对子女的影响力。这种权威以子女的尊敬和信赖为建立基础,只有当子女充分尊重父母、信任父母,父母才能有效发挥其权威性,才能实施有效的家庭教育。

（三）随机性与针对性

随机性特点是指父母随时随地可以对孩子实施家庭教育。父母与子女长期生活在一起,彼此间的了解十分充分,因此父母可以利用生活中的各种事务随时随地对孩子进行教育。

针对性特点是指家庭教育是针对自己孩子的个性特点、发展水平而进行的教育。家庭教育是针对自己的孩子这一特定个体进行的,因此,教育对象十分具体,极具针对性。同时,孩子和家长朝夕相处,对父母又有着天然的信赖,往往把自己的思想观点、行为方式不加伪饰地暴露在家长面前,这就便于家长因材施教。

视频

家庭教育的特征

扫描二维码观看微课视频

（四）及时性与连续性

父母与孩子长时间相处,对孩子的各种情况都十分了解,因此总能观察到他们的各种变化,及时发现存在的问题,做到及时教育、及时纠正,这就是家庭教育的及时性。

父母对孩子的教育是持久的、连续的。孩子出生后，很大一部分时间都生活在家庭中，都在接受着父母的教育。父母的言行在无意间就会对孩子的生活习惯、道德品行、谈吐举止产生影响和示范，在潜移默化中连续地塑造着孩子。

第二节
社会变迁影响下的家庭教育

人类社会始终向前发展着，社会学家称为社会变迁。发展是人类社会不变的现象，社会变迁也是它的一个永恒主题。随着时代的变迁，社会发生了巨大的变化，社会文化价值、经济发展水平、社会人口结构也随之发生变化。这些变化同时也给家庭教育带来了相应的影响。

一、文化价值对家庭教育观念的影响

近年来，家庭教育受到了空前的重视。家庭教育观念是父母对教育下一代的认知，它影响着父母的教育行为，而孩子所受到的教育行为又直接影响到他们的成长。不可否认，社会文化价值的变迁与家庭教育观念变化息息相关。当代社会文化价值中的先进部分推动了家庭教育观念的更新，同时它的一些错误倾向也影响着家长的教育观念。具体而言，社会文化价值变迁对家庭教育观念的影响是具有两面性的。

一方面，家庭教育正在积极适应社会文化价值的变迁。首先，家庭教育越来越受到家长的重视，这从各种家庭教育读物的热销就有所体现。同时，科学育儿理念逐渐形成并得到广泛推广与运用，影响巨大。其次，很多家长认识到家庭教育的范围不仅仅局限在家里，只要是父母与孩子一起，就很容易产生家庭教育。因此，家长们要学会充分利用社会资源进行家庭教育，比如，通过带领孩子参与社会活动开阔孩子眼界，提高孩子的综合素质。最后，孩子的思想品德教育越来越受到重视。在社会文化价值变迁的过程中，多元的价值观念互相碰撞，在这一过程中孩子们容易受到影响，难以分辨是非对错。因此，许多家长开始注重在家庭教育中对孩子的价值观和道德进行培养。

另一方面，面对社会文化价值的变迁，家庭教育也表现出了诸多不适应。首先，受到功利化思潮的影响，家长的家庭教育目标与方式出现偏差，对孩子的教育期望趋于功利化。因此，他们总是将教育目标设为达到一定的分数或排名,教育的方法就是参加各类补习班和兴趣班。这样的家庭教育已经偏离了促进孩子成长这一轨道,完全将家庭教育视作实现功利化社会目标的手段。其次,家庭教育与学校教育错位。受功利化社会目标的影响,家庭教育学校化现象日益严重,家庭教育替代了学校教育,家长承担了教师的职责,对孩子的健康成长极其不利。最后,社会教育乱象丛生。目前,各类不良信息广泛存在于社会生活和网络媒体中。在家庭教育中,家长如果引导孩子避免这些不良信息,那么容易使家庭教育与社会教育产生不一致性,使孩子的认知产生疑惑与扭曲。但如果家长毫不作为,放任这些不良信息对孩子产生影响,又会使孩子受到荼毒,同样不利于他们的健康成长。究其根本,是当代社会缺乏正确的儿童教育文化。

二、经济发展对家庭教育方式的影响

经济变化决定教育变化。随着经济发展水平的变迁,家庭教育自然也有所改变,特别是家庭教育方式,受到较多的经济影响。

家庭收入是家庭的主要经济来源,决定着家庭经济状况,而家庭经济状况又直接与子女的教育条件相联系。许多学者认为,家庭经济因素对孩子的教育产生了重要的影响。他们指出,低工资、人口多或家庭失去经济来源,会严重影响孩子的学习和发展。极端贫困的家庭在子女教育方面更是有着不利的因素,比如,孩子因为家庭经济困难而不得不为了谋生选择辍学。随着经济发展水平的提高,我国大部分家庭收入有所提高,家庭教育得到了更多的物质保障,在物质基础的支持下,家庭教育方式也随之发生了变化。

教育支出是家庭众多日常支出中的一项,教育支出比例也从侧面说明家长的教育方式。目前,许多家长过度关注孩子的学习成绩,因此,家庭教育支出大部分花在了购买"优质教育"上,比如,上补习班、奥数课、兴趣班。这种教育支出体现了家长盲目跟风,忽视孩子个性发展的教育方式。这种盲目从众的教育投入往往难以取得良好的教育效果,反而会使孩子产生厌学情绪,丧失学习兴趣,甚至因忙于应付而形成被动的学习状态。

三、人口结构对家庭教育角色的影响

(一)人口结构变迁影响家庭结构

人口结构影响了家庭成员的组成,改变了家庭结构的构成。在中国人口结构变迁的作用下,家庭结构出现新的特征,家庭教育角色也随

视频

社会变迁影响下的家庭教育

扫描二维码观看微课视频

之发生变化。

自计划生育实施以来，我国的家庭规模逐渐缩小，家庭成员数量相对减少。传统金字塔形家庭结构由以前的"正金字塔"转向"倒金字塔"，"4-2-1"家庭逐渐成为主要的家庭结构形式。

（二）家庭结构变迁影响家庭教育角色

在"4-2-1"的家庭结构中，许多年轻夫妻结婚生子后，由于双方父母具备充裕的时间、足够的精力、一定的经济实力、丰富的育儿经验，通常选择把处于学龄前的子女交由孩子的祖父母或外祖父母进行照顾。他们则将主要精力放在工作上，作为父母，在子女的教育中只起到了少数的辅助作用。

这样，祖父母、外祖父母在孩子的教育过程中不再承担单一的隔辈角色，同时还充当了父母角色对孩子进行家庭教育，有时甚至是以教师角色对孩子进行管教。家庭成员角色出现重叠、越位的现象。祖父母、外祖父母在家庭中扮演多重角色，而孩子的父母由于忙于工作，与孩子的相处时间较少，很多时候并没有在扮演父母角色，家庭角色缺失。

小贴士

陈鹤琴（1892—1982），浙江省绍兴市上虞区人，中国著名儿童教育家、儿童心理学家、教授，中国现代幼儿教育的奠基人。致力于幼儿教育的研究，为建立中的幼儿教育理论体系做出了杰出贡献，被誉为"中国现代儿童教育之父"。

第三节

先进教育理念指导下的家庭教育

一、陈鹤琴"活教育"理论

陈鹤琴先生最早运用观察实验的方法，开展了对中国儿童心理及家庭教育的研究。他以自己的子女为对象，从 1920 年起进行了 808 天的观察实验，写成了《儿童心理之研究》《家庭教育》两本书。陈鹤琴先生在长期的幼教和实践中写了近 400 万字的著作，是中国幼儿教育中国化、科学化的开拓者和奠基人。

（一）陈鹤琴的教育理念

陈鹤琴提出了新的儿童观和"活教育"理论，指出幼儿教育的方法和原则。

1. 新的儿童观

新的儿童观认为儿童不同于成人，他们有着自己独特的身心发展

特点。在他看来,儿童主要具有好动、好模仿、易受暗示、好奇、好游戏、喜欢成功和喜欢合群这七大特点。我们应当尊重儿童的心理特点和人格特征,保护儿童所独有的天真烂漫。

2."活教育"理论

"活教育"理论是一个包含目的、课程、教育方法和教学原则的系统理论。

"活教育"的目的是:"做人,做中国人,做现代中国人。"陈鹤琴认为做现代中国人必须具备五个条件:健全的身体,创造的能力,服务的精神,合作的态度,世界的眼光。

在课程方面,陈鹤琴提出"大自然、大社会都是活教材"的观点。认为儿童应该直接从大自然、大社会中学习,从活的教材与课程中学习。

在教育方法上,陈鹤琴倡导"做中教,做中学,做中求进步"的教育方法,主张"凡儿童能够自己做的,应该让他自己做"。

在教学原则方面,陈鹤琴提出了 17 条教学原则,即凡儿童自己能够做的,应当让他自己做;凡儿童自己能够想的,应当让他自己想;你想儿童怎么做,就要教儿童怎么学;鼓励儿童去发现他自己的世界;积极的鼓励,胜于消极的制裁;大自然、大社会是我们的活教材;比较教学法;用比赛的方法来增进学习的效率;积极的暗示,胜于消极的命令;替代教学法;注意环境,利用环境;分组学习,共同研究;教学游戏化;教学故事化;教师教教师;儿童教儿童;精密观察。此外,陈鹤琴还提出了"教活书,活教书,教书活;读活书,活读书,读书活"的口号。

视频:像陈鹤琴一样做父母

（二）家庭生活是家庭教育的优势资源

根据新的儿童观所提出的儿童所具有的好动、好模仿、易受暗示、好奇、好游戏、喜欢成功和喜欢合群这七大特点,结合陈鹤琴先生的"活教育"理论,父母应当明白一个道理——生活即教育,家庭生活是家庭教育的优势资源。

陈鹤琴先生指出,"大自然、大社会都是活教材",倡导"做中教,做中学,做中求进步",落实到家庭教育中,其实就是指父母在实施家庭教育时应当将着力点放在家庭生活上。孩子诞生在家庭中,从家庭开始一步步认知世界。父母选择怎样的生活,怎样安排家庭活动,都体现着他们的思想与价值观,在家庭生活的种种细节中无形地影响着孩子。同时,家庭是社会的一个缩影,孩子们对家庭生活的参与也有利于积累各种未来投身社会生活的本领。从这个角度来看,家庭生活是孩子最具现实同时也最具长远意义的教育,是优势的家庭教育资源。

"生活即教育"也是我国著名教育家陶行知先生关于教育的一个重要论述。他认为是怎样的生活就是怎样的教育。是好的生活就是好的教育,是坏的生活就是坏的教育,是认真的生活就是认真的教育,是马虎的生活就是马虎的教育，是合理的生活就是合理的教育，是不合理的生活就是不合理的教育，而不是生活就不是教育。

　　每个人的生存与发展都离不开家庭与生活，孩子的养育也是无法脱离家庭及家庭生活而进行的。正是一天天的家庭生活、一点一滴的生活细节，滋养着孩子由幼小到苗壮成长。家庭给予孩子的烙印，归根结底就是不同家庭生活的烙印。

阅读案例

活的教育

　　什么是"活的教育"？简单地说一句，就是"不是死的教育"。书本主义的教育就是死的教育。

　　英人瓦特见水壶里面的水沸了，把壶盖冲起来，于是便开始研究这个道理，发明了蒸汽机，成为现在一切机器的动力，造福人类无穷。我们是否曾如此教导我们的小孩子去注意，去发现？鼓励过小孩去发问，去研究，去创造？现在一般学校都是拼命扩张它的死的教育，书本主义的教育。教师只管站在讲台上讲，不管儿童懂不懂，好似皮球打气，只管拼命打，塞鸭子似地拼命塞。儿童不是皮球，更不是鸭子，而是一个有生命力和生长力的好动的小孩。我们所需要的教育，不是打气或者塞鸭子，我们是要小孩动，时刻地动，上语文课固然要动，上数学课也要动。

　　如果要依我们的理想，现在学校的一切课程与教法，都得来一个总检讨，予以根本推翻。我们要教儿童所需要和应当知道的东西，我们不能一再贻误我们可爱的儿童。

　　比利时的大教育家德可乐利，他的学生从小学到初中都是分组教学，四五个人一组共同研究，共同工作，先生只在旁边指导和找参考资料，他们一天到晚是多么的忙。记得我去参观时，他们正在研究蜜蜂，大家真是聚精会神地在那里研究，讨论哪些是雌蜂，哪些是雄蜂，雌蜂和雄蜂的形状有什么不同。研究别种动物也是如此的努力，他们的教育才真是活的教育。

　　教科书我们并不反对用，不过我们要用活的教科书。比利时也有他们的教科书，可都是活的。他们的教科书是由儿童每次研究的东西记录下来的活的写实，教师选择其中最好的一篇翻印出来给大家用。我们所需要的教科书也应当是活的，而不是在夏天来谈雪，在冬天来谈蚊子和苍蝇。不知道用又新鲜又方便的实物，而出钱去买挂图（可是还有连挂图都不知道用，只是靠口述的），我们是主张到田间去，到动物园去，到大自然界，一切的一切都是活的，都是与儿童有密切的关系，有重大价值的。

我们也要活的教育,教材是活的,方法是活的,课本也是活的。尽量地利用儿童的手、脑、口、耳、眼睛,打破只用耳朵听、眼睛看,而不用口说话、用脑子想事的教育。我们不能再把儿童的聪明、儿童的可塑性、儿童的创造能力埋没了,我们要效法狂风暴雨的精神,对教育也要用同样的手段纠正过去,开发未来。

　　——节选自陈鹤琴. 什么叫"活的教育". 现代大学周刊微信公众号 https://mp. weixin. qq. com/s/OZ ＿ GwLfzG2VJWIqaSUz2pQ, 2018-09-01.

二、蒙台梭利"自然教育观"

　　玛利娅·蒙台梭利为智障儿童的学习与成长设计了一套训练方案并得到成功实施。后来,她进一步完善了该方案并以正常儿童为方案实施的对象,通过观察与研究,逐渐形成了一套较为完整而又独具特色的幼儿教育方法。

（一）蒙台梭利的教育哲学

1. 儿童是一个完整的个体

　　蒙台梭利继承了卢梭、裴斯泰洛齐、福禄贝尔等人强调儿童天赋的潜能的思想,她认为儿童具有无穷的发展潜力和强大的成长力量,主张为儿童的潜能发展创造一个既简洁又美观、既熟悉又有趣的充满爱与自由、文字与语言的环境。指出传统教育忽略了成人对儿童的依赖。儿童固然依赖成人,但成人也依赖儿童,成人与儿童是共同成长的。

2. 儿童是成人之父

　　蒙台梭利认为人一出生,所有在他身上所发生的事情,都会在他后来的发展中有所体现。儿童是具有独立生命的个体,他有自己的思考与想法,并不总是依赖于成人。反而,他是成人之父。因为一个人只有经过童年,才能变为成人,是儿童创造了成人。

3. 儿童是爱的源泉

　　蒙氏指出,儿童是爱的源泉。她认为儿童的天性是比金子还要宝贵的矿藏,主张成人向儿童学习,建立彼此间和谐健康、互相尊重的关系。

（二）蒙台梭利的儿童观

1. 儿童具有"吸收性心智"

　　她认为 6 岁之前的儿童本身具有一种吸收知识的自然能力。这个

小贴士

　　玛利娅·蒙台梭利 (Maria Montessori, 1870—1952),意大利幼儿教育家,意大利第一位女医生,意大利第一位女医学博士,蒙台梭利教育法的创始人。她的教育方法源自其在儿童工作过程中,所观察到的儿童自发性学习行为总结而成。提出了"吸收性心智""敏感期"等概念。

阶段的儿童受他人教导的影响较小，更多的是依靠这种"吸收性心智"进行自我教育。

2. 儿童发展具有敏感期

她认为儿童对于环境刺激有一定的敏感期，这种敏感期与生长现象密切相关，并和一定的年龄相适应。

（1）感觉发展敏感期：出生到 5 岁。

（2）语言发展敏感期：孩子出生后 3 个月就会开始对人的声音产生兴趣，这种兴趣在 1 岁半至 3 岁期间会达到高峰，最终延续到 5 岁左右。

（3）秩序感敏感期：这个时期产生于儿童未满 1 岁时，发展巅峰期是 2 岁左右，3 岁是延续期。所谓秩序感敏感，是指儿童对生活起居习惯的时间顺序和物体摆放的空间位置的适应性。

（4）肢体协调发展敏感期：1 岁至 4 岁的儿童在这一时期的表现是不断重复同样的动作，它的目的主要是协调肢体的发展，自我掌控自己的肌体。

（5）群性发展敏感期：这一时期的儿童会对群体活动和团体生活产生兴趣，他们希望得到别人的认可，希望被别人所接纳，也会为了这些目的开始学习如何与人相处，这主要发生在儿童的 2 岁半至 5 岁期间。

3. 儿童发展是在工作中实现的

儿童在各个敏感期通过不同活动的交替进行逐渐发展自己的心理，形成自己的个性。蒙氏认为这些活动并不以游戏为主，她指出工作才是儿童活动的主要形式。通过工作，培养儿童各方面的优良品质和行为习惯，促进儿童心理的健康发展。

（三）好习惯成就美好未来

蒙台梭利指出，儿童具有无穷的发展潜力和强大的成长力量。人一出生，所有在他身上所发生的事情，都会在他后来的发展中有所体现。因此，帮助儿童养成良好习惯尤为重要。

幼儿时期的教育为幼儿的终生发展奠定了基础，幼儿良好的行为习惯则是幼儿教育的一项基本衡量标准。幼儿时期是培养习惯的一个重要时期，面对幼儿自控能力较差，认知水平较低的现实情况，父母应当在这一时期承担起引导幼儿养成良好习惯的责任。好习惯成就美好未来，孩子习惯的培养应当是幼儿家庭教育的重点。

三、杜威"生活教育理论"

杜威在《学校与社会》一书中称自己的教育理论为"现代教育"，他在《民主主义与教育》中阐述了自己的实用主义教育思想，对幼儿家庭

小贴士

约翰·杜威（John Dewey，1859—1952），美国著名哲学家、教育家、心理学家，实用主义的集大成者，也是机能主义心理学和现代教育学的创始人之一。杜威的思想曾对 20 世纪前期的中国教育界、思想界产生过重大影响。

教育有一定的启示意义。

（一）杜威的实用主义思想

1. 论教育的本质

杜威认为"教育即生活""教育即生长""教育即经验的改造"。他认为教育就是儿童生活的本身,是促进儿童本能生长的过程。

（1）教育即生活

杜威提出该命题时,他关注的主要是正规学校教育和社会生活及个人(儿童)生活的关系。教育是生活的过程,学校是社会生活的一种子形式,学校生活应该与儿童自己的生活相契合,满足儿童的需要和兴趣;学校生活应该与学校以外的社会生活相契合,适应社会变化的趋势并成为推动社会发展的重要力量,儿童本能的生长总是在生活过程中展开的,所以教育即生活。教育是儿童现在生活的过程,而不是未来生活的新任务。

与此相对应,杜威又提出"学校即社会"。教育既然是一种社会生活的过程,那么学校就是社会生活的一种形式,学校应该"成为一个小型社会,一个雏形的社会"。这一观点的实质是要改造不合时宜的学校教育和学校生活,使之富于活力,更有乐趣,更具实效,更有益于儿童发展和社会改造。

（2）教育即生长

教育即生长实质上是在提倡一种新的儿童发展观和教育观,是针对当时的教育无视儿童的天性,消极地对待儿童,不考虑儿童的需要和兴趣,以外在的动机强迫儿童记诵文字符号,以成人的标准去要求儿童的现象提出的。"教育即生长"要求摒除压抑、阻碍儿童自由发展之物,使一切教育和教学适合儿童的心理发展水平和兴趣、需要的要求。然而这种尊重绝非放任自流,任由儿童率性发展。杜威所理解的生长是动机与外部环境、内部条件与外部条件交互作用的结果,是一个持续不断社会化的过程。要求尊重儿童而不是放纵儿童。杜威认为,儿童心理活动的基本内容就是以本能活动为核心的心理功能不断发展和生长的过程,教育就是起促进本能生长的作用。

（3）教育即经验的改造

杜威的"教育即经验的改造"克服了经验与理性的对立。经验是机体与环境相互作用的过程,机体不仅受环境的塑造,同时也对环境加以若干改变。经验是一种行为、行动,喜怒哀乐、酸甜苦辣等因素也是经验的构成部分,经验不仅仅是与认知有关的事情,认知的、情感的、意志的等理性、非理性因素皆涵盖在内。杜威指出:"全部教育都离不开经验。教育是在经验中,由于经验,为着经验的一种发展过程。"受教育过程实际上就是儿童不断地取得个人的直接经验,即是经验不断改造的过程。

视频

先进教育理念对家庭教育的指导

扫描二维码观看微课视频

2. 论教育的目的

杜威认为教育的过程就是教育目的，他主张教育无目的论。

杜威反对外在的、固定的、终极的教育目的，其所追求的是教育过程内在的目的，这个目的就是"生长"。教育的过程，在它自身以外没有目的，它就是自己的目的。杜威主张以生长为教育目的，其主要意图在于反对外在因素对儿童发展的压制，在于要求教育要尊重儿童的愿望，使儿童从教育本身、从生长过程中得到乐趣。

3. 论课程和教学

杜威提出"做中学"的教学原则。他主张教学要从儿童的现实生活出发，从儿童的活动中获得经验，将经验作为学习的主要内容。他提出"从做中学，从经验中学"的观点，要求以活动性、经验性的主动作业来取代传统书本式教材的统治地位。活动性、经验性的课程包括园艺、烹饪、印刷、纺织、唱歌、阅读、书写等形式。这些活动既能满足儿童心理的需要，又能满足社会性的需要，还能使儿童对事物有统一性和完整性的认知。杜威并不把个人直接经验与人类间接经验对立起来，他并不反对间接经验本身，他反对的是传统教育中那种不顾儿童接受能力的直接灌输、生吞活剥地获得间接经验的方式。问题的关键在于怎样使儿童最终获得较为系统的知识而同时又能在学习过程中顾及儿童的心理水平，他主张以"教材心理学化"来解决此问题。

杜威的课程理论也存在一些不足之处，主要表现在：他的获得性课程似乎不能代表社会生活，尤其是现代工业生活的基本类型；这些科目能否最有效地激起学生的兴趣尚需探讨；并非所有的系统知识都可以还原为直接经验；组织原则的贯彻存在困难。

（二）杜威"生活教育理论"对家庭教育的启示

杜威的"儿童中心论"同样关注儿童的生活，认为教育不能脱离儿童具体的生活情境。因此，父母在实施家庭教育时应当以儿童为中心。

在家庭教育中，父母要考虑儿童的个性特征，尊重他们的兴趣爱好，以各种实际的家庭活动为"教材"，以过往有益的家庭生活经验为"思想指导"，使儿童发展各自的特长，快乐成长。

（三）杜威"生活教育理论"的实践——瑞吉欧方案教学

1. 方案教学模式的演变

美国教育家凯茨等1989年出版的《探索儿童心灵世界：方案教学》是引起人们对方案教学关注的开始。1991年美国《新闻周刊》评选出世界十大最佳学校，其中意大利艾米莉亚市市立幼儿园——戴安娜学校

(Diana School)当选。他们的重要特色就是方案教学。后来,这个体系被称为瑞吉欧方案教学体系。

2. 方案教学模式所体现的教育理念

方案教学模式所体现的教育理念具体如下。

(1)儿童形象。儿童是强壮的、有能力的个体,有需要、有权利、有潜力、有可塑性、有发展的愿望,有好奇心以及与别人交往的愿望。

(2)儿童有100种语言。书面语、口语、绘画、涂抹、粘贴、雕塑、表演、运用、舞蹈、音乐、计算及其他。

(3)合作学习。各成员之间相互协助、相互学习,一起构建知识。合作学习既是瑞吉欧教育趋向的重要理念,也是方案教学实施的重要原则。

3. 做最好的自己

面对充满未知的花花世界,儿童会用自己的方法进行探索,而方法根据每个儿童的特性,它是多种多样的,谁也不知道下一秒他们会以怎样的方式来探索奇妙的未知事物。因此,我们说儿童有100种语言。

作为父母,在家庭教育中应当学会让孩子做最好的自己。首先,要尊重孩子,尊重他们的好奇,尊重他们的幻想,尊重他们探索世界的语言。只有在尊重的前提下,才能走进孩子的内心世界,才能进一步理解他们的想法,才能给予他们一些正确的帮助与教育。其次,要从儿童的兴趣和需要出发,在家庭教育中不要过度介入,让儿童自我探索与解决问题会使他们收获更多。同时,也要学会倾听。倾听在家庭教育中起着重要作用,是亲子沟通和对话中所必需的重要品质,有助于双方获得理解和支持。幼儿天生具有倾听的品质,当父母学会倾听后,亲子间的沟通将会变得顺畅。

总之,孩子有100种语言,父母应当学会尊重,用心倾听,给予鼓励,让他们做最好的自己。

阅读案例

瑞吉欧教学法——弹性课程与研究式教学

教师们会为学生设计一系列不同的学习主题,再让学生从中挑选他们感兴趣的。比如"鸟的乐园",这个教学方案源于幼儿想为栖息的小鸟解渴,不过小朋友们经过"头脑风暴",觉得小鸟需要的不只是一池清水,更需要一片乐园。于是围绕建筑小鸟乐园的主题,大家展开了长时间的小组活动,动手、动脑、独立、合作,实验、实践,用他们的想象力和创造力做出了风车与喷泉,实现了"鸟的乐园"的构想,还举行了开幕式。

再如"邮政局、寄信"，会让学生在教室中模拟邮政局，寄书之余，也会将包裹放在磅上称重，学会重量的概念。

除了教师设计的固有主题外，有些在课堂中突如其来发生的事，也会成为学生的学习主题，如上课时，因有蜜蜂飞入教室中，令学生非常感兴趣，想知道"蜜蜂为什么飞进来""让蜜蜂蜇到会怎样"等，使教师以此为出发点，扩展出相关的内容。

——节选自"瑞吉欧教学法"方案教学案例. EtonHouse 新加坡伊顿官方微博的博客 http://blog.sina.com.cn/s/blog_cf7c82bd0102vxj9.html,2015-10-21.

四、加德纳"多元智能理论"

（一）多元智能理论

多元智能理论由美国当代著名发展心理学家、教育家霍华德·加德纳在其《智力的结构》一书中提出。智能是智力和才能的综合，人的智能具有多元性和发展性特点，每个人都具备优势智能和弱势智能，多元智能理论强调人的全面发展。[1]

加德纳认为人类所有个体都拥有至少 8 种相对独立的智能，即语言智能、数理逻辑智能、视觉空间智能、音乐智能、身体运动智能、人际关系智能、自我认知智能、自然认知智能。

加德纳在大量科学研究的基础上指出人的智能结构是由以下 7 种智能要素组成的。

（1）言语——语言智能，指听、说、读、写的能力。

（2）逻辑——数学智能，指有效利用数学进行推理的能力。

（3）视觉——空间智能，指准确感知视觉空间世界的能力。

（4）肢体——运觉智能，指善于运用整个身体的能力。

（5）音乐——节奏智能，指感受、辨别、记忆、改变和表达音乐的能力。

（6）交流——交际智能，指与人相处和交往的能力。

（7）自知——自省智能，指认知、了解和反省自己的能力。

（二）每一个儿童都是天才

加德纳的多元智能理论告诉我们，人的思维方式是多元的，人们认知世界的方式是多元的。每个人都同时拥有这几种智能，只是这几种

霍华德·加德纳（Howard Gardner, 1943— ），世界著名发展心理学家，"多元智能理论"创始人。现任美国哈佛大学教育研究生院认知和教育学教授、心理学教授，波士顿大学医学院精神病学教授，哈佛大学《零点项目》研究所两位所长之一。

---

[1] Howard Gardner. 重构多元智能[M]. 沈致隆，译. 北京：中国人民大学出版社，2008.

智能在每个人身上以不同的方式、不同的程度组合存在,使得每个人的智能都各具特色。因此,世界上并不存在谁聪明、谁不聪明的问题,而是存在哪一方面聪明以及怎样聪明的问题。即学校里没有所谓"差生"的存在,每个学生都是独特的,也是出色的。这样的学生观一旦形成,就使得教师乐于对每一位学生报以积极、热切的期望,并乐于从多个角度来评价、观察和接纳学生,重在寻找和发现学生身上的闪光点,发现并发展学生的潜能。

因此,在家庭教育中,不要只关注儿童单一方面的智能。而是应当根据儿童的个性特征,用灵活的教育方法因材施教。同时,学会用多元智能理论发现儿童的闪光点,并相应地采取适合其特点的有效方法,使其特长得到充分发挥。每一个儿童都是天才,需要父母用心发掘和培养。

五、皮亚杰"认知发展理论"

皮亚杰(Jean Paul Piaget,1896—1981),瑞士著名心理学家,日内瓦学派(又称皮亚杰学派)的创始人,其认知心理学为结构主义思想奠定了理论基础。1921年,皮亚杰开始系统地对儿童的心理活动进行一系列实验。1925—1932年,他对自己的三个孩子出生后最初几年的心理发展进行了详细的观察,形成了关于儿童智力起源、儿童象征行为(游戏和模仿)的一系列重要理论。皮亚杰的研究开拓了思维心理学的新领域,揭示了儿童思维发展的特点和各发展阶段的结构,独创性地建立了较完整的理论体系。皮亚杰的主要著作有《儿童的语言和思维》《儿童的判断和推理》《发生认知论》《儿童智慧的起源》《结构主义》《教育科学与儿童心理学》等。

(一)儿童思维发展的结构理论

皮亚杰通过研究儿童智力和思维的整体发展,提出了儿童思维发展的结构理论。他认为,儿童的智力是一种认知结构;儿童的思维、认知、智力的发展过程,就是这种认知结构不断重新组织的过程。儿童通过这一内部结构与外部环境的相互作用不断扩大和加深对外部客观世界的认知。也就是说,皮亚杰认为,儿童的心理既不起源于先天的成熟,也不起源于后天的经验,而是起源于主体的动作或活动。这种活动的本质是主体通过活动对客体的适应,这种适应就是儿童心理发生发展的真正原因。

(二)儿童认知结构发展的阶段性和连续性

皮亚杰把儿童认知发展划分为四个阶段:感觉运动阶段、前运算阶段、具体运算阶段、形式运算阶段。

（1）儿童的认知发展具有阶段性，每个阶段都有独特的结构，表现出一定的年龄特征。

（2）各个阶段的出现，遵循从低级到高级的顺序，前一阶段为后一阶段做准备，后一阶段是前一阶段的延续，既不能逾越也不能互换。

（3）文化的因素可能加快或延缓认知发展的速度，但不能改变发展的顺序。

（三）科学育儿，适度施教

皮亚杰教育理念应用到家庭教育中可以归结为科学育儿、适度施教。也就是说，家庭教育应遵循儿童心理发展的年龄特点，防止过度教育。

皮亚杰根据对儿童认知结构发展的阶段性的研究，指出必须遵循认知发展的规律性来组织教学。因此，父母实施家庭教育时应考虑孩子所处的年龄阶段，根据该阶段儿童的特殊兴趣和需要，提出不同的教育任务，采取不同的教育方法。例如，对于 2 岁前的儿童，就要为他们提供各种各样有趣的东西，让他们观察、触摸、摆弄，注重发展儿童的动作；对于处于前运算阶段的儿童，要根据这一阶段儿童的特点为他们选择有趣的、形象的教材；对于处于学前晚期的儿童，其具体运算阶段开始萌芽，根据这一特点可培养他们掌握初步的科学概念；儿童到了学龄阶段，教师就要通过各科教学活动，让儿童掌握各种基本的科学概念以及它们之间的关系，提高逻辑思维能力，使儿童从具体运算思维向形式运算思维阶段发展。

（四）皮亚杰"认知发展理论"实践——High/Scope（高瞻）课程模式

1. 发展源流

20 世纪 60 年代，美国密歇根州易丝莲蒂市一所公立学校的工作人员魏卡特（David P. Weikart）在看到来自低收入家庭的高中生的学校成绩一直属于失败的群体后开始探究其形成的原因，最终发现，这些学生在小学时没有为将来的学习奠定基础是上述现象形成的关键因素。经研究，为三四岁的幼儿提供早期的针对性教育服务，会对他们未来进入学校的表现有较大的帮助。在政府的支持下，第一个政府赞助的托儿所方案成立，被称为培瑞托儿所方案，也就是后来闻名的"High/Scope Perry Perschool Project"。

皮亚杰学说是培瑞托儿所方案的重要思想来源与理论基础。High/Scope（海恩/斯科普）课程自 1979 年由强调皮亚杰的认知性工作转变到强调儿童是知识的建构者开始，越来越看重儿童的"主体性"与"主动性"。

2. 教学模式的内涵

高瞻课程的发展分为三个阶段,每一个阶段都在上一个阶段的基础上进行了发展,不断地完善并超越前一阶段。经过二十多年的发展,美国学前高瞻课程模式已经完善了自身内涵,主要包含以下几个方面。

(1)重视师生互动

在高瞻课程模式中,师生之间的互动对孩子产生极为重要的作用,教师的角色也发生了很大的转变。在过去,单纯地要求教师作为知识的传授者,而在这一模式中,要求教师扮演的角色是一种观察者和引导者。他们的任务就是给幼儿提供合适的材料,为幼儿创设良好的环境,并且能够在不断地观察中,了解每个幼儿的发展特点,在此基础上对幼儿进行适当的引导,促进幼儿身心健康发展。

(2)重视家园关系

这一课程模式将家长定位为参与者,要求家长能够注意观察幼儿的兴趣,记录幼儿的学习与进步,并且与教师及时沟通。这也正是基于美国特殊的多元文化,要求教育要根据不同种族、不同宗教与不同文化开展,这就更加需要重视家庭与幼儿园之间的联系。

(3)重视幼儿的自主性学习

皮亚杰的认知发展理论为美国高瞻课程的发展奠定了科学的方向。他提出了儿童"四阶段论",认为幼儿在感觉运动阶段与前运算阶段中,抽象逻辑思维还未发展起来。美国学前高瞻课程模式为孩子的主动学习创建了一个连续循环的环境,促进了孩子独立性的发展。该课程模式的一日生活安排是由"计划—做—回忆(反思)"、小组活动、大组活动等环节组成。"计划—做—回忆(反思)"的顺序不能颠倒,是主动学习的保证机制,是美国学前高瞻课程模式的核心环节。

通过与环境中材料的直接互动操作,促进儿童更好地理解周围环境与材料,丰富自身经验。这也体现了杜威提倡的"教育即生活,教育即生长,教育即经验的改造"这一理论。强调儿童直接经验的获得,并鼓励他们自己动手操作,在过程中不断地发现问题、解决问题、提高能力。

3. High/Scope(高瞻)课程模式对家庭教育的启示

High/Scope(高瞻)课程模式强调为三四岁的幼儿提供早期的针对性教育服务,关注儿童的主体性与主动性。

因此,在家庭教育中,父母要引导儿童主动学习。首先,父母的一言一行是很容易在潜移默化中对孩子产生影响的。因此,要引导孩子主动学习,父母首先应当做一个爱学习且积极主动学习的父母。其次,孩子在做自己喜欢的事情时总是很积极,因此,父母应当先帮助孩子找到他们的兴趣所在,有了兴趣爱好,孩子自然很容易主动学习。最后,父母要学会鼓励教育,在孩子主动学习时给予表扬,对孩子的学习过程和学习成果给予肯定。此外，孩子在主动学习时父母并不能置身事外，应当利用孩子在做事情的时候对孩子实施适当的家庭教育。

 本章小结

人类家庭的发展，经历了群婚制家庭、对偶制家庭和专偶制家庭（一夫一妻制家庭）几种形式。家庭教育作为家庭活动、家庭环境和家庭关系对家庭成员产生的教育影响的总和，具有奠基性、终生性、亲情性、权威性、随机性、针对性、及时性与连续性等特点。随着社会文化价值、经济发展水平、社会人口结构的变迁，对家庭教育的观念、方式、角色产生了重要影响。

现代社会，如何科学地进行家庭教育已然成为广大家长所关心的问题。希望可以通过本章对陈鹤琴、蒙台梭利、杜威等国内外教育学家先进教育理念的阐释与学习，为家庭教育更好地开展提供相应指导。

 拓展阅读

统筹协调推进家庭教育快速发展

2018 年 9 月 10 日，习近平总书记在全国教育大会上指出，办好教育事业，家庭、学校、政府、社会都有责任。家庭是人生的第一所学校，家长是孩子的第一任教师，要给孩子讲好"人生第一课"，帮助扣好人生第一粒扣子。

今天，人们越来越认识到，在转型变革年代，一个人是否能很好地立足于社会并获得持续发展，不仅仅取决于良好的学校教育，更大限度上取决于社会教育。而家庭是孩子的第一课堂，家长是孩子的第一任教师。研究表明，家庭教育的优劣，对孩子一生的成长影响深远。而家风的好坏，不仅影响着个体成长，也影响着家庭和睦及社会的风气清正。为此，无论对个体、家庭还是社会，家庭教育的重要性不言而喻。

我们历来有重视家庭教育的优良传统。进入 21 世纪以来，党和国家高度重视家庭教育。2004 年，国务院颁发《关于进一步加强和改进未成年人思想道德建设的若干意见》，强调家庭教育的重要性。党的十八大以来，习近平总书记在不同场合多次强调要"注重家庭、注重家教、注重家风"，强调"家庭的前途命运同国家和民族的前途命运紧密相连"。为了落实党和国家的总体部署与要求，全国妇联、教育部等分别于 2010 年、2015 年、2016 年颁发了《全国家庭教育指导大纲》《关于加强家庭教育工作的指导意见》《关于指导推进家庭教育的五年规划（2016—2020 年）》（以下简称《规划》），提出到 2020 年，要基本建成适应城乡发展、满足家长和儿童需求的家庭教育指导服务体系,部署了准确把握家庭教育核心内容、建立健全家庭教育公共服务网络、提升家庭教育指导服务专业化水平等7个方面18项重点任务。

对照党和国家的总体要求和《规划》的总体目标,目前我国家庭教育的发展还存在一些问题。诸如家长普遍缺乏正确的家庭教育理念和手段,亟须提升自身的家庭教育能力;全社会缺乏专业的家庭教育指导者,亟须建立家庭教育专业指导体系;政府尚未建立充分整合全社会资源的机制,亟须多部门协力推进家庭教育的繁荣。为此,笔者认为要大力推动家庭教育发展。

大力发挥高校的专业作用,探索在有条件的大学设立家庭教育相关专业。家庭教育是终生教育体系的重要组成,需要整合全社会资源发展家庭教育。为此,教育学和社会学是家庭教育两大最重要的基础学科。建议在若干教育学、社会学基础较好的师范大学或综合性大学试点设立家庭教育相关专业,开展家庭教育学科建设与理论研究,探索发现家庭教育的基本规律,形成积淀有中国特色的家庭教育理论体系,培养一大批具有坚定的社会主义理想信念的专业化的家庭教育指导人员,使他们能够科学把握家庭教育核心内容,创新家庭教育人才培养和指导服务模式,提升家庭教育指导服务的专业性、科学性和实效性。

大力发挥地方政府的主导作用,探索建立家、校、社联动的立体化家庭教育公共服务体系。家庭是社区的细胞,地方政府在整合全社会资源、建立和完善家庭教育公共服务体系方面应承担相应的职能。建议通过颁发地方立法、投入专项资金、建立家庭教育发展协作机制等多种方式,为家庭教育发展提供多重保障。切实发挥地方政府在引导和推进家庭教育中的重要作用,探索建立社区内家、校、社联动的立体化家庭教育公共服务体系,发挥各类学校、社区教育机构、社会公共文化机构开展家庭教育的主阵地作用,做实家庭教育的公益性、公共性,满足老百姓日益增长的家庭教育基本需要。

大力发挥全社会的作用,建立全新的家庭教育治理体系。家庭教育是一项需要全社会关心和投入的事业。地方政府要形成有效的跨部门统筹协调、顶层规划机制,打破部门分工藩篱,协力推进家庭教育,探索形成全新的家庭教育治理体系,以提高政府资源的针对性和有效性,破解家庭教育指导服务体系和管理各自为政的难题。建议研制出台政府购买专业家庭教育服务的具体办法,吸引和鼓励有条件的机关、社会团体、企事业单位及民间力量等全社会优质家庭教育资源提供有品质的家庭教育服务,合力推进我国家庭教育事业的繁荣发展,体现家庭教育的社会性,满足家庭教育多样化、个性化需求。

　　——节选自戴立益.统筹协调推进家庭教育快速发展[N].团结报,
　　　2018-09-15(002).

思考与练习

一、填空题

1. 家庭是人类社会发展到一定_____的产物。它以_____为基础，以_____为纽带，是人类社会生活的_____。

2. 人类的家庭形式经历了_____家庭、_____家庭和_____家庭的演变。如果从严格意义上界定家庭教育，那么它是随着严格意义上的家庭即_____的出现而出现的。

3. 古代社会时期是家庭教育的_____和形成稳固期。

4. 家庭教育具有奠基性、_____、_____、权威性、_____、连续性、_____、随机性等特征。

二、名词解释

1. 家庭

_____

_____

_____

_____

_____

2. 家庭教育

_____

_____

_____

_____

三、论述题

1. 结合家庭教育的特征，谈谈家庭教育的优势所在。

_____

_____

_____

_____

_____

2. 结合实际谈谈社会变迁给家庭教育带来了哪些影响。

_____

练习题剪下后，可作为课程作业上交。

_____
_____
_____
_____
_____

3. 选择本章的一个先进教育理念,结合实际谈谈你的理解。

_____
_____
_____
_____
_____
_____
_____

第四章

家庭、学校、社区协同育人

　　家庭教育、学校教育、社区教育是国民教育体系中的三大重要支柱，在孩子的成长教育过程中各自发挥着重要作用。三者之间相互联系、相互影响、密不可分，其中家庭教育是基础，学校教育是保障，社区教育是纽带。在协同和治理创新理论下，社区教育通过把家庭、学校、社会三位一体的教育纳入社区发展系统中，既可以解除学校教育与家庭教育耦合程度低、学校环境与社会环境不协调的困惑，也可以弥补学校教育的不足。

　　本章共包含"为什么要协同育人""协同育人的相关理论""协同育人的先进经验"三节内容。

　　本章首先探讨了家庭教育、学校教育、社区教育三者之间的关系；其次提出了协同创新理论和治理创新理论视角下家庭教育、学校教育、社区教育协同育人的新模式；最后通过案例分析的形式对协同育人新模式下的教育实践进行探讨。

 学完本章，你将能够：

1. 了解家庭、学校与社区之间的关系；
2. 领会家庭、学校与社区协同育人的新模式；
3. 感受家庭、学校与社区协同育人实践的魅力。

　　继续学习并不只限于提高职业能力。人们必须学习怎样做一个有效的父母、公民以及艺术的消费者（或生产者），学习怎样理解世界的变化以及这些变化对于我们每个人的影响。

——布卢姆(B. S. Bloom)

为什么要协同育人

一、家庭:终生发展的基础

家庭教育是指家庭中父母及其成年人对未成年孩子进行教育的过程。其重点以品德教育为主,培养孩子良好的道德品质和良好的行为习惯,教会孩子"做人"、教会孩子学习、教会孩子生存。因此家庭教育的重心和出发点就是必须首先教会孩子认知自我、认知他人、认知世界。

家庭教育作为一种教育形式,自人类社会产生家庭以来,它就随之产生了,这种教育与学校教育、社会教育一起,构成了人类所能接受的全部教育。家庭教育由于是在家庭内部成员之间进行的,因而决定了它的初始性、长久性、亲密性,从而对人产生的巨大影响自然不言而喻了。幸福的家庭都是相似的,而不幸的家庭各有各的不幸。综观历史,我们可以看到,家庭教育是一个人成长发展的重要基础,良好的家庭教育可以使人终生受益,而糟糕的家庭教育则使人贻误终生。

从个体教育培养的时间顺序来看,所有的孩子都必然要经历一个从出生到成长到成熟的过程,而家庭是孩子生命的摇篮,也是生命的起始,是孩子出生后的第一课;父母则是孩子们最初的启蒙教师。所以父母对孩子所施的教育最具有早期性,时间上也先于其他一切教育。

从家庭教育与其他教育的关系而言,家庭是社会发展到一定阶段的产物,可以说,家庭是当代社会的基因。综观人类进化文明史,始终没变的是:父母是儿女第一任教师,家庭是人的第一课堂。国民教育的平台是靠家庭教育、学校教育、社会教育三大支柱支撑的。三者相互关联,有机地结合在一起,相互影响、相互作用、相互制约,离开哪一项都不可能。但三者之中,家庭教育是一切教育的基础。

为什么这么说呢? 因为家庭教育是家庭承担社会责任中最重要的一种功能。游戏、学习、劳动是人的社会活动三种主要形式。未成年人一般主要从事游戏和学习活动,随着年龄增长,才逐步过渡到独立参加以劳动为主的社会实践活动。而家庭不但为儿童提供了人生最初的游戏和学习场所,而且引导他们从游戏过渡到学习,再从学习过渡到劳动。这种引导，就是家庭教育。所以说家庭教育是学校教育的基础，也是社会教育的基础。学校教育和社会教育代替不了家庭教育。

家庭必须承担一定的社会责任。每一个人都有各种需求，从吃饭、穿衣、居住，到游戏、娱乐、学习、劳动、交往等，无论是物质的需求还是精神的需求，大都由每一个人所在的家庭来提供、满足，这是家庭必须承担的社会责任，也是家庭作为最基本的社会生活组织所必须发挥的功能。

我们都知道家庭教育十分重要，千万不可忽视。但是要把家庭教育搞好，是一件很不容易的事情。家长要做的事情很多，最重要的是对孩子要以爱润其心，以德导其行。对于多数家庭来说，以爱润其心做得好一点，但也存在多种问题，做得不足的是以德导其行。那么应该如何做到以道德来引导孩子正确前行呢？

高尔基说过："爱孩子是母鸡也能做到的事情，除了要有爱，还要爱之以其道，爱之适其度，最重要的是儿童的心理特点，按教育规律办事。"教育家陈鹤琴老先生也曾指出过："小孩子'三个好，四个喜欢'，好游戏的，好模仿的，好奇的；喜欢成功的，喜欢野外生活的，喜欢合群的，喜欢称赞的。这就是小孩子的心理特征，应加以引导。"由此可以看出在对孩子以德导其行的时候要特别重视按照教育规律办事，结合小孩子成长过程中的阶段性心理特征，让事情是它本来该有的那个样子。

视频

为什么要协同育人

扫描二维码观看微课视频

二、学校：孩子成长的重要保障

教育包含广义上的教育和狭义上的教育两种，人们通常所理解的狭义上的教育就是指学校教育，可见学校在孩子成长教育过程中所扮演的重要作用。学校教育是指社会通过学校有目的、有计划、有组织的对受教育者的身心所施加的影响，以便使受教育者的身心发生预期的变化。可以说学校是一个人接受完整的系统的教育的地方，学校有专业人员在专门的地方可以对受教育者的身心进行目的明确、组织严密、系统完善、计划性强的影响的实践活动。

学校教育的系统性无可代替。学校教育包括初等教育、中等教育以及高等教育，受教育者可以通过学校接受到由低到高的层次分明且完整的教育。学校教育是一个人一生中所受教育的最重要的组成部分，是一个人成长的重要保障。个体通过学校接受有计划、有目的的指导，系统地学习科学文化知识、社会规范、道德准则以及价值观念，因而决定了一个人社会化的性质和水平，为个人进入社会打下基础。

学校教育的专业性优势突出。知识经济时代，学校教育受到越来越广泛的重视和需要,在社会中起到举足轻重的作用。家庭教育是由家长对其子女所实施的教育,家庭教育在人的一生中起着奠基的作用,然而家庭教育的不足和缺陷在于其受制于教育者(家长、家庭成员等)自身的素质,而学校教育由专业的教育者承担,他们受过专业的培训,具备专业素质、掌握专门的教育方法和技能,因而能够有效弥补家庭教育的不足。同时,专业化的教师队伍,规范化的教学模式,也有利于提高教育效率,确保教学质量。

学校教育能够培养孩子的团队精神,教会孩子合作学习,同时也为孩子同伴学习提供场所。学校教育是分班进行的,每个班都有固定的人数,集体学习、生活,便于学生系统地、有组织地学习,这不但有利于学生的学业进步,而且有利于培养学生的团队精神,促进孩子合作学习,更好学习。

三、社区:家庭和学校的桥梁、纽带

通过前面知识点的学习,我们可以领会到家庭和学校在孩子成长教育过程中扮演的重要角色以及家庭教育和学校教育之间的关系。家庭教育是其他一切教育的基础,在孩子成长教育过程中始终发挥着基础性、长期性的影响,为孩子的一生奠定着基础。而学校则在孩子成长教育中扮演着帮孩子"扣好第一粒扣子"的重要角色,在儿童成长过程中,学校是他们停留最长的地方,因此,学校教育在儿童成长中发挥着举足轻重的作用。家庭教育与学校教育相互联系,密不可分,共同为儿童的健康成长和未来发展保驾护航。然而长期以来,我们的学校已经习惯了"单兵作战",在孩子的培养教育过程中,学校容易成为游离于家庭之外的单个堡垒,表现为一个个的"知识中心""课程中心"以及"课堂中心"。另外,家庭教育虽然有很多的优越性,但是它也有其特有的局限性。家庭教育的不足首先表现在家庭教育内容的零散性,难以像学校有目的、有计划、系统地对孩子施加影响;其次是家庭教育方式的随意性,并且严重受限于父母家长自身的素质和教育水平。

苏联著名教育家苏霍姆林斯基说过"只有学校教育而无家庭教育,或只有家庭教育而无学校教育,都不能完成培养人这一极其细致而复杂的任务,最完备的教育是二者的结合"。然而现实生活中,由于各方面因素的制约,家庭和学校在孩子教育培养过程中的割裂使得教育目的的实效性大为降低,并且衍生出来一系列问题。而社区的出现与发展则为家庭和学校的互动架起了"友谊"的桥梁。教育的终生化要求将教育一体化作为终身教育的中心议题,其实现需要打破传统学校教育封闭式的办学模式。

一方面，社区作为孵化和整合教育资源的平台，承载着传递、运作教育资源，实现教育效用转化的功能，是实现学校教育、家庭教育以及社会教育三者之间联系和沟通的最有效桥梁。社区教育通过把学校、家庭、社会三位一体的教育纳入社区社会主义精神文明建设的大系统中，既可以解除学校教育与家庭教育耦合程度低、学校环境与社会环境不协调的困惑，也可以弥补学校教育的不足。

另一方面，社区在丰富孩子的社会生活体验方面也扮演着重要角色，发挥着不可替代的作用。新时期的学校教育是在一个前所未有的复杂环境中进行的，各种因素制约和影响着学生的健康成长，学校德育与社区外部环境的矛盾更加凸显，单靠学校封闭式的教育已经行不通。随着新一轮课程改革的进一步深入，传统教育的弊端日渐彰显，学生自主能力差、依赖性强，缺乏创新精神和实践能力，这一切与我们的教育脱离学生实际，缺乏社会生活的磨炼密切相关。而社区教育通过充分挖掘利用社区教育资源，加强与学校教育的沟通协作，开展校外社会实践活动等能够极大丰富孩子的社会生活体验，促进孩子的社会化，从而更好地融入社会，丰富生活。当今教育已由集中封闭式逐步向多元开放式方向发展，它强调创设开放的学习空间，强调走向自然和社会。社区资源潜藏着许多有价值的教育资源，充分利用能大大丰富我们学校课程的内容。

社区为孩子的社会生活体验提供了丰富的社区资源，能让学生了解社会的分工合作，增进学生对自身、他人和社会的理解，也使他们更加关注周围的生活，关注社区的发展变化，形成对社区的良好情感。社区不仅能为学生赢得更加广阔的探究学习空间，获得有益的人生经验，同时也弥补了学校教育资源的不足。因此，大力开展社会教育，充分利用丰富的社区资源，找到学校课程与社区资源相结合的契合点，不但能丰富学校课程，而且能让孩子关心生活、关注社会，使他们在了解社会的同时，更轻松愉快地融入社会。社区环境是社会大环境中的一个部分，它包括学校四周的自然景观、风土人情、各种社会机构以及人员等，这一切给学生带来了不同的信息和感受，能使学生获得更多的人生经历和生活经验。只有走出学校狭小的空间，充分利用社区的教育资源，扩展学生生活学习的空间，才能更好地促进孩子可持续性地发展。

社区为学生提供了广阔的空间，丰富的社区德育资源是对学生进行思想教育的宝贵精神财富，是他们了解社会、熟悉社会的有力阵地。在社区教育委员会的引导下开展相应的社区教育活动，培养学生社会责任感，锻炼学生的组织能力、交往能力、协作能力、生存能力，促进学生合理智能结构的形成，使学生得到全面健康的成长。

阅读案例

家校共育，打造教育"环岛"

父母是孩子的启蒙教师，家庭教育对孩子成长有着举足轻重的作用。毋庸置疑，父母的成长和孩子的成长一样，是没有止境的过程，父母不断进步、不断学习，对孩子的影响是无形而深远的。因此，借助 2018 年我校成为全国首批"家校共育"数字化项目实验学校的契机，学校支持并鼓励广大家长积极参与家校共育平台，通过关注并注册数字化网络平台、观看全国知名专家在线直播等方式，实现资源共享，引领家长行走在学习与成长的道路上，给孩子做出榜样。

"学校、家庭不是相互孤立的教育'孤岛'，而是彼此联系、相互补充的'环岛'。"教育家朱永新这样诠释家校合作共育。只有家校携起手来，才能真正打造孩子健康成长的"环岛"乐园。

给孩子高质量的陪伴。"我在你身边，而你却在低头玩手机。"当代社会，手机正深深地影响着我们的家庭生活。很多父母沉迷于玩手机，孩子也渐渐模仿成为"低头族"，亲子间的沟通交流越来越少，家长和孩子也很难走进彼此的内心世界。陪伴，是最长情的告白。父母应放下手机，从约束自己的行为开始，陪伴孩子，用合理的安排代替手机的使用；激励孩子，用共同的兴趣和谐亲子关系；约法三章，用共同的约定建构家庭手机使用规则。"我在听你说，我在关注你，我会陪你做"，希望父母能放下手机，与孩子真正在一起。

在望子成龙、望女成凤心态的驱使下，一些家长对孩子的要求可以说有求必应、百依百顺，许多孩子从小就习惯了以自我为中心，心中没有别人，从来不知道关心别人。父母是孩子的第一任教师，也是影响孩子终生的教师，对孩子的影响绝对超过教师对孩子的影响。绝大部分家长尽到了教育的责任，尊重理解教师，和教师紧密配合，达到了最有效的教育效果。但也有个别家长在这方面做得不够好，有的甚至对教师、学校指手画脚。其实，无论是教师还是家长，出发点都是一样的，都是为了孩子，即使教育理念不同，也应该平心静气、真诚沟通，只有这样，大家才能心往一处想，劲往一处使。

——节选自田雪梅.家校共育，打造教育"环岛"[N].语言文字报,2019-08-23(005).

第二节

协同育人的相关理论

一、协同理论

协同理论又称"协同学"或"协和学"，是 20 世纪 70 年代以来在多学科研究基础上逐渐形成和发展起来的一门新兴学科，是系统科学的重要分支理论，它以系统论、信息论、控制论、突变论等现代科学为基础，汲取了结构耗散理论的营养，采取统计学和动力学的方法，提出了多维空间理论。[①] 协同理论主要研究远离平衡态的开放系统在与外界有物质或能量交换的情况下，如何通过在自己内部的协同作用，自发地出现时间、空间和功能上的有序结构。从系统的角度看，协同就是由无序走向有序的状态。协同论不仅关注"协同"，更加注重"发展"，其强调两个或者两个以上的个体，相互协作完成某个共同目标，达到和谐发展的双赢效果。[②] 协同理论的主要内容包含三个方面。

（一）协同效应

协同效应是指在复杂开放的系统中，各子系统由于相互作用而产生的整体效应。协同作用广泛存在于自然系统和社会系统中。任何复杂开放系统，在外界能量作用下或者物质聚集状态到达某种临界值时，各子系统就会产生协同效应，使系统从无序变为有序。

（二）伺服原理

伺服原理即快变量服从慢变量，序参量支配子系统。序参量是描述系统有序程度的物理参量，是子系统集体运动的产物、合作效应的表征和度量。在系统运动中存在许多控制变量，可分为"快变量"和"慢变量"，而"慢变量"——序参量处于主导地位。伺服原理从系统内部稳定因素和不稳定因素的相互作用方面描述了系统的自组织过程。当系统

视频

协同理论

扫描二维码观看微课视频

---

①② 白列湖.协同论与管理协同理论[J].甘肃社会科学，2007(5):228-230.

接近不稳定点(临界点或阈值)时,序参量决定系统的动力和突现结构,支配着系统其他变量的行为和系统演化的过程。

(三)自组织原理

自组织是相对于他组织而言的,自组织是指系统在没有外部指令的情况下,其内部的各子系统能够按照某种规则自动形成一定的结构和功能。它组织的指令和组织能力都来源于系统外部。自组织原理解释了在一定的外部物质流、能量流和信息流输入的条件下,系统会通过大量子系统之间的协同作用而形成新的时间、空间或功能有序结构。

协同论作为一门研究完全不同学科中共同存在的本质特征为目的的系统理论,具有广泛的适用性。教育是一个复杂开放的系统,社会的迅速变革与发展对人的发展要求也时刻发生变化,这给教育事业带来新的挑战。如果教育系统内部,人、组织、环境等各子系统内部以及它们之间相互协调配合,共同围绕目标齐心协力地运作,那么就能产生"1+1>2"的协同效应;反之则会发生冲突和摩擦。协同理论的思想能够使得学校、家庭以及社区共同育人由无序走向有序,为学校教育、家庭教育以及社区教育三个不同的个体之间团结协作奠定坚实的理论支撑。

二、治理理论

治理作为英语国家的日常用语,治理概念源自古典拉丁语或古希腊语"引领导航"一词,原意是控制、引导和操纵,是指在特定范围内行使权威。它隐含着一个政治进程,即在众多不同利益共同发挥作用的领域建立一致或取得认同,以便实施某项计划。治理首先用于政治学领域,20世纪90年代以来,西方政治学家及经济学家赋予"治理"以新的含义,治理开始被广泛应用于社会经济领域。各种治理理论不断发展,如全球治理理论、国家治理理论、地方治理理论、企业治理理论等。

教育是一项重要的民生工程,是社会公共事务的重要组成部分。在教育治理过程中,学校、家庭以及社区各自扮演着重要角色,如何整合学校、家庭以及社区三方的力量,使得三者在教育行政部门引导下,充分发挥三方的积极性,形成教育培养儿童的合力是一个亟待解决的问题。治理理论为教育行政部门向社区、学校和家庭赋权提供了理论指引。

第三节
协同育人的先进经验

教育从来不是一个孤立的系统，而是开放、合作、综合、立体化的。家庭和学校是一个孩子成长培养过程中最主要的环境和场所，家庭和学校之间如果无法进行及时、科学、有效的合作沟通，就无法形成良好的教育氛围和强大的教育力量，家庭和学校也就必然无法真正发挥为孩子的健康发展保驾护航的作用，导致孩子的成长发展方向偏离。在当今教育理论和实践研究领域，对家校合作重要性的认知虽已达成共识，但具体考察家校合作的效果时，我们发现依然存在以下困境和挑战：家校合作理念的争议——教育需求的差异化、合作内容的不一致、合作组织上的单向度等；家校合作中权利和地位关系不均等——家校关系的商品化、"1＋1≥2？"等；家校合作过程形式化——教育主体实质性缺席、沟通方式狭窄、活动低效等；家校合作保障机制的匮乏——资源联结的脆弱、家庭社会资本的侵蚀等。

有鉴于此，我们需要建立起家庭、学校、社区"三位一体"的儿童协同教育共同体。让社区扮演调节者、领导者的行动主体角色，多渠道、多层面动员与整合家庭和学校的教育资源，优化学校教育环境，补充学校系统化教育中的德育和个性化教育，推进素质教育的开展。该教育共同体的建立还有助于激发新型的社区家庭教育模式的形成，即在社区教育组织形式下形成的家长委员会不仅成为学校和家庭之间的纽带，也成为引领家庭教育的主要方式。此外，社区教育的出现在某种程度上可以增强社会教育的规范性和组织性，为社会中多方面力量和群体参与青少年教育活动提供了机会与平台。在以社区为转介途径的教育活动中，学校、家庭和社会三者有机融合在一个教育系统中，开展多种形式的教育实践活动。

家庭、学校、社区"三位一体"的儿童协同教育共同体以社区为连接中介，一方面，从宏观层面上组织协调社会政治、经济、文化等各方面力量（如民办文化辅导学校、城市文化设施、体育娱乐活动、教育法律政策等）；另一方面，从微观层面上依托于良好的家校合作所产生的教育合力，借助学校教育资源和家庭社会资本，以创设与开展儿童社区实践辅导站、儿童社区之家、亲子教育等多元形式，实现教育从学校"走出去"（把儿童教育的区域扩大到学校和家庭之外的社会，把教育对象扩大到

阅读：家校合作始于家校合意

儿童的父母及其家庭成员)到"请出来"(把儿童及其父母吸引到社区并参与社区教育活动)的过程。

一、学校为主体：家校合作

现代教育规律普遍表明,学校教育必须与家庭教育、社会教育相结合,这是造就培养孩子的必要条件,因此家庭教育在整个国民教育系统中扮演着重要角色。与学校教育相比,家庭教育是根植于血缘关系之上的教育,因而往往父母对孩子的影响比教师的影响更大,父母是孩子的第一任教师也是不可选择的教师。从家庭教育与学校教育的关系来说,家庭教育的好坏、水平的高低直接影响着学校教育的质量,可以说家庭教育是学校生存发展的关键环节。

我国历史上历来重视家庭教育,不仅有孟母三迁、岳母刺字等重视家教的典范,更有无数名人大家都立有家规、家书,如《曾国藩家书》等。然而随着现代以来市场经济的深入发展,社会人口结构的急剧变化使得家庭教育的观念、方式方法等受到极大冲击,出现许多问题,直接影响到了学校教育的质量,家庭教育与学校教育出现了背道而驰的现象,如家庭教育与学校教育在教育方法上的背离甚至是冲突,主要表现在父母对孩子的期望过高,同时又缺乏科学的教育方法和足够的耐心,在家庭教育过程中,当父母的期望得不到满足时,倾向于埋怨孩子和学校,往往表现出责骂多于鼓励,埋怨胜过理解,高压强于疏导。

家庭教育与学校教育在教育孩子过程中的背离使我们感到困惑,而以学校为主体的家校互动新模式则正是直面并且尝试解决这些教育合力过程中的问题。这种互动模式的实质是对家庭教育中有配合意义的教育因素给予开发和利用,以配合学校教育目标的实现,共同促进孩子健康成长和发展。在学校、家庭协同育人模式中,学校是居于主体地位的,通过与家庭建立广泛的互动与联系对家庭教育给予积极的指导,着重强调以下几个方面。

(1)指导家长掌握科学的育人方法,切实提高家长的教育修养水平,如学校成立家长委员会及家长学校,坚持召开家长会,开展专家讲座咨询会,进行家庭教育方法指导,讲授家庭教育理论,提高家庭教育水平。

(2)向家长介绍学校的教育目的以及教育任务,让家长理解认同学校的教育理念、原则和方法以及学校教育情况,使学校教育与家庭教育目标达成一致,寻找到最佳家校结合点,让家长了解学校办学目标,做到学校、家庭、社会、教师、家长同心、同步,如定期举行"家长开放日"活动,请家长全天来校,观察孩子上课、活动;举办家长座谈会,采用"问卷"方式,听取家长意见;通过"家长开放日",家长能直接了解学校教育状况与特点，感知教师工作的艰辛及自己孩子在集体中的发展水平。

（3）将教育的重点放在孩子的德育问题上，高度重视孩子的思想品德教育，让家长关注孩子良好品德的培养和行为习惯的养成。如学校邀请家长参与法制知识讲座，在增强家长的法制意识和观念的同时，通过家长的教育和熏陶，给予孩子积极的影响。

（4）同时也要教育家长如何正确而富有耐心地辅导孩子的功课与学习。当前，家长对孩子成绩非常重视，这往往会导致家长焦虑和孩子负担过重，如很多家长一味要求孩子去达到自己的高标准，甚至为孩子制订周密的课外补习计划。

阅读案例

班级"一亩田"

郑州艾瑞德国际学校校长李建华说："家长是学校教育的合伙人。家校合作最终就是让家长与教师共同帮助孩子成长。"学校的300亩农场是孩子们的第二课堂。新生入学后，每个班级会分到属于自己的班级"一亩田"，这一亩田将伴随他们整个小学生涯。农场就是课堂，课堂就有教育，孩子和家长共同参与这门特殊的课。开犁日那天，孩子们和家长都穿着舒适、整洁的衣服参加，学校"干净、有序"的校风也被展现得淋漓尽致。家长走进班级"一亩田"，分工合作，栽树、种花、立门，忙得不亦乐乎。孩子们帮助家长"打下手"，或者在田地里奔跑、跳跃、嬉戏，"爸爸，我要和我的小树比高低，看谁长得快""妈妈，快看，我的小树上有嫩芽了""妈妈，我会好好爱护我的小树，你只要有时间就带我来看它吧""妈妈，我刚刚数了一下，我们一共栽了 32 棵木槿树，代表着我们班 32 个同学"……班级"一亩田"承载着学校和家庭共同的牵挂，更重要的是，它让学校和家长链接到一起，让家长有了更强、更积极的愿望投入孩子的教育之中。

——节选自刘丽丽."5＋2≥7"的家校共育故事[N].中国教师报,2019-08-21(010).

二、社区为主体：学习型社区

（一）何谓学习型社区

学习型社区是学习型组织理论和学习化社会的理念相结合的产

物。学习型社区最早出现在欧洲终生学习计划（ELLI,1995），被定义为："一个城市（地区、乡镇）的发展超越了提供公民所需教育与训练的法定权责，进而透过提供学习机会，创造一个充满生机的、参与性的、具有文化与经济活动的环境，以提高全体市民的潜能。"[①]学习型社区是社区教育的发展目标，也是传统经济向知识经济和学习化社会发展背景下社区的发展方向。

学习型社区至今仍无统一的概念定义，各学者也纷纷从不同的角度试图对它进行定义。有学者认为学习型社区是学习型组织的一种形态，将学习型组织定义为：有意识地构建合适的结构和战略等，以推动和扩大组织学习的社区。[②]也有学者从终身教育和社区发展的关系角度来界定学习型社区，认为学习型社区是"指以社区终身教育体系和学习型组织为基础，能保障和满足社区成员学习基本权利和终身学习的需求，从而促进社区成员素质和生活质量提高，以及社区可持续发展的一种新型社区。"[③]综合上述定义，我们认为：学习型社区是以社区为依托，以社区终身教育为基础，有效整合社区资源，创设各具特色的学习氛围，保障和满足社区各年龄阶段的学习者的学习权利和终生学习需求，从而促进社区成员全面发展和社区可持续发展的新型社区。

（二）学习型社区的理论基础——学习型组织理论

学习型社区的理论基础是学习型组织理论，最早关于学习型组织的研究可追溯到 20 世纪 60 年代，1990 年麻省理工学院斯隆管理学院彼得·圣吉（Peter M. Senge）出版了《第五项修炼——学习型组织的艺术与实务》（*The Fifth Discipline：the Art and Practice of the Learning Organization*）一书，掀起了组织学习和学习型组织研究的热潮，彼得·圣吉关于学习型组织的观点至今仍被推崇。

彼得·圣吉认为，学习型组织是一个这样的组织，"大家得以不断突破自己的能力上限，创造真心向往的结果，培养全新、前瞻而开阔的思考方式，全力实现共同的抱负，以及不断一起学习如何共同学习"。[④]学习型组织理论的主要内容可分为五大方面。

1. 建立共同愿景

共同愿景是指组织成员在统一价值观前提下，对组织未来发展蓝

视频

学习型社区

扫描二维码观看微课视频

---

① 学习型社区[M].台北：师大书苑出版社,2000:56.

② 王卫东.学习型社区建设的现状与改进策略：以广州市为个案[J].北京师范大学学报（社会科学版）,2006(1):21-27.

③ 叶忠海.试论学习化社会的基础——学习化社区[J].教育发展研究,2000(5).

④ Peter M Senge. The Fifth Discipline：the Art and Practice of the Learning Organization, Currency Doubleday (a Division of Bantam Doubleday Dell Publishing Group, Inc.), 1990.

图的构想与愿望。学习型社区中的共同愿景能为社区、组织成员提供更好的学习氛围，由此引导并促使人们为实现共同愿望更加积极且富有创造性地去组织开展健康有益的学习活动。

2. 团队学习

团队是组织的核心学习元素，同时团队也是学习的基本单位。团队作为共同愿景、自我超越前提下所形成的个人组合，学习能够把团体或者组织的集体智慧充分挖掘和表现出来。另外，团队学习是发展组织成员相互配合、共同学习，最终实现共同目标的过程。团队学习主要有两种方法：一种是深度交谈，是指团体成员之间通过自由并富有创造性的深入交流的方式，在重要议题上达成一致性的意见；另一种则是深入讨论，这种方法是成员之间通过辩论的方式各抒己见，从而展现出团队的集体智慧。团队学习的目标就是要获得超越个人认知的观点和见解。

3. 改善心智模式

心智模式是认知心理学范畴的概念，具体是指个体在工作过程中所体现出来的思维模式、行为习惯和价值观的总和。心智模式不仅会对个体的世界观产生重要影响，还会直接影响个体行为模式。改善心智模式不仅要准确、完整地将个体想法充分地表达出来，还要创新个体思维模式和接纳他人想法，从而将自我价值观、思想观念与集体价值观进行融合，从而达到个体将自己工作场所、他人看作自我学习的场所和对象。良好的心智模式能帮助个体做出有效的决策。

4. 自我超越

自我超越是指对自我极限的突破，是学习型组织发展的重要精神前提，同时也是个体和团体得以迅速成长的重要修炼手段。实现自我超越要做到五个方面：一是要创建个人愿景；二是要保持愿景与现实差距的创造张力；三是要深入认识结构性冲突；四是要勇于面对真相；五是要善于利用潜意识。个体在潜意识的引导下，对个人愿景中的现实差距、结构性冲突及真相有准确完整的了解后，就能够在实现自我目标的过程中，发挥出自身最大的创造力量。

5. 系统思考

系统思考是学习型组织发展的基础，彼得·圣吉所提出的学习型组织修炼的最终目的就是要实现团队或者组织的系统化思考。系统化思考要求团队、组织成员要将个体部分思维转变为集体思维，从被动接受向积极吸收转变，从被动参与向主动参与转变。只有将团队、组织中每一位成员的智慧充分地融合到集体中，才可能在重要课题上将团队学习能力、能量充分发挥出来，从而形成一个融合多种智慧、能力的学习、思考系统。

（三）学习型社区的构建

20 世纪 90 年代初期，随着终生学习理念的广泛传播，经济合作发展组织（OECD）在终生学习领域开展了积极的探索，并致力于推动学习型社区运动的发展。1992 年，OECD 在瑞典召开学习型社区会议，将学习型社区问题置于国际公共议程，并探讨了日本、澳大利亚、美国等典型的城市在构建学习型社区上做出的努力。1997 年，OECD 教育研究与创新中心在法国、西班牙等 6 个国家启动了学习型社区示范工程，丰富了学习型社区的理论和实践，随后，英国、意大利、芬兰和葡萄牙也纷纷开展构建学习型社区活动。

阅读案例

美国的"社区教育"：根据居民不同需要组织安排社区教育，例如，对不同年龄和性别的人群进行多种非全天性课程的教育，包括帮助新移民提高语言能力，开设音乐、绘画、保健、家政、家教知识等多种培训课程以及训练某种职业技能和应聘能力，教学形式灵活多样，有的通过电视、广播等媒介进行教育，也有的在校外进行活动。居民选读社区教育的各种课程并不是为了获得某种学历，而是为了学会某项活动技能，提高阅读能力，提高持家能力，促进个人文化素养和人际交往的能力以及增加就业机会。20 世纪 80 年代以后，教育的重心又转向针对成年人的继续教育、职业教育以及发展教育。例如，社区教育工作者提出家长教育培训计划，为家长能够高质量地配合并参与学校工作提供指南。

德国的"邻里之家"：德国的社区教育活动主要由"邻里之家"实施。"邻里之家"是为社区居民解决衣、食、住、行等日常生活中的问题和困难，丰富业余文化生活以及进行社会福利和社会保障服务的社区服务中心。它的活动内容有文化娱乐，包括儿童文艺、各类讲座、报告会，如各种报告会、家庭伦理讲座以及各种体育文化生活等讲座和交流会，工作人员精心组织各种活动，欢迎居民参加各类自己感兴趣的活动，将自己的技能、经验、知识、才能、兴趣充分展现出来，以提高生活质量，增强睦邻友好关系。有些社区的"邻里之家"还出版学习活动项目表分发给居民，使他们了解"邻里之家"的学习活动计划，以便随时参加或选择所需项目。

——节选自张昆鹏.上海学习型城市社区建设研究［D］.万方数据,2004.

在我国,发达城市的学习型社区相对成熟,学者王卫东对广州市学习型社区建设做了深入研究后,提出了以下 5 个建设策略。[①]

1. 目标策略

实施目标策略的目的就是建立共同愿景。建设学习型社区必须确立社区成员共同认可的社区建设目标,并且以目标为引领,鼓励社区成员积极参与社区建设,营造积极向上的社区学习文化氛围。在社区文化教育的活动和课程设置上,社区工作者应该广泛考虑社区和居民的真正需要,通过开展丰富多彩的学习活动和多样化的课程与活动,满足人们日益增长的学习要求和终生学习的需要,激发社区成员的学习动机,使全体居民确立共同的学习愿景。

2. 组织策略

建设学习型社区需要解决领导管理体制问题。学习型社区的建设必须充分发挥政府的主导作用,尤其是教育行政主管部门要抓好学习型社区建设中的教育建设工作,但政府主导并不等于政府包办,社区的自我管理、自我教育和自我服务的功能不可忽视,因此,必须健全社区居民委员会、社区代表大会等社区机构的运作机制,定期组织社区工作人员进行培训、开展经验交流分享会等,以提高社区管理工作的专业性和规范性。

3. 教育策略

在学习型社区建设中,建立家庭、学校、社区"三位一体"的儿童协同教育共同体是做好社区教育工作的重点。社区教育的服务对象不应当只局限于青少年,学习型社区强调保障和满足社区全员的学习权利和学习需求,因此必须扩大社区教育的对象,优化配置教育资源。

4. 人才策略

学习型社区建设仅仅依赖专职社区管理人员和教育工作者是不足够的,社区建设机构应该充分挖掘社区人才资源,鼓励企业界人士、专家学者、离退休干部等社区优秀人才参与社区建设,群策群力,共同为社区建设出谋划策。如美国社区教育委员会往往是"内外行相结合"的形式,由各行各业的人才公共管理社区教育事业。

5. 资源策略

社区往往蕴含着大量的文化教育资源,既有显性的文化教育资源,

---

① 王卫东.学习型社区建设的现状与改进策略:以广州市为个案［J］.北京师范大学学报(社会科学版),2006(1):21-27.

如学校、托儿所等教育机构,又有隐性的文化教育资源,如社区传统文化等。社区建设机构要善于挖掘和整合社区文化教育资源,提高社区资源的利用率。

阅读案例

上海市闸北区大宁路街道学习型社区建设

大宁路街道辖区面积 6.18 平方千米,3.9 万人口,1.4 万户居民,13 个居委会,街道下设社会保障服务中心、社区事务受理中心、社区服务中心、社区敬老院、街道图书馆、文化站以及社区外来流动人口管理服务中心等机构。大宁社区文体医疗资源丰富,各类学校、医疗机构和马戏团等机构十分齐全。

大宁路街道在社区建设过程中,引导个人、家庭、楼组建立各自的愿景,并形成社区大愿景,针对学习型家庭、学习型楼组和学习型企事业单位,出台了专门的指导方案;建立社区单位资源信息库,鼓励有关单位、场所和问题设施定期向公众开放,如上工新村的科普楼住着十几位上海大学退休的教授,在楼组组长朱家骏夫妇的召集下,在楼组的科普园地上,一块块内容丰富新颖的专栏版面,一幅幅意境深远的山水画给人们送来科学知识的同时,也为楼组带来了浓郁的文化氛围;在整合社区内教育资源的同时,积极吸纳社区外的教育资源,如风华中学计算机房为社区居民提供学习场地及设施,上海大学图书馆为社区居民提供借阅服务,上海大学对外交流学院的外籍教师在英语角进行辅导;居民学习外语的辅导员还通过设置各类奖项,如学习之星等,激励家庭、楼组和单位参与社区建设。

——节选自张昆鹏.上海学习型城市社区建设研究[D].2004.

本章小结

家庭是一个人终生发展的重要基础,学校是孩子成长的重要保障,社区就是沟通家庭和学校的桥梁纽带,在协同理论和治理理论的指导下,建立家庭、学校、社区"三位一体"的儿童协同教育共同体是当下教育发展和人才培养的基本要求,为了建立这一共同体,世界各地掀起了学习型社区建设运动,不断加强家校合作,凝聚家庭、学校和社区三方合力,为育人服务。

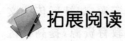

拓展阅读

推进社区与高校共建学习型社区

《中国教育现代化 2035》规划在"构建服务全民的终生学习体系"战略任务中，强调要"扩大社区教育资源供给"。学习型社区强调社区居民终生学习、主动学习、全面学习。随着网络技术的不断升级与数字移动终端普及，社区居民的学习方式与内容需求也发生了根本性变化，其需求已由"一般性的知识技能培训"向"高品质的学习内容与快捷便利的学习方式"转变。因而构建新时代学习型社区的首要问题是教育内容与资源的供给问题。

高校具有人才培养、科学研究、社会服务、文化传承与创新四大基本职能。通过加快推进社区和高校的合作与共建，共同构建网络教育平台，开发优质网络课程，能快速满足新时代社区居民对继续教育的需求，最大限度激活高校服务社会的功能，将有助于大力促进社区居民终生学习，推进新时代学习型社区的建设。

目前，我国各省高度重视社区网络教育，纷纷提出要大力开展社区教育，许多省份将普及社区教育纳入当地教育发展总体规划和城乡规划。但目前高校与社区共建社区网络教育平台仍然存在一些突出问题：一是高校与社区网络教育平台共建意识有待提升；二是需要加大投入资金与网络内容建设；三是社区和学校共建机制保障力度有待加强；四是社区网络教育水平有待优化。针对这些存在的问题，应重点从以下几方面推进具体工作。

一是激发多元主体积极参与。多元主体合作促进社区与高校共建是保障网络教育平台良好发展的基础和前提。高校与社区作为核心主体，要真正从思想上高度重视社区网络教育，注重提升社区居民素质，这对于优化社区治理具有现实意义与重要价值。高校与社会要达成合作意识，加强沟通联动，可创新社区与高校共建宣传方式，如开通微信公众号、App 等方式。加强宣传共建网络教育平台，积极发动社区居民参与网络教育平台共建活动，广泛收集社区居民的诉求信息。各级政府部门也应大力宣传推进社区与高校共建的必要性、紧迫性与重要性，着力树立具有示范效应与带动效应的共建先进典型或打造省级社区与高校共建网络教育平台名片，积极宣传推介各地区、各高校及各社区开展网络教育的好经验、好做法、好成果，努力营造合作的良好社会氛围。

二是共同开发网络教育资源。"教育内容为王"是新时代社区网络教育的显著特点与基本要求。社区居民年龄、人生阅历、文化水平差异性较大，因而网络教育内容要有较强的可选择性。高校与社区如何共同开发教育内容、创新教学方式、满足社区居民多元化需求，决定了社区网络教育的成败。政府部门、高校与社区要共同增加开发网络教育资源的资金与人力资源投入,做好社会调研,最大覆盖面地征求社区居民的需求信息,积极开发新的教育内容资源,可涵盖道德讲堂、文化素养、现代生活、教育辅导、职业技能、休闲娱乐等。同时也要积极整合慕课、混合式教学("线上"＋"线下")、"微教育"等优势教育资源,重视媒体、智能工具等先进技术资源的综合应用,开发新的智慧社区课堂,构建社区智慧型继续教育新模式。

三是加快推进协同机制建设。党政部门要加强顶层设计,可出台相关政策文件,从党政统筹协调、政策引导、条件保障等制度层面,切实推进社区与高校共建,拓展社区网络教育。可尝试设立"社区与高校共建网络教育平台"专项资金保障制度,确保社区网络教育常态化的资金需求,也可尝试拓展社会融资渠道;有条件的高校与社区可设置社会公益组织,如"社区与高校共建"研究会以及各类研究机构,加强社区和学校共建理论以及社会教育的研究,优化高校与社区共建活动品质。各高校与社区应针对实际情况,共建相应的运行保障制度,如组织领导、联动制度、绩效管理、权责制度、供需机制等,进而实现共建社区网络教育的制度化与科学化管理。高校与社区可以共商建立专门的协调工作机构,通过长效的制度管理机制,确保社区与高校共建社区网络教育顺利进行。

此外,还需要加强社区网络教育实验区和示范区建设,打造优秀的学习型典型社区或示范社区。充分发挥社区教育示范区在队伍建设、管理经验、协同运行、资金投入、信息共享、技术应用等方面的榜样作用,切实提升高校与社区的协作水平,大力推进构建新时代学习型社区。

——节选自张新友,韩玥.推进社区与高校共建学习型社区[N].学习时报,2019-11-08(006).

思考与练习

一、简答题

1. 请简述协同理论的基本观点。

_____

_____

_____

_____

练习题剪下后,可作为课程作业上交。

2. 请简述治理理论的基本观点。

_____

_____

_____

3. 请简述家校合作的主要内容。

_____

_____

_____

4. 请简述学习型组织理论的基本观点。

_____

_____

_____

_____

二、论述题

请论述中国建设学习型组织的基本策略。

_____

_____

_____

_____

_____

_____

_____

_____

_____

第五章
家庭教育的原则与方法

　　家庭教育是一种智慧也是一门艺术，是一个家庭和睦的基础。在今天，家庭教育这一话题已成为全民关注的重点，这表明新时代我们的孩子在成长过程中也面临着新的挑战。天下所有的父母都是爱孩子的，都希望让孩子更好地成长成才，但现实中却出现了无数因为教育方法错误而产生的矛盾。面对家庭教育中"父母教育"与"孩子成长"这一基本矛盾，必须先认清"爱"的本质，家庭教育的艺术不在于"教育"，而是"还原"。

　　通过对前面章节的学习，大家对家庭教育的发展历程及理念有了初步的认知，本章将继续深入探讨家庭教育的原则与常用的方法。本章共包含"家庭教育要遵循哪些原则""怎样的家庭教育方法更有效"两节内容，通过不同的案例和视角带你进一步了解家庭教育的原则与方法的艺术魅力。

 学完本章，你将能够：

1. 了解家庭教育方法的理论基础；
2. 掌握家庭教育的方法；
3. 在实践生活中合理选择和应用家庭教育方法。

　　赏识孩子一定有限度,惩罚孩子一定有分寸,并且需要有明确的操作方式。

——林格

家庭教育要遵循哪些原则

　　家庭教育是孩子健康成长的重要基石,是社会发展进步的重要动力。因此,我们应当建构科学合理的家庭教育,注意培养孩子学会做人、学会学习、学会生存。

　　学会做人就是学会为人处世。为人是品德素质,处世是行为方式。学会做人就是要学会以正确观念对待事务,并在该观念指导下以正确的方法处理事务。为人处世是一种难以具体言说的概念,更多的是需要以行动带来影响。因此,在家庭教育中,要教孩子学会做人,家长首先要学会良好的为人处世的原则与方法,通过自身的言传身教、榜样示范对孩子的为人处世产生积极影响,有目的地培养孩子的世界观、人生观、价值观,培养孩子的理想与个性,培养孩子的道德与艺术。

　　学习是一门艺术,是一门掌握本领的学问。学习是家庭教育中家长最关注的问题之一,如何正确指导孩子学习是家庭教育的主要任务之一。要让孩子学会学习,家长首先要理解孩子学习的真正含义。要让孩子学会学习,重点在于培养孩子的学习能力。知识是无限的,是不断更新的,只有当孩子真正掌握了学习的能力,他才能清楚分辨出信息的有效性,学习有用的知识,及时更新自己的思维。通过知识的学习发挥孩子的兴趣,培养他们潜在的能力,使他们成为学有所长、对社会发展有益的人。因此,家长在家庭教育的过程中要注重培养孩子的学习能力,包括孩子的素质训练、学习方法、学习态度等。

　　生存能力包括立足、发展、情感、自理、自力、创造等能力,要让孩子学会生存就需要培养孩子的生活能力和社会适应能力。生存能力的培养是目前家庭教育的薄弱环节。许多家长过多地注意孩子的学习,注意孩子的表面健康现象,不培养孩子生活的自理能力,使孩子成为四体不勤、五谷不分的人,这是一种家庭教育的病态结果。家庭教育的目的是使孩子成为一个生活自理能力强、社会适应力较强的人。因此,必须注重孩子生存能力的培养。

　　家庭教育原则便是根据家庭教育的条件、特点及其与社会发展的关系,结合孩子的年龄和心理特征,根据家庭教育的目的和家庭教育过程的规律提出来的。贯彻家庭教育原则,对于家长端正家庭教育观念，处理家庭教育中各种矛盾关系，提高家庭教育质量有着深远意义。

一、鼓励性原则

"鼓励"是一种推动力，能促进孩子向前发展。当孩子的正确言行总是得到鼓励，他们会不断强化这一言行，这对孩子的成长起到了良好的促进作用。同时，在鼓励下孩子总是处于积极向上的状态，总能保持自信，促使孩子不断接触新鲜事物，大胆探索创新。贯彻鼓励性原则应从以下三点入手。

（1）发现兴趣，及时强化。

孩子从出生开始就已经学会了积极表达自己的需求。比如，婴儿饥饿时的哭泣表达了对食物的需求，孩子的牙牙学语表现了他们的交流需求。孩子总会密切关注与自己的需要紧密联系的事物，而当孩子表现出这种关注的时候，父母就应认识到，这是孩子的兴趣。发现孩子的兴趣后，父母应适时引导，帮助孩子确立合适的兴趣，并为该兴趣的发展创造条件，让孩子在实践中强化兴趣。

（2）正面引导，积极鼓励。

在家庭教育中，父母要自觉地、有意识地以一些正面教育的材料和行为引导孩子的思考与行动。对有利于孩子健康成长的事物，在条件允许的情况下，要积极鼓励孩子参与，为孩子的发展提供支持。

（3）用积极建议代替消极指责。

孩子是好奇心很强的一个群体，他们对世界知之甚少，所以他们有一颗强烈了解这个新奇世界的心。在了解的过程中，由于年龄小、经验少，孩子们难免会出现差错。这个时候，父母不要对他们进行指责，而应认识到这是孩子探索精神的萌芽，在鼓励中给予建议会是更好的办法。

阅读案例

一位母亲与家长会

有这样一个故事：一位母亲第一次参加家长会，学校的教师说："您的儿子有多动症，在板凳上三分钟都坐不了。"回家的路上，儿子问她，老师都说了些什么？她鼻子一酸，差点儿流下眼泪。然而她还是告诉儿子："老师表扬你了，说宝宝原来在板凳上坐不了一分钟，现在能坐三分钟了。别的家长都非常羡慕妈妈，因为全班只有宝宝进步了。"那天晚上，她儿子破天荒地吃了两碗米饭，并且没让她喂。

在第二次家长会上,教师说:"全班50名同学,这次数学考试,你儿子排第49名。我怀疑他智力有些障碍,您最好能带他去医院查一查。"回去的路上,她流下了眼泪。然而,当回到家里,看到诚惶诚恐的儿子,她又振作起精神说:"老师对你充满信心。他说了,你并不是个笨孩子,只要能细心些,会超过你的同桌。"说这话时,她发现,儿子暗淡的眼神一下子亮了起来。第二天上学,儿子比平时都要早。

孩子上了初中,又一次家长会。教师告诉她说:"按您儿子现在的成绩,考重点中学有点危险。"她怀着惊喜的心情走出校门,她告诉儿子:"班主任对你非常满意,他说了,只要你努力,考上重点中学没问题。"

高中毕业,儿子把一封印有某名牌大学招生办公室公章的特快专递交到她的手里,边哭边说:"妈妈,我知道我不是个聪明的孩子,是您的赞美和鼓励让我有了今天……"这时,她悲喜交加,再也按捺不住十几年来凝聚在心中的泪水,任它打湿了手中的信封……

——节选自陶洪峰.请学会鼓励和欣赏孩子,让孩子在赞美中成长.教师枕边书微信公众号 https://mp. weixin. qq. com/s/pwglhHptP7VKR3V-ojXa8g,2019-01-04.

这个故事既让人感动又引人思索,家长要学会鼓励自己的孩子,哪怕天下所有的人都看不起你的孩子,做父母的也要眼含热泪地欣赏他、拥抱他、赞美他。当孩子不再听到别人说他"不听话"而是"很懂事",不再是"乱吵闹"而是"很守纪律"时,他就会不自觉地用这些评价的标准来要求自己。每一个成长中的孩子都渴望被父母肯定,被社会肯定。一句赞美可能会极大地鼓舞孩子,让他建立起自信。只要能针对孩子的优点适当地夸他、肯定他,他必然会变得更好。

二、循序渐进原则

有个顽皮的初中生,初一时学习成绩不是很好,成绩总是不及格,家长的苦口婆心下没有见到成绩好转,父亲的棍棒之下没有得到分数的提高,反而得到了孩子的逆反和怨恨。这个家长在近乎绝望的情况下听从朋友的建议,降低了对孩子的要求,不要求他的分数多高,名次多高,只是要求他每次考试的成绩比前一次高2分。最后,在初三的时候,这个顽皮的初中生的成绩稳定,平均分在85分以上。

循序渐进原则是指根据孩子的年龄特点、心理特征、实际发展水平等,按步骤、分阶段地实施家庭教育。人的生长发展是有一定规律的,

视频

家庭教育原则1

扫描二维码观看微课视频

不论是身体的发育、知识能力的增长，还是行为品德的养成都有一个逐步提高的过程。父母掌握儿童身心发展知识的多少，在教育效果上差别很大。因此，父母在进行家庭教育时应该选择和儿童生活接近的、适宜儿童心理特点的内容，由易到难、由浅入深，循序渐进地对幼儿进行教育。心理学家指出，如果儿童已经掌握的知识与父母所鼓励他学习的知识之间的差距适当，他会感到十分有趣并愿意学习，有利于孩子的智力开发；如若差距不当，孩子则可能表现出不耐烦、害怕、苦恼等情绪，阻碍了孩子的智力发展。所以，父母在教育中应遵循循序渐进原则，不要拔苗助长。

三、因材施教原则

因材施教原则是指在家庭教育中根据孩子的学习兴趣、个人能力、性格差异等方面的不同开展与自己孩子相适应的教育活动。每个孩子都是独一无二的个体，都有着自身独特的特点，家长实施家庭教育时一定要有针对性。有的父母不关注自己孩子的个性特点，在家庭教育中只凭个人的主观意愿或者盲目跟风随大流，这种教育方式是有违儿童身心发展规律的，是难以达到理想的教育效果的。

阅读案例

最近电视剧《小欢喜》受到大家的关注。很多人表达了对剧中方一凡的羡慕。方一凡的妈妈应该是中国家庭中大多数妈妈的典型，看到儿子调皮时心急火燎，但在重要时刻，能够平静地和儿子沟通，也算是位张弛有度的母亲。而方一凡的爸爸从不对儿子发脾气，即使面对妻子的斥责，他也是一贯的好脾气。总体来说，平时家庭氛围很和谐。

父母二人在儿子的教育上，就很好地遵循了因材施教原则。

方一凡喜欢音乐剧，经常独自在房里练习跳舞。虽然是非专业的学生，但因为热爱，他的舞蹈水平还是不错的。看到儿子高三了，还戴着耳机跳舞，父亲不但没有责备，反而认真和他交流起来，努力了解孩子的兴趣。妈妈虽然一开始反对，但总的来说也算开明，后来明白孩子真正的天赋是跳舞，并非学习，还积极联系艺考的教师。

最终方一凡不负众望，在家长的支持之下，在艺考之路上逆袭成功，竟然取得了三所音乐学院的合格证，令父母欣慰不已。

四、教育一致性原则

教育一致性原则是指在对孩子进行家庭教育的过程中,家庭内部成员、学校、社会三方要互相配合,统一标准,使孩子的发展有一致的前进方向。家庭教育的一致性主要包括以下三个方面。

(1)家长的要求要一致。即孩子的父母之间,父母与其他长辈之间的教育目标、教育内容、教育方法等与家庭教育相关的内容要相一致。

(2)前后要求要一致。家长对孩子的未来成长要有一个大方向的把握,在这个大方向的引领下于不同阶段制定相应的教育目标。对孩子的教育不能随心所欲,今天要求孩子这样做,明天要求孩子那样做;今天认为孩子这件事做得好,明天批评孩子这件事不可以这样做。这种前后态度与要求不一致的做法会对孩子的健康发展起到阻碍作用。

(3)家庭教育、学校教育、社会教育三者的教育目的要一致。孩子的成长过程中家庭教育、学校教育、社会教育三者相辅相成,缺一不可,形成教育合力。因此,只有当三者的教育目的相一致时,孩子才能有一个明确的学习方向,而不至于因目的不同而感到疑惑不解、难以前行。

五、爱与严相结合原则

爱与严相结合原则是指父母既要爱护孩子又要对孩子严格管教。父母对孩子的爱是一种本能,这种爱是家庭教育中不可或缺的伟大力量,对孩子的发展具有重要的推动作用。但只有当父母把握好这份爱的量和度,它的积极作用才能得到发挥。所谓爱护孩子,就是不单凭感情办事,而要用理智统率感情,爱护孩子的方式方法要符合教育学、心理学的原理、原则,符合新时代的要求,符合孩子身心健康成长的规律。严格管教是爱护孩子的一种特殊形式,它是对孩子的思想行为按照人才规范进行的必要的限制和约束。孩子的身心发展还不成熟,对是非对错的判断能力还比较欠缺,个人的意志品质也还不坚定,容易受到不良影响。因此,家长需要对孩子进行严格管教,帮助他们形成优良的道德品质,养成良好的行为习惯。当然,严格管教并不是鼓励父母对孩子动辄训斥、打骂,它的必要基础是父母的要求是合理可行的,在此基础上耐心地、循循善诱地引导孩子坚定不移地按要求行事。

阅读案例

怎样才能划分理智的爱和溺爱的界线呢

一次，某学校在植树节组织学生到郊外去植树，有一名学生想借故不去参加，对这件事，他的父母发生了意见分歧。母亲同意孩子不去，理由是孩子的体质差、个子小，在家没有劳动惯，怕"行军"跟不上队伍遭到同学的奚落，又怕劳动会把孩子身体累垮了。孩子的爸爸则认为孩子之所以瘦小、体弱，就是因为平常缺少应有的锻炼。这种集体劳动不仅能够锻炼身体，还能锻炼意志。应该鼓励孩子去参加。至于孩子的弱小，应该充分相信教师和同学是了解情况的，会采取相应措施。在父亲耐心说服和恰到好处的保健安排下，孩子满怀信心地参加了这次活动。回家后他兴致勃勃地讲述教师怎样关心他，同学们怎样照顾他，他自己怎样出色地完成了植树任务。

这个例子中，母亲这样迁就孩子，便是娇惯孩子。这种爱便是贻误后代的溺爱；而父亲则注意了抓住具体事件，循循善诱，从而取得良好的教育效果，这就是我们提倡的理智的爱。俗话说："宠是害，严是爱，娇生惯养要变坏。"这话是很有道理的。

——节选自家庭教育怎样处理严与爱的关系.体育与健康微信公众号 https://mp.weixin.qq.com/s/q149z1BzlXSxZB1bXVpzDQ, 2015-04-13.

六、身教与言传相结合原则

视频

家庭教育原则2

扫描二维码观看微课视频

言传是"说"的教育，包括表扬、鼓励、批评、劝诫等。身教是指家长的榜样示范作用。在家庭教育中，父母既要善于使用说理的办法，又要善于用言行举止影响孩子。也就是说，要把言传与身教结合起来。其中，身教在家庭教育中的影响力是更大的。孩子的重要心理特点之一是模仿性强。由于区分是非的能力差，他们的模仿是没有优劣选择的，往往是看到什么学什么。而家长作为与孩子关系最紧密，相处最频繁的人，免不了成为孩子模仿的主要对象之一。因此，父母要以身作则，时时、处处、事事注意自己的言行举止，有目的、有意识地给孩子以榜样示范作用。

总之，家庭教育的重要目的在于促进孩子的健康成长，家长应该积极了解孩子成长发育的特点，认真掌握基本的家庭教育原则，这样才能在家庭教育中游刃有余，在孩子收获成长与成才的同时，家长也收获自己的教育心得与进步，与孩子共同收获一个和谐的家庭关系。

第二节
怎样的家庭教育方法更有效

一、教育方法的选择

教育家杜威说过,"一切教育的最高目的是形成性格"。在每个人的生命成长中,没有比家长更重要的教师。不过,教育的匪夷所思之处,或者说它和其他事情最大的区别,就是目的和结果的背离。很多家长的愿望和努力,不但没转化成生产力,反而变成了破坏力,这样令人痛心的例子比比皆是。最美的教育最简单,教育不是一堆技术指标、专业术语和硬邦邦的言行,教育有其精美的内在秩序。教育有方但无定法,只有把握教育原理,采用适合的教育方法,才能打开无数症结之锁。

(一)理智地面对孩子

教育是一种智慧和艺术,为什么教育的有效不用"最好"而用"最美"? 教育是培养美好的人的一种社会活动,不同于其他物质生产领域,教育活动的主体和客体都是人,具有鲜明的人文性和个体性,同时也充满着复杂性、多元性和不确定性,因而教育是一种智慧也是一种艺术,作为艺术的教育只有"最美"没有"最好"。

家长们常常会说要给自己孩子最好的教育,送他们去最好的学校,可是真的静下来想想这所谓的"最好"的评判标准又是什么呢? 一定是复杂的课程,多样的活动吗? 在中国这样一个望子成龙、望女成凤的国度,家庭教育方式一直是社会话题的热点,许多家长出于对中国现代教育制度的不满,自己创立一套教育体系,于是"虎妈""狼爸""羊爸",横空出世。各种各样的教育方式引起社会各界的讨论,众说纷纭。

阅读案例

4岁的小明最近干了件"坏事"。他把一碗热汤倒进了院子里的花圃中,这碗汤毁掉了奶奶几个月的成果,父亲看见后大发雷霆,嚷着要揍他。小明吓得躲在角落里,哇哇地哭了起来。妈妈看到后拉开爸爸。走到小明身边蹲下来问道:"能告诉妈妈你为什么这样做吗?"小明看着妈妈委屈地说:"奶奶说汤有营养可以长高,我也想让小花们快点长大。"

面对孩子的问题家长首先要能倾听孩子口语和非口语的表达。其次要对孩子出现的非期望行为进行检查分析,发现问题所在,这样才能找到合理解决问题的方法,只是一味地冲孩子发火非但不能达到良好教育效果,还会引发孩子的抵抗情绪。

不同的叶子开出不同的花,不同的钥匙打开不同的锁,不同的孩子也适合不同的教育方式。正如世界上没有两片完全相同的叶子,世界上的人也是各不相同,一种教育方式也就不可能适合所有人。那些在社会舆论中频频出现的教育方式一定就是最好的?其实不然,真正的教育不在于这些烦琐的培训,而在于生活之中简单的点滴。家庭教育的关键,并不在于"教育"而是在于"还原",还原一些事情的本来,让孩子自然地成长。所谓家庭教育,没有"最好",只有"最美"。

(二)"最简单"不等于最方便

阅读案例

一个孩子非常喜欢吃奶糖,妈妈觉得对牙齿不好,便规定每天只能吃2块,但孩子控制不住经常多吃,妈妈就把糖盒放到了衣柜上面,以为孩子拿不到就不会吃了。结果发现孩子会搬椅子去偷偷拿糖吃,并且还学会了说谎,妈妈很是头疼,不知如何处理。

思考:如果是你,你会怎么处理这个问题呢?

这位妈妈选用了大多数家长认为最简单、最有效的方法,就是把糖放到孩子够不到、拿不着的地方,以为这样就可以解决,其实并没能解决这一问题,反倒让问题变得复杂。这位妈妈开始反思,并转变了思维。

她和孩子说,宝贝你那么爱吃糖妈妈又总是忘记拿糖给你,这样你以后自己负责糖果盒怎么样?孩子听后异常高兴。妈妈又说但是我不希望你吃太多,还是规定每天只能吃2块,现在盒子里有12块糖你可以吃6天,孩子自信地说我肯定能吃6天,妈妈信任地把糖果盒交给了孩子,过了几天去观察发现孩子一块都没多吃。

就是这样一个简单的转变却很好地控制了孩子吃糖,同时又培养了他诚实守信的品质。有两位园丁在公园里浇水,一位将水开得很大,拿着管子四处乱浇,速度很快,但浇得并不均匀,很多花草都被水柱压倒了,另一位园丁拿着水管,水开得适中,只是轻轻地一捏水管,水柱便变成了扇形,水像下雨一样浇落下来,虽然速度慢些,但花草却长得十分茂盛。联想到教育,其实教育就是这么简单,只是轻轻改变就会取得不一样的效果,或许不是速度最快但是效果却一定更好。

家长们总是希望孩子成龙成凤,教师们也希望自己的学生们取得高分。一次一位中学生的关于军事的作文得了优秀,被教师表扬,孩子很开心。但当教师说"既然你对军事这么感兴趣,相信你的历史和政治也一定可以学得很好,取得更好的成绩"时,中学生表示质疑,为什么要求学好兴趣以外的东西?我们养鸡、养鸭、养鹅是为了让它们下鸡蛋、鸭蛋和鹅蛋,而不是"下金蛋"。可以说这是一位中学生对杜威"教育无目的"最简单、最艺术的解读。

教育有其规律和特点,"最简单"不等于最方便和最有效。为什么最美的教育"最简单"?教育活动具有关系性、复杂性、发展性、不确定性等特点,却为何又"最简单"?无独有偶,中国传统哲学中有"大道至简"的智慧,西方教育经典中有杜威"教育无目的"的思想,科学世界中也有"物理是最简单的科学"的主张,等等。这里"最简单"的教育是指遵循教育自身规律、秉承教育活动本质、淡化教育本体目的之外的技术化的训练、生硬的大道理及以功利性为导向的教育。

(三)教育不仅仅是告诉和训练

最美而又最简单的教育是什么样的呢?是训练,还是引导?是告诉,还是激发?是否定,还是鼓励?是监督,还是陪伴?是说教,还是倾听?

杜威在《民主主义与教育》中讲到了"训练"和"教育"的区别。训练,是通过外部环境的刺激,让人的行为发生变化。就像训练老鼠走迷宫、狗熊作揖一样。

训练只关注行为,而不去管行为背后的心理和情感。孩子的活动"只是被利用来获得有用的习惯。他像动物一样受训练,而不像一个人那样受教育"。而教育,是通过引导,让孩子认同做事的共同目标,从而产生内在的驱动力,主动自觉地去做事。

有很多父母,把教育当成了行为训练。孩子哭闹不止,父母说教、批评、打骂,想出各种办法,目的是让孩子不哭。孩子学习不用心,那就在一旁陪读,监督他把作业按时完成。孩子调皮捣蛋,那就揍他一顿、关个禁闭,让他变老实一点。

孩子做得好,父母就喜笑颜开,想着奖励孩子;孩子做得不好,父母就愁眉不展,想尽办法矫正其行为。我们在意的、焦虑不安的,都是孩子的行为。只要孩子的"问题行为"消失了,父母的教育就算成功了。可是,这

视频

家庭教育方法的选择

扫描二维码观看微课视频

样的教育和训练马戏团里的动物有什么区别呢？父母就像饲养员，孩子就像上台表演的海豚，表演好了就给条鱼吃，表演不好便要受到惩罚。出于恐惧，慢慢地孩子变得听话，家长也觉得自己的教育成功了。

"哭声免疫法"是一种快速解决婴儿啼哭的有效训练方法，曾经在美国风靡一时，直到现在还有众多拥趸（dǔn）者。妈妈对着表，第一晚，婴儿哭了一分钟，妈妈上前抚慰。第二晚，婴儿哭了两分钟，妈妈才去抚慰。第三晚，婴儿哭了三分钟，妈妈才出现。就这样，一点点延迟抚慰，婴儿慢慢地就不哭了，变得很乖，整晚独自睡觉。这种看似极其简单而有效的方法所付出的成本是忽视婴儿心理安全的需求，使得孩子长大后大多容易出现恐惧、退缩、自闭等精神和行为问题。

教育不是管制，教育方法也不只是冰冷的条例规定。教育应该是用一个人去影响另一个人。教育方法的选择也应该注意因人而异，更多是引导和影响，用孩子的思维去看待世界，而不是以家长的意志安排孩子。

教育有方法，但是没有固定的方法，更不存在标准的做法。真正的教育，要看到孩子本身。首先，要放下成见和评判，"看到"孩子的本来样子，尊重他的生命节律。他可能是迎春花，春天一来就开花。也可能是菊花，直到秋天才会绽放。

比如，孩子可能就是天生敏感谨慎，就是内向，就是活泼好动，就是不爱阅读，就是动手能力更弱……这些，你能接受吗？你能接受他和主流标准不一样，和你理想中的小孩不一样吗？

其次，要透过行为，"看到"孩子内在的情感、动机。你不必去训练一粒种子如何发芽、开花。只要给它充足的阳光、土壤和水分，它内在的生命力就会驱动它破土发芽，舒展枝条，长成它可以成为的样子。

孩子就像一粒种子。真正的教育方法，就是看到他内在的情感需求，给到他足够的心理营养，让他自由地发挥天性。剩下的，就是静待花开。

二、国内外家庭教育的方法

有些父母把孩子看作天上的星星，光芒四射，却不知星星也有恒星与流星之分。有些父母把孩子看作沙石，平淡无奇，前途渺茫，殊不知即使是一粒沙石经过蚌的用心呵护，最终也能成为珍珠。家庭教育中家长要让孩子自由发挥天性，但不能放任自流，这就需要家长根据孩子成长的各个阶段特点，有针对性、创造性地选择和应用家庭教育的方法。科学合理地驾驭家庭教育方法及艺术，家庭教育才可能成功。

家庭教育任务与内容具体繁杂具有多样性，这也就决定了家庭教育方法的多样性，家庭教育中往往需要将多种教育方法相结合，才能达到良好的教育目的。国内外常见家庭教育方法主要包括环境熏陶法、实际锻炼法、说理教育法、榜样示范法、兴趣探索法、奖惩激励法、情绪管理法、自然后果法等。

（一）环境熏陶法

环境熏陶法是指在教育中有意识地通过创建良好学习生活环境并以此来潜移默化地影响孩子，帮助孩子养成良好行为习惯和高尚的道德品质，促进其健康成长的教育方法。

不同的环境会给孩子带来不同的影响，中国古代脍炙人口的故事孟母三迁，就是环境熏陶法最好的例证。孩子所处的物质环境、人文环境都会对孩子的心理素质、生活态度、行为习惯产生深远影响。

1. 物质环境对孩子的影响

尽管每个家庭的经济条件各不相同，但是对于家庭环境的要求却大致相同，那就是为孩子提供一个温馨、宁静、舒适的生活环境。父母在为孩子布置房间时应该从孩子角度出发，选取合适的桌椅、玩具柜等，也可以让孩子参与到布置中来，发表自己的看法，这样孩子会更喜欢在自己的房间里做事情。有些家庭家具摆放杂乱，不注意清洁，这样不利于养成孩子良好的卫生习惯，有些家庭忽略了儿童的游戏天性，过分强调干净，一尘不染，使得孩子的行为在某些程度上受到限制也不利于孩子健康成长。

幼儿园的环境创设则更为重要，是一个幼儿园的核心之一，无论是用具选取还是配色方案都能体现出一个幼儿园的教育理念。如蒙台梭利式幼儿园强调颜色搭配不过三，采用大色块，暖色系，色彩搭配简约大气，让孩子心静下来，给人以舒适的感觉。

2. 人文环境对孩子的影响

人文环境是指个体所处的和谐的人际关系和文化氛围。建立融洽、和谐、健康的人际关系是营造积极健康的精神环境的核心。苏联教育家马卡连柯曾说："所有的人、所有的事物和现象都在教育着儿童，但其中最重要的是人与人之间的关系。"

人文环境的好坏直接影响孩子面对生活的态度。家长在孩子面前经常表现出快乐、积极的生活态度，孩子也会对生活充满热爱。相反，家长总是在孩子面前抱怨工作的不顺利、生活的不愉快，甚至在孩子面前发生争吵，都会对孩子心理造成影响，长期如此孩子会对生活充满厌倦和悲观的情绪。

良好的教育必须以尊重、理解、支持的精神环境作为保障，以平等的关系作为基础。心理学家表示当一个孩子感到畏惧和紧张时学习欲望便会降低，因此家长和教师要为孩子创设一个安全自由的人文环境，尊重孩子，包容孩子。幼儿会因成人的关爱和宽容受到鼓励，更加自信地沉浸在他的学习探索之中。

幼儿音乐活动中，教师让孩子们用小木棒敲击装有不同体积水的玻璃杯来感受声音的变化。苏苏不小心把一个杯子敲碎了，慌张地看着教师。这时如果教师送去的是严厉的批评，就会对孩子心理造成负担，甚至导致孩子对音乐失去兴趣。而如果教师是关心苏苏有没有受伤并悄悄告诉苏苏，"下次轻一点，声音会更美妙哦"，苏苏便会更加注意改正错误。

孩子的同伴交往过程对幼儿精神环境创设也同样具有重要作用。每个孩子都是一个独立的个体，他们会在生活中学习如何与他人相处，并逐渐形成处世的态度。家长日常生活中在孩子面前的相处方式对孩子有着重要影响。如果家长们对问题有不同见解时通过争吵来解决，那么孩子在与同伴交往时出现问题也可能会采取这种方式。因此在孩子与同伴交往时，家长和幼儿教师应着力引导幼儿学会处理同伴之间的关系，学会与同伴分享、合作、助人、遵守规则等，培养幼儿的社会交往能力，培养幼儿具有良好的道德品质和行为习惯，为孩子创设一个良好的精神环境。

（二）实际锻炼法

宁波一小学半数孩子在食堂不会剥虾：在家有人喂

开学了，很多家长认为把孩子安全送到学校就万事大吉了，殊不知，很多孩子还不具备生活能力……开学第一天，宁波某小学就出现了这样一条新闻：半数孩子在吃饭的时候，面对虾却傻眼了，有的拿起来闻一闻，有的拿起来舔一舔，然后忍痛割爱，望"虾"兴叹。

教师问及原因："原来是不会剥虾！"对于半数孩子不会剥虾，学校校长称"这个结果他已经很满意了"，还说刚调来学校的时候，"几乎所有的孩子都不会剥虾，会剥虾的孩子大概是个位数"。

——节选自宁波一小学半数孩子在食堂不会剥虾：在家有人喂.
中国青年网 http://news. youth. cn/sh/201709/t20170902_
10639552. htm,2017-09-02.

思考：孩子不会剥虾、不会系鞋带，自理能力差，问题到底出在哪里？

托尔斯泰说："假如一个人懂得怎样劳动和怎样去爱，那么他将拥有美好的人生。"反之亦然。教会孩子怎么劳动和如何去爱，家长不能越位，也不能错失良机。因为从穿衣服刷牙，到刷碗洗衣，人是需要在自己照顾自己的过程中慢慢学会各种技能的。家长取而代之的结果就是，孩子失去了生活能力以及丧失了生活的兴趣，更重要的是失去了思考的能力。卢梭说，在儿童时期没有养成思想的习惯，将使他从此以后一生都没有思想的能力。不要说反正孩子长大后是会穿衣吃饭的，要记住，成长从来不是一蹴而就的。

实际锻炼对于一个孩子的成长十分的重要，也是家庭教育重要的方法之一。实际锻炼法就是指家长根据孩子成长的需要指导孩子亲自去参与，身体力行，以培养孩子形成良好行为习惯和思想品德的家庭教育方法。

古今的教育都非常重视身体力行这一环节，陆游曾提出"纸上得来终觉浅，绝知此事要躬行"，孔子强调的"言必信，行必果"更是成为我国古代道德教育的基本要求之一。洛克也曾论述了家庭教育中规范要求与行为实践的关系。他说："儿童不是可以用规则教得好的，因为规则总是会被他们忘掉的。你认为什么是他们必须做的，就应该利用一切机会，甚至在可能的时候创造机会，让他们进行不可缺少的练习，使其在他们身上固定下来，这就可以使他们养成一种习惯，这种习惯一旦养成之后，便用不着借助记忆，就能自然而然地发生作用了。"因此，我们培养孩子的技能技巧、能力要从小着手，品德习惯的养成，也要从小抓起，经常性的训练非常必要。

在实际锻炼过程中家长要鼓励孩子不怕困难，舍得让孩子吃点苦。没有什么事情是一帆风顺的，家长要了解孩子的想法，积极引导孩子去不断地战胜困难，而不是轻易地批评。有些家长过于溺爱孩子，孩子只要喊苦喊累就不再让孩子做下去，连最基础的事情都没法做好，又怎样去学做人呢？

老鹰教小鹰飞翔时，会狠心地将小鹰从悬崖上丢下，让小鹰自己去掌握飞翔技巧，通过这种方式把小鹰磨炼得越来越勇敢。动物尚且知道让幼崽吃苦，我们更应该明白这个道理。其实吃苦并不深奥，而是非常贴近生活，可以让孩子从身边小事做起，自己吃饭，自己打扫房间，等等，在实际锻炼的过程中培育孩子的独立性。

爱不等于包办。要教会孩子在实践的过程中勇于面对挫折，给孩子独立面对挫折的机会。马斯洛曾说："挫折对孩子来说未必是坏事，关键在于他对待挫折的态度。"

阅读案例

　　6岁的小毛对小自行车很感兴趣，要求爸爸给他买车，爸爸答应了他。车买回来之后，小毛兴奋地练习起来，可是一不小心，就摔了下来。摔了几次之后，小毛对小自行车的兴趣大减，每当爸爸提醒他练车时他就说："我不喜欢小自行车，我讨厌摔倒。"

　　爸爸安慰道："摔跤是练车过程中很正常的现象，爸爸当年学自行车的时候，比你现在摔得还多，摔得还惨，你看不也没事吗？你是小男子汉，摔跤怕什么，爬起来再练，你肯定能练会的。"在爸爸的鼓励下，小毛重拾练车的勇气。没过几天，他就能非常熟练地骑着小自行车遛弯了。

　　当孩子面对挫折表现出逃避时家长不要责怪孩子而是要及时地进行鼓励，从孩子的实际情况出发，鼓励孩子勇敢地面对挫折，循序渐进地帮助孩子安排好实际锻炼的内容。任务要合适，任务制定太难会打击孩子的积极性，任务太简单又容易让孩子失去兴趣。家长们必须明白，让孩子独立适应社会，让孩子变得有竞争力，让孩子有可能成功，在实践锻炼中融入适度的挫折教育，是家庭教育中必不可少的内容。

（三）说理教育法

　　说理教育法是通过摆事实、讲道理的方式对孩子进行影响，以提高孩子对事实的认知，培养孩子养成良好行为规范的一种最为常见的教育方法。这种方法的应用要建立在父母与子女之间，师生之间等充分信任、互相尊重的基础上，是以理服人而不是强横压人。这种教育方式适合更高年龄阶段的孩子，当然面对不同阶段的孩子交谈方式也是不同的。如何进行说理教育才是有效的呢？家长和教师们要注意以下几点。

1. 说理时做到民主平等

　　在教育过程中当对孩子出现的问题产生模糊的认知或者家长与孩子间出现意见分歧时，可以采用讨论的方式，民主平等地听取孩子的想法。家长在交谈过程中要放下架子，真诚地倾听，只有真正知道孩子的内心想法后才能有针对性地提出解决意见。即使是家长认为不正确的观点也要让孩子讲完整、讲清楚，允许孩子有不同的意见表达，如不能说服孩子，家长也应该允许他们保留自己的看法，不能一听到自己不认同的观点就大加训斥。家长说理要简洁明确，针对事件本体进行发言，不要翻旧账，不要对孩子做过多的评论，说理要有依据，过程中对于孩子的疑问要耐心地进行解释。

2. 学会应用暗示技巧

暗示是指家长在谈话过程中用直接或间接的方式对孩子进行的影响,从语言、行为、情感等多方面引导孩子的一种方法。家长可以在说理教育过程中根据自己希望达到的目的来选择不同的暗示方法。因为暗示是在孩子们内心无防备的状态下进行的,所以更容易被察觉和接受。

暗示大致可以分为语言暗示、行为暗示、表情暗示三种。语言暗示就是通过语言侧面地向孩子进行提示而不是直接提出要求的一种方式。如孩子把玩具乱丢,家长可以提醒"自己会收拾玩具的孩子都是爱干净的孩子,爸爸最喜欢爱干净的孩子了"。这比直接说"把玩具收拾好"更容易被接受。行为暗示是指用肢体语言来表达想法的一种方式。如孩子经常不按时吃饭,妈妈在几次提醒后,直接将碗筷摆好在孩子面前,这种无声的行为就是在提醒孩子该吃饭了。表情暗示是通过面部表情变化来传递信息的一种方式。如孩子做完一件事后会观察妈妈的表情,如果妈妈露出微笑,孩子便知道自己做对了;如果妈妈眉头紧锁,孩子也会变得紧张起来。暗示在说理过程中有着重要的作用,家长在与孩子进行沟通时应该多给予积极的暗示,如微笑、点头等,这样有利于与孩子建立信任,促进孩子健康成长。

3. 说理时要情理相融

家长在与孩子交流时要结合具体的情况,有针对性地进行说理,使孩子形成正确的观念。切忌讽刺孩子。很多家长在遇到问题时喜欢挖苦孩子,如"这么简单的事你都做不好还能干什么?"家长一味地挖苦并不能解决实际问题,反而会让孩子感到苦恼。家长说理时还要注意不可讲大话、空话、假话,不可老话重谈。许多家长在教育孩子的过程中都会出现这些问题,每天跟在孩子后面唠唠叨叨,一会儿问这,一会儿说那;为了展示自己的威信,总是和孩子说大话,吹嘘自己有多牛;将孩子与他人进行对比,总说别人家的孩子有多优秀等。殊不知这些看似随意的语言却对孩子造成了无形的压力与伤害,孩子们早已厌倦了大人们的管教,面对家长们的唠叨,孩子们早已左耳朵进右耳朵出了。

因此家长们在进行谈话时要有真情实感,把孩子当朋友,对问题进行讨论,交换意见,引导孩子解决问题,让孩子感受到父母对他们的关爱。

(四)榜样示范法

榜样示范法是指在教育中,家长、教师以自身良好的思想行为品德以及典型人物的优良道德风范去感染、教育孩子的教育方法。榜样示范法具体形象、生动活泼，具有极大的说服力和示范性，特别对于学龄前幼儿尤为适用。

由于学龄前孩子十分喜欢模仿，这个阶段的孩子接受直观的事例和具体生动的形象教育比接受道理要快得多。他们对自己亲眼看见的行为，能较长时间地保留在记忆之中。家长是孩子最好的教师，家长示范教育不仅可以加强沟通的可信性和感染力，更能对孩子性格的培养、习惯的养成起到积极影响，潜移默化，做到润物细无声。

马卡连柯说过，一个家长对自己的要求，一个家长对家庭的尊重，一个家长对自己每一举止的注意，这就是首要的、最重要的教育方法。父母是孩子的第一任教师，并且是终生的教师，家长对工作的热爱、对事业的追求、对同志的友善、对老人的尊敬、对困难的韧劲、对生活的乐观……都深深地影响着自己的孩子。

家长作为教育者，一般都想严格要求自己，努力规范自己的言行，给子女做出好的榜样。但是，人非圣贤，孰能无过？家长也免不了有说错话、办错事、出现一些过失的时候，但这并不可怕。可怕的是知错不改，甚至明明知道是错误的，也极力文过饰非，无理狡辩，这样做，是错上加错，易使孩子不分是非，形成错误的观念，并对其造成极坏的影响，同样也会大大降低家长的威信。家长有了过失，应当勇于承认并及时改正，当面向孩子澄清是非。知错认错，知错就改，是一种优秀品质，不仅可以挽回不良影响，也会给孩子树立良好的榜样，有利于维护家长的威信。

除此之外，我们还可以借助英雄人物来影响孩子。通过革命英雄、科学家、历史名人等正面人物形象来教育孩子。典型的人物形象将枯燥干涩的大道理具体化、人格化，孩子在鲜明的形象下受到感染。家长可以通过多种形式来引导孩子从中学习，结合孩子的实际情况，帮助孩子形成良好的道德品质。

小贴士

安东·谢苗诺维奇·马卡连柯（1888—1939），苏联杰出的教育家、作家。著作主要有《教育诗》《塔上旗》《父母必读》《教育过程的组织方法》《儿童教育讲座》和《普通学校的苏维埃教育问题》。

阅读案例

华盛顿是美国第一位总统。当他还是孩子的时候，他砍掉了他父亲的两棵樱桃树。父亲回来后非常生气。他暗自思量，"如果我查明谁砍了我的树，我要狠狠揍他一顿"。

他父亲到处询问。当他问儿子时，华盛顿开始哭了起来。"我砍了你的树！"华盛顿和盘托出。父亲抱起他的儿子说："我好聪明的孩子，我宁愿失去一百棵树，也不愿听你说谎。"

例如这样的故事可以多讲给小孩子听，可以通过故事引导孩子正确对待错误,教育孩子要学会诚实。我们也可以引导孩子向周围的教师、同学等普通人学习。洛克曾经说过:"教育孩子最简单、最容易而有效的办法是把他们应该做或是应该避免的事情放在他们面前;一旦你把他们熟知的人的榜样给他们看了,同时又说明他们为什么漂亮或为什么丑恶,那种吸引或组织他们去模仿的力量,是比任何能够给予他们的说教都大的。"孩子身边的教师、同学、亲朋都是各行各业的普通人物,特别是同龄同学或伙伴,这些人物身上的好思想、好品德、好作风,是子女最熟悉、最感亲切和最易接受的。但是家长要切记,不能专拣别人的优点、长处和自己孩子身上的缺点相比,更不能借机讽刺挖苦孩子,以发泄对孩子的不满。比如有的家长常说:"看看人家那孩子多好,看看你,真没出息……"这样的教育方式只会带来消极的作用。正确的做法是循循善诱,启发自觉,从正面鼓励孩子学先进、赶先进、超先进,增强他们的自尊心、自信心和上进心。

(五)兴趣探索法

兴趣是最好的老师,随着孩子年龄的增长,家长可以采用兴趣探索法来培养孩子。兴趣探索法是指家长让孩子参与到多种多样的实践活动中,在活动中发现孩子的特点,捕捉孩子的兴趣点,引导孩子充分发挥个性特点的教育方法。

家长对于孩子兴趣的培养重在引导而不是强求,要注意保护孩子的天性,而不是家长决定。例如,有的孩子喜欢唱歌家长却非逼着孩子去学舞蹈,有的孩子喜欢钢琴家长却非逼着孩子去学萨克斯,家长的不当安排最后只会导致孩子的厌烦,甚至提到学习就抵触。中国式的家长必须认识到保护孩子天性的重要意义,不能一味地去追求学有所成、"成家成名"。通过牺牲孩子的童年来换取的特长必定会给孩子造成心理上的伤害,反而不利于孩子的成长。家长在发现孩子兴趣的时候应该鼓励孩子积极地去思考,对孩子提出的问题表现出关注,对于孩子出现的问题不要急于责备,而是站在孩子的角度思考,陪孩子一起探求未知,寻找答案,只有这样孩子才愿意不断地去探索。

阅读案例

科学家斯蒂芬·格伦在医学领域的多个方面均有重大突破。当采访他的记者问,是什么让他具有普通人不及的创造力时,他提到了幼时的一段经历:那天,他试图从冰箱里取出一瓶牛奶,刚走几步就失手将牛奶瓶掉落在地上了,顿时厨房里一片狼藉!他母亲闻讯赶来。然而她没有发火,没有说教,更没有惩罚他。

她说："哦，我从来没有见过这么多牛奶洒在地上……真是有意思啊！好了，反正已经洒在地上了，在我们收拾干净之前，你想玩一会儿吗？我想，玩牛奶说不定也有意思的。"他就真的玩起了牛奶。几分钟后，他的母亲说："牛奶是你洒在地上的，也要由你来收拾干净。现在，我这儿有海绵、抹布和拖把。你想用什么？"他选择了海绵。他们一起将地板收拾得干干净净。接着，他的母亲又说："刚才你拿牛奶瓶失败了，这说明你还没有学会如何用小手搬一个大牛奶瓶。现在，我们到院子里去，我们在一个瓶子里装满水，看看你能不能发现一个好的搬运方法，使瓶子不会掉到地上。"他通过反复实践，知道如果他用双手捧住靠瓶口的地方，瓶子在搬运过程中就不会掉下来。这是多么生动又内容丰富的一课啊！

这位著名的科学家回忆说，正是从那个时候起，他明白无须害怕犯错误。错误往往是学习新知识的开始。科学难题也是经过一次次错误之后最终找到正确的解决方法的。正是由于母亲在他遇到问题的时候没有一味地批评和打击，而是采取引导的方式让他自己去探索解决的方法，才让他走上了后来的科学探索之路。

（六）奖惩激励法

奖励或惩罚是最常用的家庭教育手段，其目的都在于对孩子进行激励，让孩子认识到自身的进步或者不足，从而主动地按照正确的要求去行动。心理学专家把奖励和惩罚定义为一种强化刺激，它通过对人的行为和活动提供反馈信息，起到增强或消除某种行为的作用。其中，奖励被称为正强化，它能使期望和要求的行为加强、巩固和推广，并能调动个体行为的积极性与创造性；惩罚被称为负强化，它可以减弱或消除不符合期望和要求的行为。家长在进行激励的时候应该以奖励为主，正所谓"数子十过，不如奖子一长"。

实际生活中家长们往往对奖惩激励法认识不充分。很多家长比较随意，随口承诺以应付孩子，但没有及时兑现。如"不哭了，一会儿带你买玩具""不玩了，我们周末再来"，等等，这种常见的随口允诺，没有兑现，在孩子看来这就是谎言，时间长了，不仅起不到激励的作用，还会降低孩子对家长的信任程度。

同样过分的夸赞也是不当的，这样会让孩子具有更多的优越感，容易造成孩子以自我为中心，对自己期望过高，无法接受失败等。

奖励必须有一定的强度才能达到激励的作用。例如，一个孩子经常受到家长的批评，一段时间后批评对于孩子就起不到作用；孩子每次都受到同样的物质奖励，渐渐地孩子对于奖励也就失去了兴趣。因此

视频：《小欢喜》中的
家庭教育

家长们应当认识到不同奖惩方式强化力量是不同的,相同的奖惩方式对不同的人在不同的场合、不同的年龄段、不同的心理状态下,强化力量也是不同的。

家长们要及时发现孩子的点滴进步,以精神奖励为主,夸孩子要做到及时具体。例如,"你画得真棒"就不如"只要你多多练习一定会画得更好的"的激励效果好。我们更多时候要满足孩子的荣誉感和成就感的需求、被承认和被尊重的需求等。按照马斯洛的需要层次理论,就是满足孩子的自我实现的需要。如果能让孩子在通过奋斗和拼搏之后,从内心体会到一种满足和喜悦,那么这将是一种更持久、更稳定、更强有力的奖励方法。

对于批评和惩罚要慎重使用。惩罚是对孩子不良行为的否定评价,促进孩子认清是非改正错误的教育方法。一般认为惩罚分为两类:自然惩罚和人为惩罚。自然惩罚是指由于错误行为本身带来的失败或者打击;人为惩罚是指他人对于行为给予的否定态度。

对于惩罚家长一定要明确批评只是为了教育孩子纠正错误,而不是家长情绪的发泄。要注意惩罚的场合和时间,一定要保护孩子的自尊心,不要在大庭广众之下惩罚孩子,以免给孩子造成严重的心理伤害。批评惩罚法要针对事情本身,把握好奖惩尺度。

惩罚绝不等于体罚。体罚这种简单粗暴的教育方法,会导致孩子产生抵抗情绪,甚至采用说谎等行为来逃避。苏联教育家苏霍姆林斯基深刻地指出:"假若孩子体验到惩罚的可怕和震惊,那么,在他心灵里,那种内在的、自身天赋的、作为自我教育的力量就减弱了。体罚越多,越残酷,那么自我教育的力量就会越薄弱。"懂得把握奖惩尺度的家长才是高明的家长。

阅读案例

陶行知是我国著名的教育家,我在这里分享一则他的故事。有一天,陶行知发现学生王友用泥块砸自己的同学,他当即制止了王友,并让他放学后到校长办公室。放学后,陶行知来到校长办公室,王友已经等在门口准备挨批了。陶行知当即掏出一块糖果送给他:"这是奖给你的,因为你按时到这里,我却迟到了。"当王友惊疑地接过糖果后,陶行知又掏出一块糖果放到他手里:"这也是奖给你的,因为我让你不再打人,你就立即住手了,这说明你很尊重我。"王友迷惑不解,陶行知又掏出第三块糖果,说:"我调查过了,你砸他们,是因为他们欺负女同学。这说明你很正直,有跟坏人做斗争的勇气!"王友感动地哭了,他后悔地说:"陶校长,你打我两下吧，我错了，我砸的不是坏人，是我的同学呀！"陶行知满意地笑了，他随即掏出第四块糖果递过去："为你正确地认识了错误，我再奖给你一块糖果……我的糖果奖完了，我看我们的谈话也该结束了吧！"

（七）情绪管理法

生活中许多孩子会随意地乱发脾气，有时候又哭又闹。面对孩子的哭闹，家长不应该只是压制孩子的情绪，而是要引导孩子正确地宣泄，从而在下一次遇到同样情况时懂得管理情绪，平复心情。

孩子脾气差、爱耍赖主要原因有几点。一是父母前期对孩子过于溺爱，特别是祖父母对于孙辈的溺爱，使得孩子产生了过分满足感和惯性思维，一旦孩子得不到满足便会开始发脾气。二是孩子的表达能力可能有限，一些幼童没办法准确表达自己的需求，导致父母无法及时理解，因焦急而引发大哭大闹。三是孩子想通过耍赖来引起家长的注意并且希望得到满足。四是孩子受到周围环境的影响，如果孩子身边经常有人通过发脾气或者暴力来解决问题冲突，那么孩子在遇到问题时也可能会出现类似状况。那么我们要怎样解决这些问题呢？

面对孩子发脾气时家长要保持冷静，时刻记得自己是在和孩子交流，学会温柔地和孩子讲话并积极帮助他们分析情绪背后的原因。家长可以鼓励孩子大声说出生气的原因而不是让孩子憋在心里。在了解孩子的想法后你应该表示关心，缓解孩子的不适，让孩子知道你了解并接纳了他们的感受。引导孩子找寻解决问题的办法，并且可以通过让孩子做一些其他事情如看动画片、玩玩具等转移孩子的注意力，让孩子淡化消极情绪。

面对因无理要求而大哭大闹的孩子，家长不要一味地"以急治急"，可以采用适当的冷处理，不直接和孩子面对，因为此刻你说什么孩子都听不进去，不妨让孩子自己冷静下来，当孩子发现自己的哭闹没有对家长造成任何影响时，下次孩子就不会再这样做了。

另外，家庭中孩子更容易模仿家长的行为，而不是按照家长说的去做。所以家长一定要以身作则。当你生气的时候，大声说出来。在你真正爆发之前就把愤怒说出来。情绪发泄完了，事情就过去了，让孩子知道愤怒是可以表达的，之后就没事了。只需简单说出："我生气了！""我很生气你不遵守诺言。发生什么事了？"比起总是平易近人、脾气很好的父母，那些能够适当表达愤怒的父母会让孩子学到更多应对愤怒的方法。孩子也能够了解父母也是凡人，也有脾气。

即使你对孩子很生气，也不要使用辱骂或者贬低的方式。可以选择直接表达出你的情绪和意愿。对于孩子来说，适当地表达愤怒需要一段时间。如果你的孩子表现出一些克制愤怒情绪的迹象时,你应该感到高兴。比如,他们会忍着不去打小朋友,或者尝试大声说出"我很生气"。很多成年人还没有学会这些,所以你的孩子能做到这些已经是在进步了。

学会了处理情绪,孩子身心才更加健康,才能学会抗压。拥有管理情绪的能力,日后即便是处于逆境,孩子也能够在强大内心的弹力下,转化情绪带来的巨大的波动和伤害。这样,孩子在遇到挫折时,是努力地想办法解决问题,而不是逃避问题。

(八) 自然后果法

敢于承担责任是培养孩子独立性的关键。很多父母在生活中总是不断地在提醒孩子应该做什么,不应该做什么,然而对于处在独立意识敏感期的孩子,这样的不断要求反而会引起他们的抗拒。那么我们为什么不让孩子自己去做决定并让他们自行承担后果呢?

家长们应该从日常小事做起把选择权交给孩子,对于比较小的孩子家长们可以让其在一定范围内做出选择,例如,"你明天是想穿这件蓝色的衣服还是红色的呢""周末你是想去爷爷家玩还是想去姥姥家玩呢?"等。经常性的提问可以帮助孩子们进行思考,培养他们的决策能力。随着年龄的增长,父母应该进一步鼓励孩子自己做出决定。例如,孩子在游戏中遇到问题向你求助时你可以鼓励孩子自己解决,"你觉得应该怎么办呢? 爸爸想听听你的意见"等,当事实证明了孩子的决策正确时家长要对孩子进行赞扬,当事实证明孩子决策不合理时家长要提醒孩子进行反思和总结。

在中国,当孩子有了新发现、产生新想法去找父母分享时,经常会听到"乖,听好"这样的回答。当孩子不按父母要求去做时,父母也会这样说。父母希望自己的孩子听话,但是听话却不应该成为衡量好孩子的唯一标准。一味地要求孩子听话,只会抹杀孩子的独立性和责任感。

阅读案例

6 岁的明明去幼儿园总是忘记带自己的水壶,经过多次提醒,她依旧忘记带水壶,每次都要妈妈跑去送给她。如果你是这位妈妈你会怎么办呢?

不同的家长有着不同的做法。

A 家长说孩子不带水壶会口渴的,毕竟是个孩子,还是给她送吧。即使家长不送教师也会准备一次性的杯子给孩子,不会让孩子没水喝。长此以往孩子还是经常忘记带水壶。

　　B家长打电话给教师，要求教师不要为明明提供水杯，自己接到明明的电话时也表示没空儿不会给她送水壶。结果虽然明明在小伙伴那里喝到了水，但也感受到了口渴的滋味，从此之后她再也没有出现忘记带水壶的情况了。

　　中国的家长总愿意说"他还是个孩子"，没错，我们应该允许孩子们犯错，但不代表我们要为孩子们承担所有责任，我们应该让孩子承担他们犯错误所带来的后果，只有这样，孩子才能更好地成长。A家长就是典型的例子，一次又一次地纵容孩子的错误，使得孩子对于忘记带水壶这件事没有丝毫的愧疚感。而B家长则采用了自然后果法来处理这件事，让孩子自己承担后果，孩子便不会再忘记了。

　　"自然后果法"的教育方式是由卢梭提出的，是指如果孩子犯了错，造成了不良的后果，让他自作自受，亲身体验并承担自己所犯错误造成的不良后果，从中接受教训。自然后果法强调"自然"，让孩子顺应自然规律去成长，当然就是做得好有好结果，做得不对，要承担后果。这就是成长，在孩子还小的时候，遇到的困难往往都是小小的困难，这个时候让孩子摔几跤，是为了在孩子长大以后能更顺利地应对生活。这是自然后果法最重要的精髓所在。

　　成长是孩子自己的事情，不是父母可以代劳的。只有当孩子敢于直面困难，勇于做出决策并承担其带来的后果时，孩子才能够真正地独立，才能够在这瞬息万变的世界中用积极的方式面对每一次挑战。

 ## 本章小结

　　最美的教育最简单。教育要尊重儿童天性、根植儿童个体经验、创设共同生活；教育是一种基于生活的生命间的相互影响的生长过程。训练不能让一粒种子发芽，训练也不会使一棵小树成材，只有通过教育的滋养，儿童才能破土而出，生根发芽，成林成材，春色满园。

 ## 拓展阅读

一个新问题
——"尿不湿时代"孩子的敏感与无感

　　"尿不湿时代"的孩子对个人的权利、尊严都更为敏感，父母如果采用一些传统的教育方式，可能就会带来危险。对待新时代的孩子，父母必须首先理解和接纳他们的不同特点。

一、传统的教育方式，可能暗藏危险

　　有日本学者把使用过尿不湿的孩子所处的时代，称为"尿不湿时

代"，他们认为,用尿不湿的孩子,跟以前用尿布的孩子有非常大的不一样。"尿不湿"这一代的孩子,实际上身体被彻底解放了,他可以完全凭他的需求来支配自己的身体,想什么时候拉就什么时候拉,想拉多少就拉多少,再无顾忌了。而这种再无顾忌的同时也意味着,孩子会更多地听从自己身体的声音,更遵从自己的感受。"尿不湿时代"的孩子,考虑事情会更多地从个人感受出发,以个人幸福作为他的价值导向;而在传统社会中,则更多的是以生存为导向。而这必然导致:以个人幸福为导向就会更为敏感,会更加追求优质的生活,更加追求个人的尊严与权利;以生存为导向,就会更加吃苦耐劳,容易接受"吃得苦中苦,方为人上人"这一类的价值观,更容易接受挫折、苦难,并会认为这些是成功的必要条件。因此有一些学者认为,今天的孩子在自己情感需求的引导下,对个人的权利、尊严更为敏感。传统社会里的某些对待孩子的方式,现在再用就可能会变成一种危险。比如说在传统家庭中,父母经常当众打孩子,也很少产生比较可怕的后果,但是今天如果再这样做,可能就特别危险了。

前不久在某个城市就发生过这样一件事:一个优质生,各科成绩都在年级名列前茅;同时他还擅长各类体育运动,是很多女生心目中的白马王子。结果他在一次考试中成绩跌出了前10名。教师觉得他有早恋的嫌疑,认为主要是他跟女生交往让他分心,影响了成绩。有一天,教师就在学校的走廊上跟孩子谈心,谈了一节课的时间。没想到这个孩子回家之后就跳楼自杀了。

当然,我们不能简单地说,教师没有权利教育孩子,其实教师本身是有权利教育孩子的,而且他教育孩子的方式也没有特别不妥当的地方。但确实需要反省的是,有时候我们在不懂孩子心理的情况下就进行教育,可能会对孩子的心灵造成一种伤害。在对孩子进行教育时,我们要考虑到这个年龄段的孩子自尊心很强,对自己在同学心目中的形象也特别敏感。孩子的心理成长有一个变化过程:9岁之前,他特别看重的是父母的评价;9岁之后,他会更加看重教师和同学的评价;到了初中以后,他最为在乎的是同学对他的评价。所以教师在同学面前对他进行批评教育,这种行为本身就蕴含着某种危险。

我觉得,对孩子的肯定、鼓励、表扬,一般来说是可以当众进行的;但对他进行批评教育,有时候需要有一种隐私意识。作为父母或者教师,对孩子的任何批评教育,我们都需要考虑这种批评教育会不会产生负面的后果,需要考虑孩子的承受力和理解力。有时候就是由于没有注意到这点,才使得这些教育不仅达不到我们所期待的效果,甚至可能还会适得其反,造成意想不到的可怕后果,就比如上面讲到的这个例子。这点是父母特别需要警惕的。

二、理解与接纳新时代的孩子

所以有很多父母陷入了矛盾与纠结之中:孩子打也打不得,骂也骂不得，那孩子犯了错误怎么办呢？以前哪个家庭不打不骂孩子，孩子不也照样长大了吗？今天既不能打又不能骂，有什么办法能够让孩子更好地成长呢？经常会有父母有这样的焦虑。这个焦虑怎么来破解呢？具有传统观念的父母更愿意接受规则，更喜欢用教孩子遵守规则的方法来教育，而这与孩子的心理特点是有冲突的。要想教育好今天的孩子，首先你应该去理解跟接纳今天的孩子不同于过去的特点，比如说特别古怪。

父母们常会觉得今天的孩子经常不按规矩出牌，情绪波动无常。有这样的想法的父母，首先要试着去理解、去接纳这样的孩子。其次要改变跟孩子对话的方式，比如说今天的孩子他更在乎的不是你说得对不对，而是你说的方式尊重不尊重他。他更希望你能用一种跟朋友交流协商的方式跟他交谈，而不是用强制与灌输、居高临下、盛气凌人的方式。

有一个高中生就跟我说："我现在跟我爸没办法说话。"我问为什么，孩子说只要爸爸那个腔调一出来，我就特别不能忍受。我说什么腔调呢？他说我爸爸虽然不是教师，但是他跟我说话的方式特别像我们班班主任：说教腔，居高临下、盛气凌人，所以我特别不想听他的。

这样对待孩子的态度，我们这几代人其实都不陌生。我们似乎都认为做父母的应该是威严的，好像父母是不能跟孩子做朋友的，都习惯于从父亲母亲的身份中获得一种权威感。我在这里要奉劝现在的年轻父母们，一定要从这样的观念中摆脱出来。父母和孩子之间需要对话、协商，父母需要了解孩子的需求，接纳孩子跟你不一样的观念，由此在家庭中形成一种新的文化态度。

我有时候也会跟我女儿有一些冲突，起冲突的原因并不是我对她态度不好，而是我的某些观念在她看来总是带有一种强制感。她经常会跟我说这样一句话："这是你那一代人的想法，我这一代人不会这样想。"举例来说，她跟同学之间交往时，就会特别尊重同学的隐私。有一次我们正好在她一个同学家附近吃饭，吃完饭以后她还要去上美术课。当时正是大夏天，天气很热，等待的时间又比较长，我们就跟她说，要不你到你同学家休息一下吧。这个女同学是经常来我们家做客的一个台湾女孩。我女儿说行，那我给她挂一个电话，看看她在不在家。结果挂上电话以后，她跟我们说，同学说不行。我跟她妈妈异口同声地问："为什么不行？"我女儿说，不行就是不行，她为什么还要跟我解释为什么呢？

这件事让我很受触动。我的思考方式中无形地就包含了对别人隐私的不尊重，对女儿这一代人交友观念的不尊重，我在潜意识里认为，因为我们关系这么好，再隐私的东西你都可以跟我分享，我们上一代的朋友是这样，而女儿和朋友的关系也应该是这样的。而实际上，今天的孩子却不是这么看的。有时候可能女儿跟她的同学交往很久了，都不知道同学家最基本的情况。在他们这一代孩子看来,这是很正常的,我交往的是这个人,而不是她整个家庭。

美国人类学家玛格丽特·米德曾经提出了"三喻文化"的学说,即前喻文化、同喻文化、后喻文化。前喻文化是指长辈向晚辈传授知识经验、晚辈向长辈学习的文化;同喻文化是指同辈人之间的学习;而后喻文化是晚辈向长辈传授知识经验,长辈反过来向晚辈学习的文化。

某些情况下,孩子更像是大人的教师。时代在发展和前进,下一代的孩子在思想观念、生活方式、社会能力等诸多方面都会逐渐领先上一代的父母。作为父母,应该反过来向孩子学习新的技术、新的生活方式以及更有包容力、更有宽容度的思想观念。

——节选自张文质. 奶蜜盐——家庭教育第一定律[M]. 南京:江苏凤凰文艺出版社,2017.

思考与练习

一、简答题

1. 谈谈你对"最美的教育最简单"的理解。

2. 如何使用榜样教育法教育孩子?

练习题剪下后,可作为课程作业上交。

3. 如何有效地对孩子进行奖惩?

二、论述题

请设计一个 5 岁儿童的实践活动,要求内容丰富,对孩子起到一定教育作用。

问题：你通过这个活动发现了孩子哪些特点？通过活动可以培养孩子的哪些能力？你在活动中对孩子进行了赞扬或者批评吗？为什么这么做？

_____

_____

_____

_____

_____

第六章
家庭教育的指导

　　家庭是孩子成长最重要的生活环境之一,是孩子第一所学校,父母是孩子的第一任教师。一个人的家庭教育对其自身的影响是十分深远的,甚至贯穿孩子的一生。在今天,家庭教育越来越受到重视,我们必须充分认识到不同代际、子女数目不一的家庭有着不同的特殊性,流动人口子女有其特殊的家庭教育需求,孩子在不同的发展阶段有不同的身心发展特征和规律,为了孩子的健康成长,家长必须掌握孩子身心发展的规律性。只有这样才能施以有效的教育。

　　本章共包含"不同类型家庭的孩子如何施教""特殊类型家庭的孩子怎样引导""不同发展阶段孩子的教育重点"三节内容,将通过分析不同类型家庭和特殊家庭的特殊性、孩子不同发展阶段的经典理论和特点,为家庭教育提出针对性的建议。

 学完本章,你将能够:

　　1. 了解不同类型家庭在家庭教育方面的优劣势以及如何扬长避短;

　　2. 理解特殊家庭的特殊性以及如何实施有效的家庭教育;

　　3. 掌握与孩子发展阶段相关的经典理论,把握孩子发展的身心规律;

　　4. 应用相关儿童发展阶段理论分析孩子在不同发展阶段的行为,并且给予正确引导。

　　孩子们的性格和才能，归根结底是受到家庭、父母，特别是母亲的影响最深。孩子长大成人以后，社会成了锻炼他们的环境。学校对年轻人的发展也起着重要的作用。但是，在一个人的身上留下不可磨灭的印记的却是家庭。

——宋庆龄

第一节

不同类型家庭的孩子如何施教

一、不同代际家庭教育的指导

在当今社会,由于区域或城乡之间的发展差异,大量来自经济欠发达地区的劳动力人口背井离乡,去到更加发达的地区谋生计,这种社会人口流动衍生出了一个社会问题——谁来照顾孩子? 对这个问题的不同回答,是划分隔代家庭教育和亲子家庭教育的重要标准。不同代际家庭可能会有不同的家庭教育方式,不同的家庭教育方式各有其特殊性。在本节,我们将一起来探讨不同代际家庭教育的优势和劣势及应如何做好家庭教育。

家庭按照不同的代数可分为核心家庭和主干家庭。核心家庭是指由父母和未婚子女两代人组成的家庭。主干家庭是指由(外)祖父母、父母和子女组成的家庭。在这两类家庭中,家庭教育方式主要有两种,即亲子家庭教育和隔代家庭教育。亲子家庭教育是指由父母亲自抚养和教育儿童的活动。隔代家庭教育是指由(外)祖父母辈抚养和教育儿童的活动。随着城市化进程加快,人口流动的增加,大量的留守儿童只能接受隔代家庭教育,这种现象已经成为中国社会的一种显著现象。

(一)核心家庭的家庭教育

在核心家庭中,由于缺少祖父母辈的角色,儿童的教育方式主要是亲子家庭教育。

1. 核心家庭教育的优势

核心家庭教育具有以下优势。

(1)家庭关系简单。在核心家庭中,由于只由父母和子女组成,辈分和家庭成员比较少,家庭成员之间的教育理念冲突也比较少,容易达成共识和教育合力,即使发生冲突,也比较容易协调。

(2)家庭成员之间关系密切。父母和子女之间的关系比较密切,子女对父母依赖程度比较高,易于接受父母的教诲。

视频

不同代际家庭教育的指导

扫描二维码观看微课视频

（3）父母对子女的教育投入意愿比较高。父母对子女抱有较大的期望,用于培养子女的精神和物质资源投入比较大。

2. 核心家庭教育的问题

核心家庭教育存在以下问题。

（1）家庭和事业难兼顾。核心家庭中的夫妇同时要扮演多种社会角色。在家庭中,他们扮演父母和夫妻角色;在社会上,他们身处不同的岗位,扮演着不同的职业角色。在现实生活中,家庭角色和职业角色很容易发生冲突,父母很可能由于工作的繁忙而相对忽略家庭经营和子女教育,使得孩子缺少必要的管教。

（2）育儿经验缺乏。对于首次当父母的夫妇来说,他们往往会缺乏育儿经验和方法,容易采取错误的育儿方法。

（3）不利于培养孩子的社交能力。家庭关系的简单给核心家庭教育带来优势的同时也带来了一些不良的影响。由于核心家庭的家庭成员比较少、关系比较简单,孩子的社交技能可能会缺少必要的锻炼。

阅读案例

启华的家是一个三口之家。他今年读初二,父母是公司的白领,平常工作十分繁忙,加班比较多,于是启华的妈妈就每天给他钱让他放学后自己去吃饭,可是启华经常一下课就往网吧里跑,到中考时,启华的分数十分不理想。

思考:启华父母对启华的教育存在哪些问题?

3. 对核心家庭教育的建议

基于以上核心家庭教育的优势和劣势的分析,我们为核心家庭的父母提出了几点建议,以发挥核心家庭教育的长处并弥补其不足,为核心家庭的父母提供指导。主要的建议如下。

（1）父母应当学会处理角色冲突。由于父母都扮演着多个不同的社会角色,与孩子相处的时间容易受到工作的挤压。因此,父母应当学会处理好不同角色的冲突,协调好亲子相处和其他活动的时间,保证基本的亲子相处时间。尤其在低年龄阶段,孩子对父母的依赖程度比较高,缺少父母的陪伴容易导致孩子精神孤独、缺乏安全感,保证每天与孩子相处的时间十分必要。

（2）父母应当汲取多方面的育儿经验。对于新手父母而言,育儿经验比较缺乏,这类父母应当通过多种渠道去汲取相关的经验,如保持和祖父母辈的联系、与其他家长进行经验交流、阅读相关的书籍和咨询专业人员等,不断学习与育儿相关的科学知识,确保教育方法的科学性和有效性。

(3) 父母应当做好角色分工。在中国的传统观念当中,"相夫教子"是家庭妇女的职责,但在当代教育理念中,父亲在家庭教育中的作用受到关注和被大力倡导,父亲在家庭教育中具有不可替代的地位和作用,父亲的家庭教育职能的发挥是提高家庭教育效能的必备要素。

(4) 严格挑选保姆。由于核心家庭缺少祖辈的协助,父母工作比较繁忙,许多父母选择雇用保姆来照顾孩子,但当下保姆市场鱼龙混杂,保姆素质参差不齐,保姆虐待儿童事件也时有发生。因此在挑选保姆时,父母应当通过正规渠道,仔细审查保姆的素质和各项信息,加强与保姆的沟通和交流。此外,父母必须明确,亲情教育是不可替代的,保姆是不能完全替代父母角色的。身为孩子最亲近的人,父母应当保证与孩子相处的时间。

(二) 主干家庭的家庭教育

在主干家庭中,主要的家庭成员包括(外)祖父母、父母和子女三代,家庭教育的主要方式有隔代教育和亲子教育,在当下中国,隔代教育成为一个非常普遍的社会现象。

1. 主干家庭教育的优势

主干家庭教育具有以下优势。

(1) 祖辈育儿经验丰富。(外)祖父母一辈相对于父母来说,有着更加丰富的育儿经验,他们能够为父母一辈提供重要的育儿指导。

(2) 祖辈的时间比较充裕。祖辈一般已经退休,能够全身心地照顾儿童,而父母一辈却要在职业领域花费大量的时间和精力。相比之下,祖辈的时间无疑是更加充裕的。

(3) 有利于促进子女的社会化。在主干家庭中,家庭关系比核心家庭更复杂,除了夫妻关系和亲子关系外,还有祖孙关系。在日常生活中能够促进子女的社会化,如掌握尊老爱幼的基本礼仪等。

2. 主干家庭教育的问题

主干家庭教育存在以下问题。

(1) 教育观念冲突时有发生。祖辈由于生活经历和思想观念与父辈不一样,他们的教育理念和要求常常存在差异,常常发生教育观念上的冲突,严重时可能会上升为家庭矛盾,从而削弱家庭教育的效果。

(2) 祖辈容易出现溺爱现象。祖辈与孙辈之间有一种与生俱来的亲情,祖辈往往都以一种宽容和慈祥的态度对待孩子,但是这种宠爱有时会超出合理的范围,变成了对孩子的溺爱,对孩子有求必应,这对于孩子的健康成长是不利的。

(3) 家庭氛围会影响孩子的成长。儿童的成长与环境息息相关,家庭环境是儿童成长环境的重要组成部分，对孩子的成长有着潜移默化的影响。现实中有部分家庭会存在婆媳矛盾等紧张的家庭氛围，这会影响到对孙辈的教育。

阅读案例

在电视剧《虎妈猫爸》中，毕胜男和丈夫罗素是典型的都市年轻夫妇，他们各有各的事业，由于忙于职场，他们的女儿罗茜茜多数时间都是由爷爷奶奶来照顾，二老对小孙女言听计从，百般疼爱，结果到了5岁，罗茜茜依旧不会自己刷牙、穿衣服。

思考：上述案例反映了家庭教育中的什么问题？

3. 对主干家庭教育的建议

基于以上对主干家庭教育的优势和问题的分析，我们提出以下建议。

（1）营造和谐的家庭氛围。已有的研究表明，家庭氛围对儿童的行为具有重要的影响，不良的家庭氛围会导致儿童一系列行为问题，特别是攻击性行为。[1] 因此，祖辈和父辈之间要加强沟通，相互谅解，减少摩擦和矛盾，共同致力于营造和谐的家庭氛围。

（2）明确父母是教养孩子的责任主体。从原则上来说，教养孩子是父母的职责，因此祖辈不能过多地干预亲子教育，父辈也不能够过分依赖祖辈来教育孩子，父母应该加强亲子之间的交流，保证亲子共同活动时间，经常了解孩子的生活状况和内心感受，让孩子感受到父母的关爱。

（3）祖辈是教养孩子的好帮手。相对严厉的父辈，孩子更容易与和蔼慈祥的祖辈达成一致，而且祖辈时间更加充裕，能够更好地陪伴孩子，在父辈忙于工作的时候，祖辈能够很好地照顾孩子。因此，父辈应该多与祖辈沟通，更新祖辈的教育观念，尽量避免教育的不一致性，形成家庭教育合力，发挥祖辈协助抚养孩子的重要作用。

二、不同子女数目家庭教育的指导

按照不同子女数目来划分家庭可分为独生子女家庭和多子女家庭，其中独生子女家庭是指只有一个子女的家庭，多子女家庭是指拥有两个或两个以上的子女的家庭。自20世纪末执行计划生育政策以来，

---

[1] 李丹.儿童亲社会行为的发展[M].上海：上海科学普及出版社，2002.

中国出现了大量的独生子女家庭,国家卫生健康委员会发布的《中国家庭发展报告(2015 年)》显示,2 人家庭和 3 人家庭成为家庭类型的主体。

(一)独生子女家庭的家庭教育

1. 独生子女家庭教育的优势

独生子女家庭教育具有以下优势。

(1)儿童能够独自享有家庭所有教育资源。由于独生子女家庭只有一个子女,家长会把所有的家庭教育资源投入一个子女身上,尽自己所能去培养孩子,这使得独生子女家庭的孩子能够独自享有家庭所有教育资源。

(2)父母对独生子女抱有较高的期望。期望本身也是一种力量,对孩子的成长有一定积极影响。当家长的期望处于合理的范围内,这种期望会成为推动儿童成长的潜在动力,有利于培养孩子的自信心。

(3)避免出现偏爱现象。相对于多子女家庭,独生子女享有了父母全部的爱,父母也无须担心孩子被忽视,孩子也不会有失落感,这有利于孩子形成足够的安全感,同时也有利于建立亲密和谐的亲子关系。

阅读案例

婷婷是个独生子女,在小学阶段各个方面都表现得非常出色,父母为了让她享受最好的教育,到升初中时,家里人把她送到了一所学费非常昂贵的外国语学校,暑假还送她到国外参加夏令营,到她中考时,婷婷凭借优异的成绩成功地进入了当地最好的高中。

思考:上述案例体现了独生子女家庭教育的哪些优势?

2. 独生子女家庭教育的问题

独生子女家庭教育存在以下问题。

(1)家庭中缺少朋辈陪伴。独生子女在家庭中缺少兄弟姐妹的陪伴,相比较之下,多子女家庭的孩子比独生子女更早获得与朋辈群体之间的活动体验,而这种朋辈相处的体验对于促进儿童的社会化具有重要的作用。

(2)家长期望过高,孩子压力过大。适度的期望能够促进孩子的成长,但是过高的期望会增加孩子的压力。在现实中,许多孩子还在年幼时期就被送到各种各样的补习培训班,过早地接受填鸭式的应试教育。此外,当孩子达不到家长期望时,很容易产生失落感,甚至会导致自卑和缺乏信心。

（3）孩子容易"娇生惯养"。由于独生子女集万千宠爱于一身，很容易形成以自我为中心、爱闹情绪等不良性格特征和缺少必要的独立生活能力。这是独生子女家庭的家长应当给予重视的。

3. 对独生子女家庭教育的建议

对独生子女家庭教育提出以下建议。

（1）关爱应当"有限"。在独生子女家庭中，家长包办孩子一切的现象十分常见，但是这种过分的关爱会剥夺孩子体验生活的机会，不利于培养孩子独立生活能力，也不利于培养孩子的责任意识和义务意识。因此，家长对孩子的关爱应当是有一定限度的，让孩子亲身去体验生活，比如让孩子参与到一些简单的家务活动中，培养孩子的生活技能和义务意识，培养孩子良好的行为习惯。

（2）多让孩子参与朋辈互动。朋辈之间的互动是亲子互动所不能代替的，朋辈互动有利于让孩子学习与人相处和交际的技能，形成合作意识，同时有利于孩子避免以自我为中心的不良性格。家长应当为孩子与朋辈直接的交往创造机会，社区邻居、亲戚朋友的同龄子女是很好的选择，此外家长还应该为孩子间的相处提供足够的游戏材料和创设良好的活动环境。

（3）科学育儿，切勿拔苗助长。父母应该学习有关儿童成长的心理学和教育学知识，了解孩子不同的发展阶段，掌握孩子的发展规律。通过与孩子相处和细致地观察孩子来挖掘孩子的兴趣和潜能，而不是盲目地将孩子送进大量的 补习培训班，接受应试式或填鸭式的教育。

（二）多子女家庭的家庭教育

1. 多子女家庭教育的优势

多子女家庭教育具有以下优势。

（1）有利于孩子的社会化发展。兄弟姐妹是孩子的好伙伴，在与兄弟姐妹相处的过程中，孩子能够习得与朋辈相处的技能技巧，学会协商、合作、分享和相互支持，从而促进孩子社交能力的发展。

（2）消除孩子的孤独感。兄弟姐妹的陪伴能够有效地消除孩子的孤独情绪，养成开朗活泼的性格，这种陪伴能够延续到孩子的一生。且在必要的时候，兄弟姐妹之间的支持是非常重要的。

（3）发挥榜样作用。在多子女家庭中，年龄较大的孩子能够作为年龄较小的孩子的榜样，这种兄弟姐妹的亲密关系使得孩子更容易也更愿意向哥哥或者姐姐学习，而且这种榜样是全方位的，涵盖生活的方方面面，如礼仪举止、生活习惯等。

2. 多子女家庭教育的问题

多子女家庭教育存在以下问题。

（1）"偏爱"问题。在多子女家庭中，由于父母的时间和精力有限，父母的关爱可能难以完全平均地分配到各个子女身上，尤其当孩子间的年龄差距比较大的情况下，年龄小的孩子往往需要更多的照顾和关爱，这种现象有时会被孩子误以为是父母对弟弟或妹妹的偏爱，觉得自己受到冷落，从而产生孤独感和失落感等不良情绪。在"二孩"政策出台后，关于对第一个孩子的教育又成了社会热议的焦点。

（2）教育资源投入差异。在多子女家庭中，父母对孩子的教育资源的投入受到很多因素的影响，如物价、性别、升学激烈程度等，这使得父母对孩子的教育投入产生了或大或小的差异。比如在部分农村地区，男孩可能会获得比女孩更多的教育资源。

（3）子女间的矛盾问题。虽然兄弟姐妹之间的关系会比较亲密，这并不代表不会发生矛盾。当子女之间出现矛盾时，家长作为调解人，若处理不当，很容易伤害到孩子的心灵，甚至会恶化子女间的关系。

阅读案例

婷婷本是个独生子女，在"二孩"政策实施后，婷婷的父母又生了一个弟弟。本来，婷婷是这个家庭的中心，爸爸妈妈、爷爷奶奶都对她百般疼爱，自从弟弟出生后，她觉得家人的注意力都集中到了弟弟身上，她开始变得孤僻起来，对家人也冷淡起来了。

思考：如何消除婷婷的心理落差呢？

3. 对多子女家庭教育的建议

对多子女家庭教育提出以下建议。

（1）与孩子充分沟通。特别在"二孩"政策出台后，很多家庭都从独生子女家庭转变为多子女家庭，这对于第一个孩子的精神世界造成的冲击是不可忽视的。在第二个孩子出生以前，长子是家庭的焦点，集所有宠爱于一身，但是二孩出生后，自己的地位受到了动摇。此时，家长应当多跟孩子沟通，多关心孩子的情绪状况，这不仅有利于打消孩子的顾虑，还有利于孩子间和谐关系的形成。

（2）重视孩子的个性化发展。父母应当清楚不同的孩子有着不同的个性特征，在多子女家庭中，应当充分尊重各个孩子的个性发展，给予孩子自由表达、自由发展的机会，而不是强制划一。此外，父母还应当摒弃比较心理，不要对孩子的个性进行过多的比较，让孩子的个性得到充分自由的发展。

（3）公正处理孩子的矛盾。当孩子之间发生矛盾时，家长应当是一个公平公正的调解者，先查明矛盾的来龙去脉，不要主观地判断。同时，在批评孩子时应当注意教育孩子，让孩子清楚地了解自己的错误和问题，并鼓励孩子积极地改正。

视频

单亲家庭教育的指导

扫描二维码观看微课视频

第二节

特殊类型家庭的孩子怎样引导

特殊类型家庭主要是指单亲家庭、重组家庭、流动人口家庭。这些家庭广泛地存在于现实当中，需要给予广泛的关注。

一、单亲家庭的家庭教育

单亲家庭是指由父母一方和未婚子女组成的家庭。单亲家庭通常包括离异家庭和丧偶家庭。因婚姻破裂而形成的单亲家庭被称为离异家庭，而因配偶丧生而形成的单亲家庭则被称为丧偶家庭。

（一）单亲家庭教育的问题

单亲家庭教育存在以下问题。

（1）家庭角色缺失。单亲家庭缺失父母的其中一方，这使得孩子难以获得正常的父母之爱。父母在家庭教育中各自扮演着不同的角色，发挥着不同的作用，二者并不能相互代替，家庭角色的缺失不利于孩子形成健全的人格。

（2）教育资源相对缺乏。单亲家庭的孩子的教育资源相对一般家庭而言是比较少的，父母中抚养孩子的一方承受着巨大的物质压力和精神压力，工作和家庭之间的矛盾会更加大，为了保证孩子的正常发展，抚养孩子的一方往往需要更加努力地工作，因而照顾孩子的时间和精力会被挤压。

（3）对孩子的性格发展有着深远影响。许多研究都表明，单亲家庭对孩子的个性发展有着巨大的影响，如严重的逆反心理、依恋行为、自卑孤僻、心理异常敏感、情绪不稳定和社交能力差等。① 这些影响可能会伴随着孩子的一生。

王某是个 12 岁的初中生,父母在其 4 岁时因感情不和离婚,其后一直随爷爷奶奶生活。父亲离婚不久又结婚了。虽然,他的父亲舍得为他花钱,可以说是他要什么有什么,物质生活上什么也不缺。但这个男孩却一直郁郁寡欢,非常孤僻,性格暴躁,很少与班中其他同学一起活动,学习成绩也一直不理想。为找出问题的原因,王某的老师几次到他家里,经过和他的爷爷奶奶交谈了解到,在他年幼时父母就离异,这给他造成严重的打击。他的父亲是个简单粗暴的人,自他年幼时起,就经常受到父亲不问青红皂白的打骂。他的父亲有了另一个孩子后,就更少过问他的事情。当教师向王某父亲介绍孩子情况,指出孩子的缺点时,孩子就会受到打骂。而他的母亲离婚后就再也没见过面。这就造成了他对父母亲不信任和对父亲的畏惧,也致使王某形成了暴躁、忧郁、孤僻、稍不如意就和别人发生冲突的性格。

思考:如何做好离异家庭的子女教育?

(二)对单亲家庭教育的建议

对单亲家庭教育提出以下建议。

(1)家长应保持乐观积极的心态。家庭的破碎会让人陷入悲伤压抑中,作为家长,为了孩子的健康成长,应当在短暂的消沉之后及时地调整自己的心理和情绪状态,不仅要使自己走出阴影,同时还要帮助孩子摆脱家庭破碎的痛苦。父母还应当多花时间和孩子相处,弥补亲情的不足。

(2)注意孩子的性别角色教育。孩子的性别角色的获得是孩子成长过程中一个重要环节,在单亲家庭当中,由于缺少了父亲或母亲,孩子的性格发展可能会受到影响,因此,单亲家庭的家长应当有意识地让孩子与不同性别的成人接触,使其性别角色得到充分发展。

(3)保持必要的联系。为了孩子的健康成长,保持孩子与另一方及其亲戚朋友的来往是十分必要的,切勿割裂父母双方的联系,尽量维持

---

① 熊丽娟.单亲家庭子女常见心理问题及教育对策[J].中华文化论坛,2008(S1):124-125.

孩子完整的家庭关系。抚养的一方应当客观地评价另一方,不应让孩子对另一方抱有仇恨心理,尽量将离异对孩子的伤害降到最低。

二、重组家庭的家庭教育

重组家庭是指丧偶或离异后又重新组建而成的新家庭。近年来,我国离婚率有上升的趋势,这意味着重组家庭可能会增多,重组家庭子女的教育应当受到重视。

（一）重组家庭教育的问题

重组家庭教育存在以下问题。

（1）子女与继父（母）难以亲近。在重组家庭中,继父（母）难以像孩子亲生父母般疼爱和照顾孩子,孩子由于缺少关爱,性格往往得不到健康的发展,同时这种关爱的缺乏会造成孩子对继父（母）的疏离和排斥。

（2）人际关系比较复杂。家庭的重组不仅是父母与孩子之间的关系的重构,重组的背后所涉及的往往是两个甚至是多个家庭之间关系的重构。孩子需要接纳的不只是继父（母）,同时还要接纳继父（母）的家庭,与亲生父亲或母亲的家庭保持联系,这种家庭关系是比较复杂的。

（3）家庭教育方式存在差异。家庭的重组意味着家庭会增添新的成员,继父（母）和亲生父（母）亲的家庭教育观念和方式可能会存在差异,而儿童早已习惯亲生父母家庭的教育方式,这种教育方式的转变可能对儿童的成长造成一定不利影响。

视 频

重组家庭教育的指导

扫描二维码观看微课视频

阅读案例

明明是一个好动、调皮的男孩,行为习惯较差,自由散漫,以自我为中心,经常出现攻击性行为,爱嘲笑讥讽其他同学,同学之间相处得较差,缺乏家庭管教,休息日经常出入游戏厅、网吧等场所。教师经过一段时间的接触观察,对他的家庭有了一些了解。此家庭为重组家庭,生父因犯罪入狱,母亲带着他改嫁到上海。母亲与其继父又育有一女。因为母亲对前夫即明明的生父充满怨恨,明明从小也或多或少受到品行不良的父亲的影响,母亲对他也比较冷淡,所以明明从小未感受到真正母爱的教育及关怀,缺乏正确人生观等的指导。明明和继父没有血缘关系,对他存在戒心和不够信任,把继父的话当耳旁风。而继父为了树立一个好继父的形象,总是在物质上毫不吝啬地满足他的要求,对明明的教育则放任自流。

（二）对重组家庭教育的建议

对重组家庭教育提出以下建议。

（1）给予孩子足够的关爱。让孩子接纳重组家庭是一项极具挑战性的工作，父母必须承担起这份责任，尤其是继父（母），不应该只为孩子提供物质上的支持，而是要真心实意地关心孩子的成长，了解孩子的兴趣爱好，让孩子感受到自己对他的爱，这样孩子才会逐渐接受自己。

（2）对孩子一视同仁。在重组家庭中，父母应当对每个孩子都一视同仁，平等对待每个孩子，做到不偏爱、不偏袒，营造平等和睦的家庭氛围。假若孩子受到了不公平对待，就会产生不良的情绪，不利于孩子的心理健康。

（3）寻求合适的沟通方式。父母和孩子的沟通要通过孩子愿意接受的方式，继父（母）要慢慢深入了解孩子的内心，通过孩子喜闻乐见的方式与孩子沟通，这样才能够消除孩子的顾虑、恐惧和烦恼，从而建立和谐的关系。否则，孩子只会排斥和抗拒沟通交流。

三、流动人口家庭的家庭教育

随着工业化和城市化的发展，大量的农村劳动力涌向城市，形成了庞大的流动人口群体。流动人口家庭有两类，即留守儿童家庭和随迁子女家庭。

（一）留守儿童家庭的家庭教育

留守儿童家庭是指父母一方或者双方常年外出工作，孩子留在家乡生活的家庭。留守儿童通常由祖辈隔代抚养，或者由父母同辈监护，其中隔代抚养的留守儿童占多数。

1. 留守儿童家庭教育的问题

留守儿童家庭教育存在以下问题。

（1）亲子缺乏沟通和共处。留守儿童的父母常年外出工作，虽然依靠现代通信技术，能够实时交流，但是这种相处的时间是比较短的，亲子之间的沟通和共处的时间是比较缺乏的，这限制了父母教育作用的发挥。

（2）祖辈教养孩子的观念和方法的滞后。祖辈由于以往生活条件和经历的影响，其教育的观念和方法可能具有一定的滞后性，即落后于现代的教育观念和方法，这使得祖辈难以完全胜任对孩子的管教。当祖辈的教育观念和方法与学校教育相矛盾时，学校教育的作用会被大大削弱。

视频

流动人口家庭教育的指导

扫描二维码观看微课视频

（3）重物质供给而轻精神补偿。父母由于常年在外而很容易产生对孩子的亏欠感，为了补偿孩子，父母很容易用物质上的给予来代替情感上的补偿，企图用物质来表达自己对孩子的爱，而孩子精神上的需求常常难以得到满足。

阅读案例

李华是一名小学生，他的父母在他 7 岁时外出务工，一去 3 年，只有在春节才能回来团聚，平常由爷爷奶奶照看。两位老人对这个小孙子百般疼爱，从而使孩子养成了任性、倔强的性格。由于缺少父母的亲情关爱，李华自小就十分冷漠，在学校的表现也不理想。

思考：由祖辈长期照看小孩存在什么问题？

2. 对留守儿童家庭教育的建议

对留守儿童家庭教育提出以下建议。

（1）加强父母与子女之间的心理沟通。教养子女是父母不可推卸的责任，在外务工的父母不能简单地用物质的供给来补偿或满足孩子的情感需求。在儿童年幼的时候，父母应当尽量避免与儿童长期分离，否则孩子很容易缺乏安全感，在不得已的情况下，父母可以改变外出务工的方式，如夫妇一方外出务工，另一方留下陪伴孩子，或者在节假日安排孩子和父母一起生活，尽可能地加强亲子互动，降低对孩子成长的不良影响。

（2）加强父母与学校之间的联系。只有学校教育和家庭教育形成合力时，双方的力量才能得到有效的发挥。留守儿童的家长应当积极与孩子的教师联系，通过教师了解孩子的日常行为和发展状况，共同促进孩子的健康成长。

（3）加强父母与监护人之间的交流。在父母双方均外出务工的情况下，监护人的选择和沟通工作极为重要，这关乎孩子是否得到合理照料。通常情况下，留守儿童的监护人多为自己的祖辈，外出的父母应当与祖辈多联系、多交流，既要体谅祖辈照顾孩子的艰辛，了解孩子的日常生活状况，又要注意多为祖辈普及现代教育理念和方法，尽量使孩子的教养科学化。

（二）随迁子女家庭的家庭教育

随迁子女家庭是指子女跟随外出务工的父母到工作所在地进行生活的家庭。大量外出务工的夫妇由于家中无人监护孩子或想让孩子接受更好的教育,只能带着孩子到工作所在地进行生活学习。

1. 随迁子女家庭教育的问题

随迁子女家庭教育存在以下问题。

(1)生活环境的变换相对频繁。随迁子女的生活环境随着父母工作的变更而发生变化,每转变一次环境,孩子就要重新适应一遍,特别在环境差距比较大的情况下,孩子可能会适应不了新的环境和生活方式,甚至会在新环境下受到歧视。

(2)孩子教育成本比较高。由于户籍制度等制度体系不够完善,随迁子女的入学问题一直是社会热点问题,随迁子女进入公立学校的难度还是比较高,许多随迁子女只能就读于城乡接合部学校或农民工子弟学校,若要进入好学校,家长要承担巨大的教育成本,这对于经济情况一般的流动人口家庭而言,压力是相当大的。

(3)孩子的照料问题。随迁子女家庭中,父母一般都要忙于工作,子女的照料很容易受到忽视,此外,随迁子女往往还要承担一定量的家务,孩子很难获得全面的照料。

阅读案例

小明的家庭是六口之家,爷爷奶奶和父母都是农民,由于家庭贫困,在迫于无奈的情况下,父母带着妹妹来到北京打工赚钱。虽然来到北京的父母每月收入不稳定,过了一段时间后,父母还是拿出全部的积蓄把小明从老家接到北京读书,希望两个孩子都能受到好一点的教育。刚开始小明学习是很认真的,班级工作也很积极,但随着时间的推移,小明的行为开始发生变化,上课时总提不起精神,开始和班级的不安分子结交,上课时常与同学小声讲话,作业经常不做,劳动时逃跑,教师批评毫不奏效。凡是教过小明的教师都会无可奈何地摇摇头:"这个学生软硬不吃,拿他没法子。"从他妈妈处了解到:小明现在每天都很晚回家,一回家就是伸手要钱,不给他就绷着脸,说他多了,竟然骂人。

思考:为什么小明的行为会出现如此大的转变?

2. 对随迁子女家庭教育的建议

对随迁子女家庭教育提出以下建议。

(1)注重孩子独立生活的能力的培养。由于父母常常忙于工作,不可能时时刻刻照看着孩子,因此,父母有必要从小就培养孩子独立生活的能力,培养必要的生存和生活技能,做好安全教育,逐渐加强孩子的自立能力。

（2）多与孩子到周围环境中活动。当孩子年龄较小时，适应能力还没发展充分，当他们面临一个全新的环境时，往往会产生焦虑、恐惧和不安的情绪。父母除了要增强亲子互动外，还应该多带孩子到周围的环境中一起活动，帮助孩子熟悉环境，有父母的陪伴，孩子会更加有安全感，只有当孩子熟悉周围的环境后才能更好地融入其中。

（3）与学校合作，给予孩子科学的指导。家庭教育和学校教育应当是相互补充的，家长应当主动寻求与学校的合作，加强与孩子教师的联系和沟通，了解孩子的校园生活，尤其是环境适应问题。针对孩子的生活、学习等方方面面，共同合作，发挥家校联合的强大力量。

第三节 不同发展阶段孩子的教育重点

一、儿童的发展阶段理论

儿童的发展也可以分为不同的阶段，每个阶段都有不同的发展特征，在不同年龄阶段，有明显不同的发展标志，我们可以分析这些标志，了解孩子身心发展的状况。由于遗传、环境等因素的影响，儿童发展又有明显的个体差异，例如，有的孩子说话早，有的孩子走路晚，家长也不要盲目着急。当孩子的发育出现明显滞后时，家长就要注意观察，必要时咨询医生或幼儿教育工作者。家庭教育必须适应儿童的发展阶段特征，这是家庭教育的一条基本规律。

在儿童发展阶段理论方面，教育学、心理学领域的学者经过深入研究，纷纷提出不同的观点主张，接下来，我们将为大家介绍四个经典的有关人的发展阶段的理论，这四个经典理论分别是皮亚杰的认知发展四阶段理论、埃里克森的心理社会发展阶段理论、柯尔伯格的道德认知理论和罗伯特·塞尔曼儿童同伴友谊发展阶段理论。

（一）皮亚杰的认知发展四阶段理论

皮亚杰认为儿童的发展可以分为四个阶段，每个阶段都有着不一样的认知特征，具体内容如表 6-1 所示。

表 6-1　儿童发展的四个阶段

阶　段	特　征
感觉运动阶段 （0～2 岁）	儿童主要通过动作和感官来与环境进行互动,孩子的行为主要受本能驱动,是反射性的,他们以自我为中心,本能地将东西抓到自己的身边
前运算阶段 （2～7 岁）	儿童的思考能力有所发展,逐渐能通过概念和表征来完成心理活动。儿童的语言、情感和理智方面都有了深入发展,能够口头表达他所知道的事物。这个阶段的早期,儿童的行为大体上依旧是自我中心化和非社会性的,但是到后期,儿童的言谈开始具有交流性和社会性。但是,这个阶段的儿童依旧不具备逆运算的能力,思维受当前情境和感知支配
具体运算阶段 （7～11 岁）	儿童形成了能够应用于具体问题的逻辑思维方式,但是这种逻辑局限于具体的、存在于眼前的问题,懂得数量、重量、体积等守恒概念。在具体运算阶段,儿童的合作性和非自我中心化发展起来,能够接受他人的观点,儿童的社会性逐步形成并发展
形式运算阶段 （11～15 岁）	儿童的智力活动以假设性命题进行运算的能力为基础,儿童具备科学的推理能力和解决复杂问题的逻辑能力,此时,儿童的认知结构已经接近成人,能够运用复杂和抽象的理论观点来解释事物

（二）埃里克森的心理社会发展阶段理论

埃里克森认为,人的心理社会发展会经历八个阶段,其中包括四个童年阶段、一个青春期阶段和三个成年阶段,如表 6-2 所示。

表 6-2　人的心理社会发展的八个阶段

阶　段	核　心　任　务
婴儿期（0～1.5 岁）	基本信任与不信任的冲突
儿童期（1.5～3 岁）	自主与害羞（怀疑）的冲突
学龄初期（3～6 岁）	自主与内疚的冲突
学龄期（6～12 岁）	勤奋与自卑的冲突
青春期（12～18 岁）	自我同一性与角色混乱的冲突
成年早期（18～40 岁）	亲密与孤独的冲突
成年期（40～65 岁）	生育与自我专注的冲突
成熟期（65 岁以上）	自我调整与绝望的冲突

每个阶段都有特定的任务并且这些任务都是前后衔接和紧密相连的,每个阶段都是建立在前一阶段的基础之上。当儿童解决每个阶段的核心任务时,就会获得完整的同一性,否则就会导致同一性残缺。以下将为大家重点介绍心理社会发展阶段中的四个童年阶段和青春期

阶段。

婴儿时期是基本信任与不信任的冲突期。此时孩子开始认识人了，当孩子饥饿或者啼哭时，父母是否出现是建立信任感的重要问题，建立起信任感的孩子更富于希望和理想。埃里克森把希望定义为："对自己愿望的可实现性的持久信念，反抗黑暗势力、标志生命诞生的怒吼。"

儿童时期的核心任务是解决自主与害羞（或怀疑）的冲突。孩子掌握了大量的动作技能，如爬、走等，学会了坚持和放弃，这时，第一个反抗期出现，一方面父母要培养孩子良好的习惯，如训练儿童大小便、按时进食等；但另一方面，儿童开始有自主意识，坚持自己的意愿，所以训练孩子良好的习惯并不容易，如果对孩子的反抗置之不理将不利于孩子的社会化，孩子会反复地反抗外界的控制；反之，如果父母对孩子保护或者惩罚不当，儿童就会产生怀疑并感到害羞。父母要把握好"度"，才利于儿童人格内部形成意志品质。埃里克森把意志定义为："不顾不可避免的害羞和怀疑心理而坚定地自由选择或自我抑制的决心。"

学龄初期的核心任务是解决主动与内疚的冲突。在这一时期，如果孩子的主动探究性行为得到认可和鼓励，那么孩子就会形成主动性，为将来成为一个富有责任感和创造力的人奠定基础。如果儿童的自主行为受到讥笑，那么他们就会逐渐失去信心，缺乏主动性。当儿童的主动感超过内疚感时，他们就有了"目的"的品质。埃里克森把目的定义为："一种正视和追求有价值目标的勇气，这种勇气不为幼儿想象的失利、罪疚感和惩罚的恐惧所限制。"

学龄期的核心任务是解决勤奋与自卑的冲突。这一阶段，儿童都应该在学校接受小学教育，如果儿童能够顺利地完成课程学习，他们就会获得勤奋感，在今后的生活中更加独立和充满信心，否则会产生自卑。当儿童的勤奋感大于自卑感时，他们就会获得有"能力"的品质。埃里克森说："能力是不受儿童自卑感削弱的，完成任务所需要的是自由操作的熟练技能和智慧。"

青春期的青少年一方面比较冲动；另一方面更重要的是青少年面临新的社会要求和社会冲突而感到困扰和混乱。所以，青少年期的主要任务是建立一个新的同一感或自己在别人眼中的形象，以及他在社会集体中所占的情感位置。这一阶段的危机是角色混乱。埃里克森认为："这种同一性的感觉也是一种不断增强的自信心，一种在过去的经历中形成的内在持续性和同一感（一个人心理上的自我）。如果这种自我感觉与一个人在他人心目中的感觉相称，很明显这将为一个人的生涯增添绚丽的色彩。"随着自我同一性形成了"忠诚"的品质，埃里克森把忠诚定义为："不顾价值系统的必然矛盾，而坚持自己确认的同一性的能力。"

（三）柯尔伯格的道德认知理论

柯尔伯格根据皮亚杰提出的关于儿童道德判断基本轮廓,经过近20年的实验研究,发现儿童的道德发展普遍要经过三个水平,六个阶段,如表 6-3 所示。

表 6-3　儿童的道德发展阶段

发展水平	发 展 阶 段	"好"行为的标准
前习俗水平	阶段一:以惩罚和服从为定向	避免惩罚,无条件地服从权威
	阶段二:以工具性的相对主义为定向	满足自己的需要,有时可以满足别人的需要
习俗水平	阶段三:以"好孩子"为定向	能够得到别人的赞许
	阶段四:以维护权威和秩序为定向	尊重权威,维护社会秩序
后习俗水平	阶段五:以社会契约和个人权利为定向	既尊重法律,也认为法律是可以改变的
	阶段六:以普遍的伦理原则为定向	根据良心做出的行为

养育男孩的终极目标:不是培养名校生,而是培养成年人。

柯尔伯格认为发展的阶段是有一定顺序的,每个人到达某一阶段的时间或早或晚,但是顺序是固定不变的,在不同的社会文化环境中,个体道德发展的速度也有所不同。

（四）罗伯特·塞尔曼儿童同伴友谊发展阶段理论

在儿童成长的过程中,同辈群体对儿童的行为塑造和性格养成有着重要的影响。只有了解孩子各阶段友谊的变化,才能更好地培养孩子的社交能力,引导孩子进行正常的同伴交往,发挥同伴效应的积极作用,助力孩子建立稳固的、健康的同伴友情。

哈佛大学的心理学教授罗伯特·塞尔曼(Robert Selman)对 250 多名被试者进行深入研究,提出了 5 个相互重叠的儿童同伴友谊发展阶段,具体内容如表 6-4 所示。

表 6-4　儿童同伴友谊发展阶段

发 展 阶 段	特　征
友谊无差别阶段（2～7 岁）	儿童以自我为中心,往往只考虑自己能从一种关系中获得什么,孩子的友谊往往是短暂的游戏伙伴关系
友谊的单向帮助阶段（4～9 岁）	儿童要求儿童满足自己的愿望和要求,认为顺从自己的同伴就是朋友
友谊的互惠阶段（6～12 岁）	朋友之间有一定的互动和妥协,这种互动和妥协带有功利性,服务于个人利益而不是朋友间的共同利益

续表

发 展 阶 段	特　　征
友谊的相互阶段 （9～15岁）	儿童认为友谊是一种持续的、亲密的、忠诚的关系,他们相互倾诉秘密、相互帮助,但是朋友之间可能产生占有欲和排他性
自主的共存阶段 （12岁以后）	这个阶段是友谊发展的最高阶段,朋友之间相互依赖,相互信任与支持,孩子开始懂得尊重朋友的自主性,给予对方自由

二、幼儿家庭教育指导

根据心理学和教育学的一般划分方法,婴幼儿是指1～3周岁的儿童,其中,自孩子出生至1周岁称为婴儿期,1～3周岁则称为幼儿期。在这两个阶段,孩子各项能力慢慢开始发展,适应能力比较弱,家长应该特别关注孩子的保育工作。

（一）婴幼儿的发展特征

婴儿时期是指孩子从出生到1周岁的阶段。婴儿在新生儿时期（出生后一个月内）一般比较软弱,能够进行的活动也很少,睡眠会占据大部分的时间。进入乳儿期后（满月至1周岁）,孩子逐渐活跃起来,活动从仰躺逐步过渡到翻身、坐、爬、行走等,饮食上从喝奶水,逐步过渡到吃流食和吃与成人相似的食物。

根据皮亚杰的认知发展四阶段理论,在1岁以前,孩子的抓取和嘴的吮吸是他们探索世界的主要手段,大概在9～12个月,孩子便获得客体永久性,即当物体从视野中消失时,孩子知道该物体依旧存在,并有可能尝试寻找该物体,在获得这种客体永久性之前,物体一旦从视野中消失,孩子就认为这件物体已不存在。

进入幼儿期（1～3岁）,孩子对周围的世界更加敏感,逐渐能够分清楚父母的声音,各种身体机能发展得更加完善,饮食上几乎和成人一样,活动能力和语言表达能力有所增强,能完成许多动作,热爱游戏,可以进行一些简单的语言表达和演唱简单的歌曲,并会表达自己的情绪,如开心、厌恶等。在2岁后,孩子的自我意识和协作精神开始逐步形成。

（二）婴幼儿的家庭教育建议

对婴幼儿的家庭教育提出以下建议。

1. 做好为人父母的思想准备

照顾孩子需要大量的时间、精力,各位准父母应当做好思想准备工

欣赏

你瞧！镜子里的人是我吗？

作,对待孩子要有足够的耐心,孩子的一举一动都要仔细留意,孩子啼哭时需及时安抚,不能在孩子面前表现过激情绪,并且学习相关的教育学和心理学知识,呵护儿童,科学育儿。

2. 营造良好的婴幼儿成长环境

在婴幼儿时期,孩子的各项机能尚未完全成熟,环境的适应能力和改造能力还有待加强,父母为孩子营造良好舒适的成长环境极为重要。平静安全的环境能让婴儿更加舒适和有安全感。根据埃里克森的观点,0～3岁的婴幼儿正处于克服怀疑感和羞耻感的阶段,创造一个安全的环境让儿童自主探索有利于培养儿童的毅力和自信,同时也有利于儿童建立与父母之间的信任关系。

3. 把握关键时期,训练孩子的行为

婴幼儿时期是孩子语言能力发展的关键时期,父母在这段时期要多跟孩子说话。有韵律的语言会更受孩子欢迎,因此,唱儿歌也是发展孩子语言能力的有效方法。不同的孩子发展的速度也不尽相同,家长在训练孩子语言能力时要有足够的耐心。2岁后,随着孩子的自我意识和情绪感知能力的发展,家长应当帮助孩子学习表达及控制。如孩子发脾气时不能一味地满足孩子的需求,而是要给孩子正常的安抚和安慰,使其平静。除了语言和情绪控制外,父母需要对婴儿进行必要的行为训练。在婴儿时期,父母要让婴儿的身体感到舒服,比如及时更换尿布和帮婴儿洗澡、更换衣服;到孩子2岁时,家长应该有意识地培养孩子的排便能力,让孩子慢慢学会到固定的地方排便。

阅读案例

1935年,奥地利著名的生态学家、诺贝尔奖获得者洛伦兹发现一个有趣的现象,像小鸭、小鹅这类动物,总是喜欢在破壳后的前两天追逐它第一次见到的活动的物体。比如,第一次见到的是母鹅,就追母鹅;第一次见到的是人,就追人,以为人就是自己的妈妈。并且这个习惯会长期保持。如果在这一两天内,将它与母鹅或人分开,那么过后母鹅或人与小鹅再怎么接触,它也不会追逐母鹅或人了。这是由大脑的结构决定的,洛伦兹把这种现象叫"印刻现象",把小鹅成长的这个时期,叫关键期。

脑科学家研究发现,自然界的所有动物,包括人,在大脑发育的过程中,都有一个发育计划时间表:在哪一个阶段哪些技能先发育,哪些技能后发育。如果家长抓住了这个大脑发育计划时间表,在孩子大脑技能正在发育的高峰期,对孩子适时实施教育,效果就要好得多。反之，错过了大脑发育的"关键期"，再对孩子实施教育，效果就要差许多。

与此相反还有一个例子：第二次世界大战时，一个叫横井庄一的日本士兵，在东南亚大森林里迷了路。他只好独自一人，像野人一样生活了 28 年，失去了说话的能力。可是获救后，他只用了82 天，就完全恢复了原来的能力，原因就在于，在他的成年之前，他没有错过受教育的那些"关键期"。

——节选自孩子成长有哪些关键时期？你知道吗. 宝宝成长的那些事微信公众号 https://mp. weixin. qq. com/s/ oiuDetYdqqY5x4UcWHFA0Q,2018-12-12.

4. 培养孩子的纪律意识和协作精神

当孩子出生 6 个月以后，家长就要树立起自己的权威形象，让孩子学习一些规矩，当孩子做出不合规矩的行为时，家长要对孩子进行教育，慢慢地孩子就会掌握一些行为规矩。在孩子 2 岁以后，孩子的协作精神开始慢慢地发展起来，这时，父母应该让孩子多跟同辈接触，让孩子在游戏中慢慢地学会协作。

5. 密切关注儿童的健康

由于婴幼儿时期孩子的表达能力尚未健全，家长要密切留意孩子的各项行为，当发现孩子行为异常时就要注意是不是孩子身体状况出现了问题，并及时带孩子就医。此外，家长应该按时带孩子接种疫苗，呵护孩子的健康。

阅读案例

婷婷已经快半岁了，爸爸妈妈经常带她出去玩。入秋天气渐凉，有时候下点毛毛雨，可是孩子的户外活动时间没有减少，有些老人家经常提醒这对夫妻要注意孩子身体，别着凉了，可是他们总是微笑表示感谢。

思考：婷婷父母的行为存在哪些问题？

三、儿童家庭教育的指导

儿童期（又称为学龄前期）的年龄范围是 3～6 岁。在这个时期，孩子开始接受学前教育，他们的生理和心理都会快速地发展，尤其是在社会性方面,家长应该有意识地培养孩子的社会性。

(一)儿童发展的特征

1. 儿童的生理发展

在儿童期,孩子身体发育的速度减缓,身体的组织结构和器官的功能都有所增强,精力比婴幼儿时期更加充沛,能自主进行多种多样的活动,能够持续玩耍数小时。随着肌肉和骨骼的发展,孩子的运动技能也逐渐增强,如平衡、跑、跳、投掷、攀爬等。在 6 岁左右,很多儿童生长出第 1 颗恒磨牙,即第 1 颗大臼齿(俗称大牙)。每个人上、下、左、右各 1 颗共 4 颗,主要负责咀嚼食物,有临床资料表明,这些牙齿被龋蚀的可能性比较大,应当注意预防龋齿。

2. 儿童的心理发展

皮亚杰认为,儿童期的思维处于前运算阶段。儿童的思维主要以具体形象思维为主,儿童思维反映的是事物表面的非本质的联系,具有丰富的想象力,对社会活动产生一定的好奇心和参与意愿,但会存在"自我中心主义",即孩子会完全根据自己的方式来知觉和阐释事物,这使得孩子难以理解他人的不同观点。

在这一阶段孩子的心理活动容易受情绪和外界事物支配,例如,他们很容易被颜色鲜艳的事物所吸引,对成人具有较强的依赖心理,他们渴望被认可。根据埃里克森的人格发展理论,如果孩子在儿童期表现出来的探索行为受到鼓励,他们就会形成主动性,未来就有可能成为具有责任感和有创造力的人。

阅读案例

朵朵是一名幼儿园小班的孩子,可是教师发现她依赖性太强了,什么事情都要请教师帮忙。当教师指导孩子们脱鞋、盖被子午睡时,她总是可怜兮兮地说"我不会"。教师把这些情况反馈给朵朵的妈妈,妈妈无奈地说:"孩子这样已经有一阵子了,以前总是嫌她动作慢,什么都给她做好了,现在什么事都要别人帮忙。"

在教师的耐心指导下,朵朵开始学习自己穿衣服,教师大大地表扬了她,朵朵感到非常高兴。

思考:朵朵的妈妈的教育方法存在哪些不合理的地方?

3. 儿童的社会性发展

自 3 岁起,孩子就开始有了对社会规则、行为规范的认知,喜欢结交伙伴，期待能有一个跟自己分享"秘密"的朋友，并喜欢模仿成人的活动，能够进行比较简单的道德判断，但是他们的道德观念还是比较简单，柯尔伯格认为孩子是为了规避惩罚才遵守规则，而不是真正地理解那些规则和标准。

到了3岁，儿童开始喜欢结交伙伴，期待能有一个跟自己分享"秘密"的朋友。皮亚杰曾说过："儿童时代有两个世界，一是父母和儿童相互作用的世界；一是同伴的世界。"这个阶段，儿童开始萌生"同伴交往"的意识。根据哈佛大学心理学教授罗伯特·塞尔曼的观点，3岁左右的儿童的友谊处于友谊无差别阶段，此时，儿童往往以自我为中心，很难考虑他人的想法和观点；此外，儿童还会根据时空的临近性来判定朋友，比如他们会认为住在同一层楼的儿童是朋友，儿童间建立的往往是短暂的游戏伙伴关系。

到了5岁，孩子的自律意识和规则意识有所提高，在劳动中表现出一定的积极性和责任心，自我评价能力得到初步发展，当别人的评价与自我评价有矛盾时，孩子会表示反对并且进行争论和反驳。

（二）儿童的家庭教育建议

对儿童的家庭教育提出以下建议。

1. 督促孩子养成良好习惯

良好习惯是多方面的，包括运动习惯、饮食习惯、生活作息习惯、卫生行为习惯等。在儿童期，孩子喜欢模仿成人的活动。因此，家长要以身作则，在饮食方面，督促孩子饭前要洗手，均衡营养的摄入，避免孩子养成偏食的不良习惯，保证孩子有充足的睡眠。另外，还要进行足够的身体锻炼。如果家长和孩子都做到了，不仅有利于培养孩子良好的习惯，还能使亲子关系更加融洽。

2. 多给予孩子肯定和鼓励

儿童期的孩子虽有一定的情绪控制能力，但其自制力还是比较弱的，容易冲动，父母要了解孩子的需求，帮助孩子解决问题，当孩子犯错时，不要武断地打骂孩子，而是向孩子说明情况，鼓励孩子面对错误和纠正行为；当孩子受到挫折时，父母要适当给予孩子一些建议，并鼓励孩子探索解决问题的方法；当发现孩子有所进步时，父母要给予孩子鼓励和赞美，但切忌为了讨好孩子而盲目地称赞孩子。

3. 培养孩子的纪律意识和责任意识

儿童期孩子的纪律意识已经有了初步的发展，在生活中，父母要和孩子约法三章，告诉孩子什么是应该做的，什么是不应该做的；孩子犯错要进行教育，说明原因，必要时辅之以适当的惩罚，比如做家务，逐步培养孩子明辨是非善恶的能力以及塑造正确的道德观念。此外，为了

视频

不同阶段家庭教育的指导

扫描二维码观看微课视频

培养孩子的责任意识,家长应该让孩子承担适量的、简单的家务,让孩子形成良好的劳动观念和劳动能力。

4. 做好幼小衔接工作

首先,从幼儿园到小学,各方面的差异比较明显,如课时延长、教学组织形式由以活动为主转为以班级授课为主等,家长应该在儿童期培养孩子的专注能力和倾听能力,给孩子讲故事是一个培养孩子专注能力和倾听能力的有效途径。其次,家长应该多和幼儿园教师交流,多了解孩子在幼儿园的活动状况,尤其是入园初期,同时要积极配合幼儿园的工作,接纳幼儿园关于孩子教育方面的指导,形成教育合力,为孩子升学做好准备。

5. 培养孩子的同伴交往技能

有研究表明,教养方式、亲子依恋等因素会造成儿童同伴交往行为差异,因此我们必须重视家庭教育对儿童同伴交往技能的培养。首先,父母要积极营造和谐的家庭氛围,在和睦家庭氛围中成长起来的儿童往往更自信,在社交中会更加积极;其次,家长要以身作则,发挥榜样效应,如在人际交往中做到积极社交、礼貌社交和文明社交等;再次,家长要为孩子提供社交空间和活动材料,儿童期的孩子喜欢结交伙伴,热爱与伙伴进行游戏,家长要为孩子的交往提供机会,多带孩子与其他儿童一起玩耍,比如一起登山、开始球类运动等,同时还要提供一些活动的材料,比如颜色鲜艳的玩具等,以此来增强孩子的人际交往能力,让孩子在和伙伴游戏中学会分享、学会协作。

6. 对幼儿开展性别教育

在儿童期,孩子开始对性器官和性别角色产生好奇,常常会问父母关于性别和生殖的问题,这时父母应当尽量根据孩子的理解能力,给予科学合理的回答,而不是慌忙地逃避,越逃避只会越引起孩子的好奇心。科学地对孩子进行性别教育有利于孩子形成良好的性别观念。

四、青少年家庭教育的指导

青少年阶段包括两个发展时期,即少年期和青春期。在这两个时期,孩子的各个方面都有着非常迅速的发展,这个时期的教育非常关键,甚至会影响一个人的一生,因此,正确认识青少年时期孩子的身心发展规律,科学地开展家庭教育十分有必要。

（一）少年期孩子的家庭教育

少年期(又称为学龄期)的年龄范围是 7～12 岁,这个时期孩子主要处于小学阶段。

1. 少年期孩子的发展特征

（1）生理的发展。在这个时期，孩子身体各项结构和功能继续发展，身高和体重平稳发展，运动能力迅速增强，可以进行一些竞技运动。身体的发展使得儿童所需的能量和营养需求增加。在牙齿的发育上，乳牙开始脱落，恒牙逐渐长出来，更有利于食物的咀嚼。

在当下学习压力较高，电子科技产品无孔不入的情况下，儿童视力下降呈现出越来越严重的趋向。

（2）心理的发展。根据皮亚杰的观点，7～12岁儿童处于具体运算阶段，他们掌握了空间关系、分类等逻辑运算能力，能够在具体的和观察过的事物中进行逻辑推理，但不能将逻辑推理扩张到抽象概念中。

埃里克森认为学龄儿童最重要的是要体验经过注意和勤奋完成工作的乐趣，当儿童体验到这种乐趣时，儿童就会产生勤奋感，在未来步入社会时更有信心，否则就会缺少信心，产生自卑感。

由于孩子已经进入小学阶段，他们往往会背负着不同程度的学习压力，学习减负成为近年来一个被热议的话题。

（3）社会性的发展。在社交方面，根据塞尔曼的儿童同伴友谊发展阶段理论，4～9岁的儿童处于单向帮助阶段。这个阶段，儿童认为朋友就是"我要求他做什么，他就做什么"的人。比如，儿童会认为同意给他借玩具的人就是他的朋友。除了同伴交往外，孩子与教师、同学之间形成了多种多样的人际关系，促使儿童的人际交往技能得到提高。

到了7岁，孩子能够在一定程度上分辨是非对错，并开始有自己的判断标准。儿童随着集体生活经历越来越丰富，其自身所具备的道德观念就会与社会道德要求发生矛盾，在教师和父母的引导下，儿童的道德观念会逐渐向社会道德要求靠拢，实现观念的社会化。

此外，在学龄期，孩子的人际关系活动会增多，孩子与教师、同学之间形成了多种多样的人际关系，促使儿童的人际交往技能得到提高。

2. 对少年期孩子家庭教育的建议

对少年期孩子家庭教育提出以下建议。

（1）发展孩子的兴趣和特长。埃里克森认为，小学阶段的孩子在学习新知识和新技巧、参加竞技过程中获得赞誉有利于他们树立自信心，否则就会产生自卑感。因此父母要注意挖掘孩子的闪光点，帮助孩子寻找自己的兴趣爱好，并注意发展孩子的特长，如体育、绘画等，鼓励孩子从事所喜爱的事，培养孩子的自信心。

（2）父母要指导孩子的学习。首先，儿童从幼儿园过渡到小学学习的过程中可能会出现一些不适应的状况，如读写困难和数学学习困难，这就需要家长和教师的帮助与引导。父母应当为孩子创造良好的家庭学习环境和氛围，除了给孩子准备一个安静的学习场所和必备的文具材料外，父母应当以身作则，如和孩子一起阅读等。其次，父母应该培养孩子良好的学习习惯,安排好学习时间,按时完成作业,爱惜文具等。辅导孩子作业时,家长要有足够的耐心,必要时可以寻求教师和专业人士帮助,切勿责怪孩子。

(3)帮助孩子融入学校生活。除了指导孩子学习外,父母要关注孩子对校园生活的适应情况,如人际关系是否融洽,情绪是否稳定等,有些孩子因为不适应校园生活而出现一些倒退现象,如吮吸手指头、抗拒上学、情绪波动较大等,如果这类现象频繁出现,那就表明孩子在适应校园生活方面出现了困难。家长应当和教师一起合作,多给予孩子关爱和注意,给予孩子更多安全感,帮助孩子融入校园生活。

(4)注意孩子的营养保健和卫生习惯。少年期的孩子正处于"长身体"的阶段,需要充分的能量和营养。父母要关注孩子的饮食,要确保孩子营养均衡摄入,避免出现营养不良,同时还要避免营养过剩和肥胖,进行适量的运动,敦促孩子养成勤洗手、勤刷牙和科学用眼等良好习惯。

阅读案例

婷婷是个小学五年级学生,上课从不讲话但也从不发言。有一段时间,教师发现她好几天没做作业,考虑到孩子性格内向,没有做太多批评,只要求她把作业补上,可是婷婷只补了一部分,问她原因,也不回答。于是教师就约了家长回学校谈谈。结果婷婷的母亲刚来到教师办公室,得知婷婷没完成作业后,就打了婷婷一巴掌,自己也红了眼眶。

思考:如何帮助婷婷培养良好的学习习惯?

(二)青春期孩子的家庭教育

青春期的年龄范围为12~17岁,此时孩子多在中学学习阶段。他们精力充沛,追求个性自主,关注自己的外表,性意识开始萌动,热衷于社交。在孩子的青春期阶段,很多家庭会发生"爱的冲突",为了避免这些冲突的发生和孩子的健康成长,父母必须尊重孩子青春期的身心发展特点,有针对性地进行家庭教育。

1. 青春期孩子的发展特征

(1)生理的发展。青春期是一个人生理发育最迅速的时期,在这个阶段,孩子的身高和体重都会有明显的增加,男女两性的差别更加明显,会出现两性性征,如性器官的发育,男孩子会长胡须、变声等。到青春期后期,孩子的生理特征十分接近成人。在生理发展的时间上,女生一般情况下会早于男生。

（2）心理的发展。首先，孩子的心理在青春期期间会迅速成熟，智力水平会大大提高，观察力、记忆力、想象力和思维能力都会大大增强。根据皮亚杰的观点，青春期的孩子正处于形式运算阶段，能够摆脱具体事物的束缚，进行逻辑推理，具备假设思维，分析问题和解决问题的能力会明显改善。

其次，在这一阶段，孩子会产生较强的独立意识，有着强烈的独立自主的愿望，但是他们的道德认知、道德情感、道德意志和道德行为的发展还不完善，这使得孩子的心中往往充满着各种的矛盾，如渴望独立和依赖父母、性意识的萌动和性知识的匮乏等矛盾，他们感情容易冲动，容易做出极端的决定或行为，并且不轻易向家长和教师表露自己的心声，存在一定的以自我为中心的心理，关注自己的外表和别人对自己的评价。

到青春期后期，随着孩子的意识和能力的提高，内心的矛盾会逐渐化解，开始树立明确的理想和目标，开始形成自己的人生观、世界观和价值观。

阅读案例

一位妈妈向心理老师请教如何才能改正孩子经常发脾气的习惯：她女儿上初三，早晨经常冲妈妈吼，因为孩子睡得晚，第二天又要早起上学，当妈妈催促她快点不然就迟到的时候，孩子就开始大吼，如果第二天晚上催她早点睡觉，她就说睡不着还要和同学聊一会儿天，催促多次之后她的脾气就不好了。

思考：青春期的孩子有哪些心理特征？

（3）社会性的发展。到了青春期，孩子的社会关系的中心逐渐由家庭转向朋辈群体。塞尔曼认为，孩子成长到12岁以后就会进入自主的共存阶段，他们信任、支持朋友，尊重朋友的自主性，会在朋友遇到困难时提供帮助，渴望与朋辈群体建立稳固的友谊关系，即追求同伴友情。埃里克森认为这是建立个体同一性的过程，即一个青年意识到自己的独特性以及自己和他人之间的相似性。

随着性器官的发育成熟和性征的出现，青年的性意识开始觉醒，进入"爱慕期"，会对异性产生爱慕心理。近年来，由于社会舆论和网络信息等因素推动，早熟和早恋现象越来越多，引起社会广泛关注。

2. 对青春期孩子家庭教育的建议

对青春期孩子家庭教育提出以下建议。

（1）给予孩子充足的空间，发展孩子的独立性。面对着孩子逐渐独立,家长既为孩子的成长而欢喜,同时也为孩子越来越难管教而烦恼,因为孩子有了自己的独立意识后,不愿意再像以前那样,受父母支配。因此,父母应当顺应孩子的发展规律,以开明的心态,鼓励孩子发展自己的独立意识和能力,给予孩子充分的社交空间,引导孩子在社交中学会控制情绪和解决问题。但是,父母不能放任不管,毕竟孩子的独立能力还不足,家长应该为孩子提供支持和指导,使孩子逐步摆脱对自己的依赖,建立起自主性。

(2)科学地进行性教育。青春期的孩子在生理上出现明显的变化,例如,女生会来月经,男生会变声、遗精。当孩子第一次遇到这些变化时,由于缺乏必要的性知识,可能会产生紧张、尴尬甚至是恐惧的情绪。这时候父母要主动打破心理障碍,主动和孩子探讨这些问题,对孩子进行必要的性教育,以防孩子被其他不良信息影响。

(3)注意孩子的营养状况。青春期孩子正处于快速成长的阶段,营养和能量需求比较大,如果不注意孩子的饮食很容易导致营养不良或者营养过剩和肥胖。家长应该保障孩子的营养供给和均衡摄入,避免让孩子摄入太多饮料和零食。

(4)引导孩子探索人生道路。青春期是孩子建立个体同一性的重要阶段,在这个阶段,家长要帮助孩子挖掘自己的闪光点和特性,引导孩子树立自己的理想。父母可以和孩子一起阅读、观看伟人的传记和纪录片,也可以去听相关讲座,培养孩子的科学精神以及对知识的兴趣和热爱。

(5)对孩子进行权利和义务意识教育与道德教育。青春期是孩子世界观、人生观和价值观形成的重要阶段,家长要引导孩子接触和了解社会,让孩子明确自己的权利和义务责任,树立社会责任感。此外,家长还应对孩子进行道德教育,教导孩子科学的道德观念和道德知识,培养孩子践行道德的能力。

 ## 本章小结

家庭的类型是多种多样的,每一种类型的家庭都有各自的特点。这些特点又制约着家庭教育,形成不同的优势,也存在不同的问题,无论是核心家庭还是主干家庭,无论是独生子女家庭还是多子女家庭,只有把握好不同类型家庭的特点和规律,才能够扬长避短,克服家庭层面的不足给孩子教育带来的不良影响,并发挥其教育的优势,为孩子的成长创设良好的家庭环境。

人从出生到成年期间一共要经历四个时期,即婴幼儿期、儿童期、学龄期和青春期,每经历完一个时期,孩子的生理上、心理上和社会性都会更加成熟,到青春期结束,孩子在生理和心理上与成人都非常接近。每一个发展时期都有不同的特点，父母需根据孩子在不同发展阶段的不同特点，有针对性地开展家庭教育，抓住孩子发展的关键期，发展孩子的各项技能。

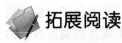 **拓展阅读**

流动学龄前儿童早期语言教育应当得到重视

近年来，随着人口流动"家庭化"趋势的加强，更多学龄前儿童跟随父母涌入城市。"入园太贵、入园太难"，使众多家长"望园却步"，这是目前众多流动学龄前儿童所处的窘境。很多家长为孩子选择了并未正式注册、收费较低的"山寨"幼儿园。调查显示，"山寨"幼儿园正在成为流动学龄前儿童接受教育的主渠道，而这些幼儿园教育条件低下，语言生态现状存在严重的问题。第一，语言教育环境的创设极度欠缺，没有专门的幼儿语言活动室，语言教材的使用良莠不齐，语言教育的内容不够丰富、趣味性不够强。第二，幼儿教师流动性很强，师资匮乏，现有教师专业知识薄弱，没有条件配备专门的语言教师，双语教学更是无从谈起。

实际上，正因为一方面是流动学龄前儿童数量急剧增加；另一方面是教育机会不均等，才使得流动学龄前儿童的语言教育问题正日益凸显。目前，以接收流动学龄前儿童为主的幼儿园不仅数量不足，还存在教育条件低下的问题，不能有效地为入园儿童提供符合其发展规律的语言教育环境。即使有些儿童能够进入条件较好的公立幼儿园，他们也可能面临着由于语言差异等问题带来的文化隔离和受歧视现象。语言是人类交流信息的重要载体，只有具备了优秀的语言能力，才能适应人类社会发展的需要。幼儿期是语言学习的关键期，幼儿的语言训练需要丰富和良好的语言环境，进行恰当的教育和训练，才能逐步提高其语言的运用能力。儿童只有在受到尊重和爱护的时候，才愿意用语言和周围的人进行快乐的交流，感觉到自己被重视，并产生用语言交流的信心。

儿童语言教育，不单是教会儿童背诵几首儿歌，讲几个故事，而是帮助他们在不同的环境中恰当地使用语言，掌握各种语言技能。根据语言经济学理论，语言是具有经济价值和产业特征的"稀缺产品"，对这种产品占有得越多，获取的红利越多；对这种产品开发得越多，获得的经济和文化收益就越高。语言可以看作个人和社会通过投资可以获利的一种经济资源，语言技能的获得源于时间成本和资金成本的投入，之所以去投入是因为有预期的回报，包括更高的收入、更低的消费成本、更大的人际社交网络。语言学习本身就是一种人力资本投资，早期语言投资的最终收益要远远高于投资花费。

在当前的国情下,对流动学龄前儿童进行早期语言教育首先有助于他们尽快地融入城市生活,克服交流障碍;还有助于提高他们未来的就业机会,增加收入,摆脱贫困。这样较早地以相对较少的投入,获得更高的回报,对改变流动人口的代际贫穷意义深远。如何通过教育及相关体制改革,帮助流动学龄前儿童入园,改善他们的语言教育状况,有效地保障他们享受平等地接受语言教育的权利,从而为他们的终生发展打下基础,有关此类问题的探讨将对促进流动儿童的全面发展,改变由于语言教育等问题而带来的社会对"流动二代"的偏见,克服流动人口的代际贫穷,都具有重大的理论意义和实践价值。

有鉴于此,国家和地方政府应出台有利于流动学龄前儿童教育的相关政策,加大流动学龄前儿童教育资金和物质援助,正视"山寨"幼儿园的存在,规范社会力量办学,并在有条件的情况下将学前教育纳入义务教育范围。大学和科研机构应当择优扩大幼儿教师招生规模,提高幼儿教师的专业素质和学历水平,加大幼儿语言教学法研究力度,开发有针对性的流动学龄前儿童语言教材。此外,发挥社区和街道办事处的作用,在对流动家长进行不定期语言知识培训,提高他们语言技能的同时,改变他们对子女教育特别是语言教育的看法。

——节选自尹静.流动学龄前儿童早期语言教育应当得到重视
[N].光明日报,2014-06-24(014).

思考与练习

一、名词解释

1. 主干家庭和核心家庭

_____

_____

_____

2. 留守儿童家庭和随迁子女家庭

_____

_____

_____

_____

练习题剪下后,可作为课程作业上交。

二、简答题

1. 请比较独生子女家庭教育和多子女家庭教育的优势与存在的问题。

_____

_____

_____

_____

2. 儿童期的孩子有哪些发展特征？

_____

_____

_____

_____

3. 如何做好儿童期（学龄前期）的家庭教育？

_____

_____

_____

_____

4. 请简述皮亚杰的认知发展四阶段理论。

_____

_____

_____

_____

三、论述题

请你谈谈如何改善流动人口家庭的教育。

_____

_____

_____

_____

_____

_____

_____

第七章
父母发展与亲职教育

"亲职教育"这一概念产生于20世纪30年代，是指面向父母开展的一种专业教育，旨在增强父母教育孩子的能力，使他们能够胜任父母一职，承担父母的职责，促进子女健康发展。我们知道，每一个人都有机会成为父母，但并非每一个人都能成为合格的父母。父母作为孩子人生中的第一任教师，其提供给孩子的教育关乎孩子未来一生的发展。因此，开展以"如何为人父母"为主要内容的亲职教育意义重大。

成为一名教育者需要父母经历一个习得的过程，只有具备一名教育者所要求的素养，才能做好孩子的父母。父母与孩子的相处之道，既是一种智慧也是一门艺术，是一个家庭和睦的基础。在父母与孩子的关系中，积极倾听是达成有效沟通的关键要领，共情沟通是实现相互理解的重要途径，解决冲突是缓解矛盾摩擦的首要步骤，理性施爱是促进孩子健康成长的前提条件，共同活动是搭建父母与子女情感交流的主要渠道。

本章共包含"何谓亲职教育""如何成为高效能的父母"两节内容，将通过亲职教育等核心概念的阐述，家庭教育方法使用的情境分析，拓展阅读等方式进行呈现，以不同的案例和视角带你进一步了解家庭教育的艺术魅力。

 学完本章，你将能够：

1. 了解亲职教育的概念、内容及其实践；
2. 理解积极倾听与共情沟通的内涵与联系；
3. 形成对家庭教育方法艺术的全新认知。

　　在教育中，如果有什么起跑线的话，那就是父母的见识、责任和智慧。

——吴　军

第一节 何谓亲职教育

一、亲职教育的概念

作为从家庭教育演变而来的新概念,亲职教育的出现最早可追溯至 20 世纪 30 年代。亲职教育也称家长教育、"双亲"教育。关于亲职教育的概念界定,学者们提出了不同的见解。我国台湾知名教育学者林清江认为,亲职教育有广义与狭义之分,广义的亲职教育面向现在和未来的父母,狭义的亲职教育仅针对某些不健全的父母而实施。我国台湾学者林家兴则对亲职教育的对象、目标、媒介进行了较明确的说明,指出:"亲职教育是成人教育的一部分,它以父母为对象,以增进父母管教子女的知识能力和改善亲子关系为目标,是由正式的或非正式的学校亲职专家所开设的终生学习课程。"尽管不同学者对亲职教育的阐释不尽一致,但毫无异议的是,亲职教育的对象是父母而不是孩子,孩子将会是亲职教育的最终受益者。基于现有的诸多定义,我们认为,亲职教育是面向父母开展的一种专业教育,旨在增强父母教育孩子的能力,使他们能够胜任父母一职,承担父母的职责,促进子女健康发展。

父母是孩子的第一任教师,父母提供给孩子的教育关乎孩子一生的发展。亲职教育的实施不仅直接提升了家庭教育的效果,同时也对学校教育产生了积极、正面的影响,其重要性不言而喻。然而,需要注意的是,由于亲职教育最终要面对的是两类主体——父母和孩子,因此它还具有一定的复杂性。在进行亲职教育过程中,亲职教育的指导者必须结合儿童的发展规律及积极主动性来对父母开展相关的教育活动。

视频

亲职教育的问题及改进策略

扫描二维码观看微课视频

阅读案例

2017 年 4 月 25 日,泰和社区联合辖区内泰和幼儿园在社区家长学校开展了题为"如何与孩子有效沟通"的教育培训知识讲座。

培训教师以情境再现的方式，通过观察家长与孩子在交流过程中的言语及动作，直指家长普遍存在的沟通及表达误区，形象地重现日常教育中易产生的问题。客观分析，对症下药，纷纷得到家长的共鸣。随后，教师以深入浅出的讲解、播放纪录片、分享优秀典型等方式告诉父母们，在与孩子沟通中尽量少包含个人情绪，取而代之以更直接、更温暖的方式向孩子表达爱，有时候一个拥抱比大道理更能解决问题。活学活用，技巧巩固。经过一节课的学习，家长们受益匪浅。课程结束前，教师提议家长们运用刚学的沟通小技巧重回场景，通过简单的模拟练习巩固学习效果。家长们纷纷表示此次活动使他们受益颇多。

——节选自华洁. 共建社区家长学校，开展家长教育培训活动. 湘湖网 http://www.xianghunet.com/news/detail/717984,2017-05-04.

二、亲职教育的内容

亲职教育的目标是帮助父母完成从"社会成员角色"向"父母角色"转变。亲职教育的内容十分广泛，且受文化影响，中西方对父母角色的理解和认知存在一定差异，并在亲职教育的内容上得以体现。

西方亲职教育的内容十分重视儿童成长过程中容易出现的问题，更偏向于告诉家长："孩子是什么样的。"弗洛伊德于 20 世纪初创立的精神分析理论中所提到的"早年的经验会影响到成年生活"的观点对西方人文社科领域产生了十分深远的影响。以美国为例，在美国的《学龄前儿童的家庭指导计划》法案中，学前儿童的亲职教育内容包括儿童身心发展规律、儿童的情绪及其表达方式、人格及其功能、儿童教养技能和教养方法、惩罚的方法、沟通技巧及实践建议六大方面。

相较于西方，我国的亲职教育发展起步比较晚，内容更偏向于告诉家长："父母应该怎么做。"随着亲职教育在我国日渐发展成熟，学者们纷纷提出有关亲职教育内容方面的主张。张贵良认为[①]，亲职教育应当包括以下内容。

（1）教育观念。帮助父母更新陈旧的观念，树立符合现代家庭教育和儿童发展规律的新观念，这是亲职教育的首要内容。

（2）家庭教育基本知识。如基本的教育学和心理学知识。

（3）教子方法。现代父母要学习和掌握如何激发子女的学习动机、提高孩子学习兴趣、培养孩子的情绪管理能力、锻炼孩子坚强意志、塑

---

① 张贵良. 父母教育的新观念[J]. 教育科学研究,1998(2):15-18.

造孩子性格品质、提高孩子自信水平等教养方法。

（4）教养能力。父母需掌握对孩子心理和行为的分析能力、沟通能力、情绪控制能力和角色扮演能力。[①]

我国台湾学者一般将亲职教育的内容根据亲子关系的不同阶段分为初级预防课程、次级预防课程、三级预防课程。初级预防是指在亲子冲突尚未发生之前所采取的预防工作，内容包括两性婚姻课程等；次级预防是指在亲子冲突发生之后所采取的工作，避免问题进一步恶化，内容包括沟通能力、管教态度等；三级预防是指对有严重亲子问题的家庭所采取的工作，其对象主要为子女在精神医院、监狱、戒毒中心里的父母。

三、亲职教育的实践

（一）亲职教育实践中的问题

亲职教育在我国发展起步较晚，作为相对较新的概念，它在从理论走向实践的过程中不可避免地出现了一些问题，具体如下。

（1）狭隘地理解孩子的成长与家庭教育的关系。

一个人的成长受遗传、学校教育和社会环境等多个因素的综合影响，但是在亲职教育实践中，我们可以发现，家庭教育的作用被夸大，孩子成长与家庭教育的关系被理解为简单的对应关系，例如，从几个成功的家庭教育案例中总结出来若干"黄金法则"，这种做法是不科学的，是对孩子成长与家庭教育之间关系的狭隘理解。

（2）家长接受培训的机会有限。

学校和社区是亲职教育的重要场所，也是主要场所，但由于受到诸多现实因素的制约，如社区经济条件落后、家长工作繁忙、专业培训人员匮乏等原因，家长接受亲职培训的机会也会受到限制，尤其是在经济发展相对滞后的地区，这种培训的机会更是稀少。

（3）家长学校存在不足之处。

在我国，大量的家长学校被建立起来，但与此同时也存在着一些问题和不足，主要包括：①更专注于孩子的问题而忽视父母的问题，模糊了亲职教育所关注的对象；②缺乏系统的教育内容，亲职教育的指导者通常是聘请相关专业人员和学者进行的，内容通常也是由他们任意决定，并没有提前规划教育的内容，教育的形式也比较单一。

（4）家长的亲职教育兴趣需要引导。

研究表明，在亲职教育中，家长最感兴趣的培训内容是关于孩子的

---

① 张贵良.父母教育的新观念[J].教育科学研究,1998(2):15-18.

智力潜能、身体健康和学习，对性格和社会性方面的培训则不够重视。然而，孩子的健全发展离不开性格和社会性方面的培养，因此必须通过引导家长的兴趣来提升家长对孩子全面发展的重视程度。

（5）将专家意见教条化。

育人是一门艺术，它区别于产品生产，适合孩子的教育才是最好的教育。现实生活中，部分父母容易将专家意见教条化而忽视孩子的特点，这样的后果只会增加父母教育的无力感，降低父母教育子女的信心。亲职教育的指导者除了为父母提供一般性的指导意见外，还应对父母教育孩子的行为进行批判，并提出有针对性的建议。每个孩子都是独特的个体，父母应当灵活地运用专家的方法，从"生搬硬套"转向"因材施教"。

（二）亲职教育的优化建议

针对亲职教育实践过程中显现的矛盾问题，本节分别从开展形式、教育内容、体系建设等方面提出了以下优化建议。

（1）丰富亲职教育的形式。

当下的亲职教育方式主要是以讲座和课堂为主，这种形式能够更加系统、高效地传授知识。但在这种形式下，父母多为接受者，不利于激发父母的主动性和积极性。亲职教育的组织应当丰富亲职教育的开展形式，采取个别教育和团体教育相结合的方式，如个别指导、个别咨询、个案管理、演讲座谈、亲子活动、家庭访问等活动，同时可以充分利用网络传播渠道，如微信公众号、微博等方式，向家长传递知识。

（2）灵活组织培训。

学校和社区是开展亲职教育的主要场所，由于家长通常忙于工作，因此亲职教育培训活动的组织者要充分考虑家长的现实情况，在亲职教育的开展时间、开展地点等事项的安排上应该对家长有所照顾，以激发家长参加亲职教育培训的积极性。

（3）科学规划教育内容。

亲职教育的组织者应当和聘请的专家建立长期的合作关系，并且与专家一同商讨和规划亲职教育的内容，既要关注孩子的智力潜能、身体健康和学习，又要关注性格和社会性的发展，力求保证教育内容的系统性和科学性。此外，亲职教育要注重内容的务实性，倡导行动式学习和参与式学习，注重提高家长们的反思能力，促使父母能够在应用所学知识的同时反思日常教育行为。

（4）建立不同层次的亲职教育体系。

为了改善亲职教育，东北师范大学的儿童发展研究中心倡导建立不同层次的亲职教育体系，其中包括补救性的亲职教育、预防性的亲职教育和发展性的亲职教育。[①] 补救性的亲职教育是指对已经出现问题的家庭采取纠正措施,如对暴力教育的父母进行教育;预防性的亲职教育是针对存在发生问题的潜在可能性的家长提供指导,如为单亲家庭的父母提供指导;发展性的亲职教育通常是通过传授家长一些有关于教育学、心理学等知识,培养父母的教养技能,以提高家庭教育的质量,如以学校为中心的家长课堂和家长讲座。建立健全的亲职教育体系需要家庭、学校和社区的共同努力,只有建立起健全的亲职教育体系才能提高亲职教育的针对性和效能。

阅读案例

　　潍坊成立家校合育研究中心,先后制定了《家长委员会章程》《家长委员会议事制度》等多个制度,专门为家长委员会设立了办公地点,实行"驻校办公制"。同时学校家校合育研究中心定期邀请知名家庭教育专家、校内富有经验的教师进行专题讲座和直面引导,开设家教讲堂,让家长与专家对话,并倡导向身边优秀的家长学习,给孩子发挥示范作用。

　　——节选自蒙养之始德育为先 各地市积极开展德育建设工作. 中国文明网 http://zb. wenming. cn/zhuanti/201610/t20161024_2895294. html,2016-10-24.

第二节
如何成为高效能的父母

　　在家庭生活中有顺理成章的父母却没有天然的合格教育者,成为父母并不等于成为教育者。成为一名教育者需要父母经历一个习得的过程,只有具备一名教育者所要求的素养,才能做好孩子的父母。

---

① 盖笑松,王海英. 我国亲职教育的发展状况与推进策略[J]. 东北师范大学学报,2006(6):154-158.

一、积极倾听

学会倾听是达成有效沟通的重要前提。每一个孩子都期望别人可以倾听他的话语、他的内心。孩子们渴望被接受，更渴望被尊重，只有当他们认识到自己所言所语被耐心倾听，他们才愿意更多地去表达自己，才会实现更好地成长。遗憾的是，很多家长并不懂得倾听，家长们永远在表达自己的想法，却从不愿意花时间倾听孩子们的内心。

（一）表达接受的形式

不同类型的家长对于孩子会表现出不同的接受形式。成熟的父亲往往会用非语言的形式表达自己的想法，比如面部表情、手势、姿态等行为。例如，父亲接孩子放学时会不断地招手让孩子到身边来，工作时会用甩手表示"别烦我"，等等。第一种手势明显是向孩子传递接受的信号，而第二种就传递了拒绝的信息。

家长也可以通过不干涉孩子的行为来表达接受。孩子做某件事的时候，家长不参与也不发表言论，就是对孩子的一种接受。日常生活中我们可以发现，很多时候家长并不能对孩子完全放手，比如，部分父母经常进入孩子的房间、拒绝孩子做一些事情、全方位监控孩子，这类行为通常都是由于父母的担心、恐惧和他们自身的不安全感所引起的。因此，当孩子致力于某项活动时，袖手旁观也是一种明确的接受表现。

目前，家长们最普遍的接受方式是被动式的接受。很多家长不愿意听孩子讲身边的故事，面对孩子的滔滔不绝仅仅简单地用"嗯""哦""哼"来回复，并不给予更多回应、反馈。这种被动式的接受显得十分敷衍，渐渐地父母会发现，孩子不仅不再愿意表达，不再与你分享他的经历，同时也不再愿意倾听，对你的苦口婆心置若罔闻。

由于缺乏倾听，导致家长与孩子间的代沟越来越深。怎样才能和孩子无话不谈，建立良好的亲子关系呢？要学会倾听就要先懂得合理地表达接受。对于孩子的一些问题和想法最有效的接受就是发出继续谈话的邀请。例如，"你这样做了？真的吗？那结果怎样呢？""真有趣，你后来做了什么？"等，这样的一种邀请会让孩子感受到你对他的关注，愿意继续和你分享他的故事。

（二）积极倾听的实际运用

与孩子相处过程中，除了发出邀请外，最重要的是要学会积极地倾听。在倾听的过程中要做到"停、听、看"三点。当孩子希望和你交流的时候请停下手中的工作，注视着孩子，表达自己对孩子的尊重，为孩子表达感受提供时间和空间；在孩子表达的过程中要认真地倾听，注意孩

视频

积极倾听

扫描二维码观看微课视频

子说话的语音、语调、语速,抓住孩子想要表达的重点;另外,还要注意观察孩子表达过程中的行为表现,包括表情、肢体动作等,以便于了解孩子的内心动态。当孩子表达了问题和想法后父母应当给予合理的回应,让孩子感受到你已经基本了解了他的想法。家长不可能完全清楚孩子的想法,这时也可以通过回应更进一步地了解。以一个孩子和妈妈发生的对话为例。

孩子:"妈妈,什么时候吃饭?"

妈妈:"你饿了吗?"

孩子:"嗯,我真的好饿。"

妈妈:"好的,很快就准备好了。"

这就是最常见的孩子内心想法的表达。但是,相同情境下,如果妈妈认为孩子急着吃饭是为了看动画片,那么,冲突就出现了。因此,父母必须认识到,很多时候我们并不能完全了解孩子的想法,这就需要在传递信息的过程中去进一步求证。上面的对话就会变成:

孩子:"妈妈,什么时候吃饭?"

妈妈:"你是想快点吃完饭看动画片吗?"

孩子:"不是,我真的好饿,中午没吃饱。"

妈妈:"哦,好的,很快就准备好了。"

在这样一个简单的例子中,可以看出倾听者将接收到的信息加工理解后,反馈回去以得到验证。话语不掺杂情绪,仅仅只是表达自己的理解,从而得到孩子真实的答案。积极倾听要求家长对于孩子的话不发表判断,既不批评也不表扬,只需理解孩子,与孩子共情。

积极倾听可以让孩子说出自己内心真实的感受,使孩子的情绪得到真正的释放,从而减少孩子的负面情绪。积极倾听不是直接给孩子建议,而是引导孩子把问题说出来,让孩子通过分析找到问题的解决办法。积极倾听还可以提高孩子的情绪管理能力,孩子通过谈话抒发情绪,从而得以平静下来,在平复情绪后更容易找到解决问题的途径,也更愿意接受家长的观点和建议。

积极倾听是众多表达接受的方式中最为有效和最高级的一种,以以下对话为例。

孩子:"马蒂尔今天不和我一起玩。不论我做什么,他都说不想做。"

妈妈:"你为什么不提议做他想做的事?你必须学会与朋友相处。"(建议、说教)

孩子:"我不想做他希望做的事,此外,我不想跟他相处!"

妈妈:"嗯,去找别的人玩吧,如果你想继续做一个被惯坏的小孩。"(提供一个解决方法,归类)

孩子:"他才是被惯坏的小孩,我不是。而且没有其他人可以跟我一起玩。"

妈妈："你感觉心烦只是因为你累了。明天你就会感觉好一点。"（解释、安慰）

孩子："我不累，明天我也不会感觉好一点。你不明白，我有多恨他。"

妈妈："不许说这样的话！如果我再听到你这样说你的朋友，你会后悔的。"（命令、威胁）

孩子：（生气地走开）"我恨这个地方，真希望我们能搬走。"

下面用积极倾听技术来帮助这个孩子。

孩子："马蒂尔今天不和我一起玩。不论我做什么，他都说不想做。"

妈妈："你好像对马蒂尔有点生气。"（积极倾听）

孩子："是的，我再也不想跟他一起玩了。他不再是我的朋友了。"

妈妈："你非常生气，以至于你觉得再也不想见到他了。"（积极倾听）

孩子："没错，但是如果他不做我的朋友了，我就再也找不到其他人一起玩了。"

妈妈："你讨厌自己一个人玩。"（积极倾听）

孩子："是的。我猜我不得不试着和他相处。但是我还是很难不生气。"

妈妈："你想跟他更好地相处，但你又觉得不生他的气很难。"（积极倾听）

孩子："我过去从来都不习惯——但是那时候他总是做我想要做的事情。现在他不再让我指挥他了。"

妈妈："他不能一直赞同你想做的事。"（积极倾听）

孩子："不，现在他不再是个听话的小孩子了。但是他变得更加有趣了。"

妈妈："你更喜欢他现在这样。"（积极倾听）

孩子："是的。但是不再向他发号施令是很难的——我已经习惯了那样。或许，如果我偶尔让他按自己的想法做，我们就不会总是吵架了。你认为这样会有用吗？"

妈妈："你在想，如果你偶尔让步就会有所帮助。"（积极倾听）

孩子："是的，或许是这样。我会试试。"

（托马斯·戈登：《父母效能训练手册》）

通过这个例子我们可以发现，当家长们采用积极倾听的方式回答孩子问题时，孩子们会开始自己思考，对问题进行分析并找出答案。积极倾听传达的是一种信任感，相信孩子可以自行解决问题，促使孩子更加独立，更具责任感和方向感。需要提醒的是，家长在积极倾听时要注意态度,并且在倾听的过程中应当给予孩子充分的信任,避免强迫孩子表达、过度倾听、反复追问等问题的出现,以免让孩子产生紧张、退缩的心理。

当然,并不是所有的问题都可以用积极倾听来解决。我们要确定积极倾听的适用范围,积极倾听在于帮助孩子解决问题,但如果问题来自家长,那么父母积极倾听的方式便不适用。例如,"孩子放学回家晚了,忘记打电话告诉妈妈""家长有急事,孩子却要拉着你讲东讲西",等等,这些问题其实都是来自家长自身,家长因为担心而感到着急,但孩子可能并没有这样的情绪问题,这时父母需要通过沟通或其他方法解决。

二、共情沟通

积极倾听让家长成为一个优秀的听众,解决了孩子的问题,那么家长的问题要怎么解决呢?怎样才能让孩子听家长的话呢?这无疑是家长们最关注的话题。家长与孩子间的对话是沟通最重要的一种形式,我们从家长与孩子的对话分析中就可以了解到家长与孩子之间的关系如何。接下来让我们通过一个练习来看看当孩子提出问题时,大家会怎样回答。

假如有一天你 10 岁的儿子垂头丧气地回到家说数学考试只考了 75 分,你会怎么做?

尝试写下你的答案,通过案例的简单分析我们可以把家长们的表现分为 6 种不同的类型。

1. 指挥型家长

"怎么才考 75 分?"

"人家孩子怎么考 90 分?"

"我不管你什么原因,下次必须考 85 分!"

这类家长通常把自己作为整个家庭的中心主体,认为自己有权力支配家庭的一切。当面对孩子出现的问题和困扰时,往往只会以训斥、命令、控制的方式来解决问题。这种命令的方式看似在帮助孩子解决问题,却会给孩子内心留下阴影,长此以往孩子们便不愿意表达自己内心的真实感受。

2. 说教型家长

"考 75 分怎么了,也不应该垂头丧气的啊。你应该振作起来……"

"你应该多做练习题,不要总是想着玩。我们那个时候……"

这类家长面对孩子出现的困扰和问题时通常采用说教的方式,告诉孩子应该做什么,不应该做什么,尝试用自己或他人的经验告知孩子其认为正确的做法。但一般情况下,孩子有自己的想法,并不完全认可父母所言。

3. 仲裁型家长

"说说你最近课堂表现怎么样。"

"考不好要在自身上找原因，你现在的想法大错特错。"

这类家长对待事物都有较为严苛的是非标准，对孩子的态度、行为等会做出明确的判定，可把其形象比作严肃、公正的法官。仲裁型家长容易陷入"自己才是正确的，孩子是错误的"的思想观念中，导致孩子自信心丧失，遇到问题缩手缩脚，并最终使家庭关系渐渐变得疏远。

4. 酷吏型家长

"你怎么这么笨，这么简单都不会。"

"我怎么生了你这么个废物。"

这类家长在思想层面上与仲裁型家长相似，表现出以自我为中心，面对孩子持"高高在上"的姿态。不过，酷吏型家长采取的方式与仲裁型家长相比更为极端，大多是采用嘲笑、讽刺、挖苦甚至辱骂的方式来和孩子沟通。这种方式通常会给孩子内心造成阴影，甚至引发孩子心理问题。

5. 溺爱型家长

"没关系，下次好好考。"

"不就是一次考试嘛，没什么大不了的。"

这类家长往往不注重于解决孩子问题所在，而是通过简单的安慰、关心等让孩子淡化对问题的感受，从而让孩子内心得到纾解，这种情况常出现在隔代教育中。这种方式会让孩子失去责任感，同时，孩子身上的问题没有得到及时遏制也不利于孩子性格的养成。

6. 分析型家长

"我们一定要搞清楚问题的原因。"

"为什么这次没考好，我们一起来分析一下。"

这类家长擅长通过分析、询问、调查等方式来找到问题的根源所在，在过程中反复追问，经常是"打破砂锅问到底"，甚至有些小题大做，无形中给孩子增加了很多压力。

在上述的沟通方式中，父母们希望给孩子灌输正确的思想观念，期望孩子可以拥有更好的发展。在这个过程中，很多父母却在无形中给孩子们施加了压力，传递了一些不平等的信息。随着社会的变迁，以往"家长至上"的传统家庭沟通方式早已变得更加民主化、自由化。家长们认为有效的说教、惩罚甚至辱骂等方式早已失效，其不仅不会产生积极影响，甚至会让孩子变得更加逆反。因此，平等、民主的沟通方式成为家庭教育成功与否的关键所在。平等的沟通方式不是将孩子当作听话的对象，而是给他们一个表达和提问的时间，甚至是反驳的机会，通过双方交流对话的方式来找出解决问题的方案。

视频

共情沟通

扫描二维码观看微课视频

为了加深读者对共情沟通的理解,我们再通过下面这个例子进行进一步的剖析。

假设你工作了一整天,回到家疲惫地躺在沙发上休息,你希望喝杯茶,听听音乐放松一下。这时你 6 岁的女儿跑过来非要缠着你陪她玩,给她讲童话故事。她不断地拉着你,嚷着不让你听音乐,此时的你最不想做的就是陪她玩。面对这种情况你会怎么办?

我们将家长的处理方式进行分类,大概可以分为三种。

第一种家长会提供一个自认可行的解决方案给孩子,包括但不限于:

(1)做出一些指令。如"自己去玩""自己去看动画片"。

(2)给出警告。如"你再缠着我就不带你去游乐园""你再这样做我就生气了"。

(3)给出劝告和建议。如"你为什么不自己玩""你应该学会自己看故事书"。

家长通过类似的话语回应,将解决方案传递给了孩子,将事情的控制权把握在自己手中,对家长来说这是最简单、最常用的做法,但是结果往往不很理想。当孩子被告知"必须做什么""要去做什么",孩子往往会产生抗拒心理。从长远来看,家长这样的回应会让孩子产生"家长的需求比自己重要"的负面认知,而不是学会体谅家长、理解家长的需要,削弱了对家庭的责任感。

第二种家长会直接传达拒绝或否定的信息。当收到一条包含批评、嘲笑、训斥的信息时,孩子会感到被否定。例如,"你应该体谅家长""你真是个自私的孩子""你怎么就不能听话一点",等等。经常出现否定的语言会让孩子的自尊受到严重伤害,给孩子带来负面影响。孩子会产生"自己不被重视""家长更喜欢别人家的孩子"这类想法,无形中将家长与孩子间的距离越拉越远。因此,否定信息的传达不仅不能解决问题,还容易给家庭氛围造成负面影响。

我们发现以上两种类型的家长在解决问题时都是以"你"为信息主体,所有的信息都指向对方,这样的表达容易让孩子感到父母对他的否定和不信任,所以在这种情况下,孩子一般不愿意遵从父母的指示。

第三种家长则采用了有效的沟通方法——共情沟通。当家长告诉孩子他们不想做一些事情的时候通常会用"我"作为信息主体来表达。比如,"妈妈现在很累,想要休息一下""我要赶一份文件,现在有点忙"等。在这些信息中,并没有要求孩子要去做什么,而是给予孩子尊重,让孩子理解家长现在的需要,从而配合家长解决问题。

共情沟通要注意几点。首先,要明确共情是指对于孩子们行为的一种感受,而不是针对孩子个人的感受,沟通时要注意强调行为,对事不对人。其次,表达情绪时要注意使用第一人称,如"我很不开心""我不太满意"等。最后，家长们必须表达出不是行为让自己不满意，而是行为的后果让自己不满意。

我们再看看下面的例子。

孩子放学没有按时回家，晚了 1 个小时，也没有提前打电话，孩子回到家后。

妈妈："你去哪里了，怎么才回来？"（质问）

孩子："我和同学玩了一会儿。"

妈妈："你知不知道全家都在等你吃饭？"（训斥）

孩子："你们可以先吃。"

妈妈："你知道我多担心你，你气死我了。"（表达我生气是因为你的原因）

这是最常见的例子，家长把生气的原因归结于孩子，但孩子并不能体会到家长的担心，只会更加抗拒。如果用共情沟通会怎样呢？

妈妈："你终于回来了，我终于松了一口气。"（表达对行为的感受）

孩子："我和同学玩了一会儿，回来晚了。"

妈妈："你没有打电话回来，我们都很担心你，怕你出现意外。"（陈述了行为带来的后果）

孩子："对不起，妈妈，我不会再让你担心了。"

相比之下，两种对话哪种更容易被接受呢？在第二种对话下，妈妈真诚地表达了对于孩子放学后没有按时回家的行为的感受，让孩子真正感受到妈妈的担心，再去处理这件事的时候就轻松多了。

共情沟通将"我的信息"传递给了孩子，把责任留给了孩子，给他们自己做决定的机会，也就减少了孩子的抵抗和叛逆。同时，共情沟通有效地向孩子传递了正面情绪，让孩子能够理解自己的行为对他人造成的影响，进而学会承担责任为他人着想。

共情沟通是解决家庭问题的重要途径。父母在与孩子相处的过程中，要分清楚问题出现在哪一方，进而选择采用积极倾听抑或是共情沟通的方式来解决问题。我们将积极倾听和共情沟通做了对比，以便于更好地选择，如表 7-1 所示。

表 7-1　积极倾听与共情沟通对比

内　容	积 极 倾 听	共 情 沟 通
问题归属	孩子	家长
对话发起	孩子	家长
目的	家长希望帮助孩子	家长希望帮助孩子
家长角色	倾听者、引导者	传达者、影响者

内　容	积极倾听	共情沟通
家长的作用	反馈、帮助孩子找到他们自己的解决方案,关注孩子的行为,家长更加被动	家长表达自己的想法,让孩子找到他们自己的方案,家长控制自己的需要,家长更加主动
应用案例	孩子没有被邀请参加活动很沮丧/孩子不愿意和小朋友一起玩耍	孩子放学没有按时回家/孩子骑车速度太快

三、解决冲突

父母与孩子在日常相处的过程中,不可避免会在言语、行动、情感等方面产生矛盾。矛盾的来源是多方面的,可能来自生活中的琐碎小事,也可能来自涉及价值观的原则问题。我们将这种由于矛盾所引起的父母与子女之间的碰撞、斗争关系称为亲子冲突。部分父母认为与孩子的冲突是一场争夺主导地位的战争,在与孩子发生冲突的过程中据理力争,树立威严,希望成为胜利者。殊不知,强硬态度的碰撞将会深深伤害父母与孩子之间的情感,在追求父母与孩子平等的今天,冲突中的赢家并不是亲子关系的赢家。

(一)正确认知冲突

父母对于亲子冲突通常抱有消极的心态。谈及亲子冲突,大部分父母会一脸愁容,迫切地希望寻求方法以避免亲子冲突的发生。然而,父母首先必须认识到的是,父母与孩子之间发生冲突并不是一件糟糕的事情,假如父母掌握了正确的解决冲突的方法,适当的冲突将会成为亲子关系的黏合剂。在解决冲突的过程中,基于处理问题而进行的有效沟通有利于促进父母与孩子之间的相互了解。从这一角度来看,解决冲突比避免冲突更为重要。

根据冲突发生的形式,亲子冲突可分为言语冲突、肢体冲突、情感冲突。其中,言语冲突、情感冲突最为常见。肢体冲突是最严重的冲突形式,其对亲子关系的影响也最为恶劣。

父母与孩子之间冲突的发生可主要归结为以下三种原因。第一,孩子自我意识的强化。随着孩子年龄的增长,自我意识的强化,内心开始拥有自己的"小天地"。父母对孩子事务的干预、对孩子行为的控制容易使其产生抵触情绪。第二,父母缺乏亲子关系处理能力。某些情境下,父母与孩子之间的冲突本可避免。但由于父母不善于解决与孩子相处中出现的小问题,问题逐步积累,导致冲突发生。第三,父母与孩子之间沟通不足。以父母忽视孩子情绪为例,孩子在情绪低落、不安、焦急时，父母并未及时发现并予以关注、询问原因。孩子认为父母对其关心不足，父母认为孩子无理取闹，冲突由此产生。

（二）解决冲突的步骤

为清晰展现解决冲突的具体步骤，我们通过下面这一例子进行阐述。

接孩子放学回家的路上，孩子看见小区对面的小公园新建了幼儿娱乐设施，突然提出要去小公园尝试体验新奇的娱乐项目，但此时正接近晚饭时间，天色渐暗，且妈妈急着回家做饭。如果答应让孩子去小公园玩乐，一方面小公园灯光少，不太安全；另一方面，家里的晚饭没有人料理。如果不答应孩子的要求，孩子又态度强硬，随时可能会哭闹。

1. 明确冲突的导火索

父母与孩子相处过程中，当意识到冲突随时可能发生，应当首先冷静，明确冲突的诱因，接下来才能有针对性、目标性地处理解决。在这个例子中，冲突的导火索是孩子想去公园玩乐，但妈妈倾向于回家。

孩子："妈妈，我想去小公园玩。"

妈妈："可是妈妈还要回家做晚饭呢，而且现在快6点了，公园没什么灯，可能会比较暗。"（向孩子说明想法）

孩子："但是我非常想去小公园，公园暗我也不会害怕。"

妈妈："如果有爸爸陪着就好了，但现在只有妈妈和你，妈妈觉得公园那边太暗，不够安全。"（进一步耐心说明）

2. 提出解决方法

父母应当把提出解决方法的主动权交由孩子，并适度地进行引导，给予孩子充分的信任。孩子思考并向父母表达思路的过程又是父母与孩子沟通的过程，在这一过程中，不仅能拉近父母与孩子之间的距离，还能培养孩子处理问题、解决问题的能力。对话如下。

孩子："我真的很想去小公园。"

妈妈："你非常想去小公园？"（询问）

孩子："是的，我觉得那些新的娱乐项目一定很好玩。"

妈妈："妈妈明白你的意思了。但现在出现了一个矛盾，你想去小公园玩，但妈妈想回家做饭，并且认为晚上去公园玩不太安全，你能想出一个折中的解决方法吗？"（给予孩子提出解决方法的主动权）

孩子："我觉得我们可以出去外面吃，等爸爸下班再一起去公园。"

妈妈："这倒是个办法，但妈妈已经准备好今晚的菜了，还有另一个方法吗？"（给予肯定并鼓励提出新方案）

孩子："那明天您早点来接我，放学后去玩，可以吗？"

妈妈："真棒！妈妈觉得这是个好办法，那明天妈妈再带你过去。"

3. 采取行动

对于孩子提出的解决方法,父母一旦认可并做出承诺,就应"说到做到",否则将会消磨孩子对父母的信任感,并给孩子留下不守信用的负面形象,为未来父母与孩子之间冲突的发生埋下了伏笔。在这一例子中,妈妈应信守承诺,在第二天带孩子去小公园体验新增的娱乐项目。至此,父母与孩子之间的冲突得以解决。

四、理性施爱

教育家杜威说过,"一切教育的最高目的是形成性格"。在每个人的生命成长中,没有比家长更重要的教师。在与今天许多父母相处过程中,我们可以发现他们在教育孩子的过程中存在一些误区。一部分父母认为应在孩子面前树立威严的形象,不善于向孩子表达爱,间接使孩子形成漠然的性格;一部分父母对孩子无底线地溺爱,影响了孩子独立自主人格的形成。"如何理性施爱"是当下绝大多数父母需要学习的课程,学会理性施爱,方能促使孩子养成良好的行为习惯,拥有坚强自信、热爱生活等优秀品质。

（一）在实际锻炼中培养孩子的独立人格

现在,很多家长认为为孩子包办一切就是对孩子好,殊不知,孩子因此缺少了很多应有的生活锻炼,独立生活能力欠缺。2019年秋学期开学,贵州省贵阳市的华一嘉禾学校发生引人深思的一幕:45个初一学生吃剩39个鸡蛋。送餐公司将回收销毁时,教师郑志雄拦下并将鸡蛋分还给学生,可是,他发现大部分学生连鸡蛋壳都不会剥。

在接受采访时,郑志雄表示:"只有6个学生吃了鸡蛋。在很多贫困地区,孩子都不一定能轻易地吃上一枚鸡蛋,孩子们就这样浪费鸡蛋,这是很让人心疼的,也很让人可惜。我们必须抓住这个契机,在场景中去教育孩子,我相信会获得更好的效果。家长可能给孩子包办代替的内容太多了,导致孩子不会剥鸡蛋。"于是,郑老师将语文课改成了"鸡蛋了解课",并写了《39枚鸡蛋引发的课堂》一文,希望家长注重生活教育。

孩子不会剥鸡蛋,自理能力差,问题到底出在哪里?

杜威说:"每个人都有家庭中儿童的生活,市场上的生活,人与人往来的生活,以及与自然界接触的生活。从这许多生活当中得来的种种知识,种种思想,种种习惯,都是广义的教育。"生活本身就是教育,与其为孩子包办一切,不如抓住生活中每一个教育契机,在生活实践中,从穿衣刷牙,到刷碗洗衣,锻炼孩子自立意识和生活技能。反之,家长代替孩子包办孩子的生活,就会让孩子缺少应有的锻炼,到孩子需要独立

视频

解决冲突与理性施爱

扫描二维码观看微课视频

生活的时候，却发现自立能力低下，根本无法自理，这是教育的失败，是一件令人可惜的事情。

实际锻炼是最重要也是最灵活的家庭教育方法之一。实际锻炼就是指家长根据孩子成长的需要指导孩子亲自参与，身体力行，以培养孩子形成良好的行为习惯和思想品德的家庭教育方法。它基于生活实践，生活的过程蕴含着无数的教育契机。通过实际锻炼，不仅能培养孩子的思想品质，训练孩子的技能，还能为亲子互动交流创造契机。在实际锻炼过程中，家长要鼓励孩子不畏困难和吃苦的同时，注意教授孩子生活的技能和方法。母狮在教导幼崽捕猎时，常常会抓来活的猎物幼崽，让小狮子和猎物周旋，在这个过程中，教给幼狮捕猎技巧。教育就是如此贴近生活，我们可以循序渐进，可以让孩子从身边小事做起，自己打扫房间、自己清洗衣物等，在实际锻炼的过程中培养孩子的独立性。

生活中难免会遇到挫折，家长要鼓励孩子多尝试用不同的方法解决问题。德国教育学家舒马赫说过："给孩子多多提供尝试机会也是实施挫折教育的有机组成部分。孩子一旦被剥夺了尝试的机会，也就等于被剥夺了犯错误和改正错误的机会，因此也不可能迈向成功之路。"爱不等于包办，父母应教会孩子在实践的过程中勇于面对挫折，给孩子独立面对挫折的机会。

（二）注重养成教育，培养孩子的自控力

家庭教育最大的特点就在于它贯穿于家庭日常生活之中，是通过细小的家庭活动来促进孩子的全方位发展。指导孩子养成良好的行为习惯，培养孩子自控、自制的能力，应该成为家庭教育的重要方向。家长在培养孩子行为习惯和自控力时应注意根据孩子的年龄特点选择不同的指导方式。

对于年龄稍小的孩子可以采用榜样示范法。家长是孩子最好的教师，孩子成长阶段主要的学习就是通过模仿家长的行为，因此家长首先要起到良好的榜样作用。家长示范教育不仅可以加强沟通的可信性和感染力，更能对孩子性格的培养、习惯的养成起到积极影响作用，潜移默化，做到润物细无声。

父母是家庭教育的主体，要注重言传身教，发挥家庭教育的奠基性作用。

十几年来，国内外专家学者大量的研究表明，儿童时期形成良好的行为习惯和自控力，对于其今后的学习成长有着重要的影响，这种影响甚至超过了智商。

要怎样培养孩子的自控力呢？心理学研究表明，从外在控制转变为内在自我控制是培养儿童自控力的重要环节。所谓内控，就是将外

在的道德规范、条件准则转化为孩子内在的需求。简单来说,当一个孩子想要违反规定时,他能够意识到他的行为可能带来的负面结果,从而自觉地表现出对于规则的遵守。在家庭教育中如果只是强调外部的规则而不去引导将其转化为内控,对儿童的培养往往都是收效甚微的。培养自控力的前提就是家长要懂得引导,与孩子共情。一位与孩子交朋友的家长,当他提出要求时,孩子更容易听从;相反一位打骂孩子的家长,孩子对于其要求更多是反抗。

家长可以通过延迟满足的方式来培养孩子的自控力。延迟满足能力不是一种纯粹的忍耐力,而是一种权衡能力和判断能力的体现:懂得并能判断出通过付出一定的代价能获取更大的利益,由延迟满足能力延展出来的选择力、判断力和权衡力更重要。心理学上有一个著名的关于延迟满足的经典实验。

在一个小房间里,只有一张桌子和一把椅子,桌子上的小托盘里有棉花糖、曲奇饼干或是饼干棒,让数十名儿童待在里面。

研究人员告诉孩子们,他们可以选择马上吃掉零食,也可以选择等研究人员回来时再吃,不同的是,等研究人员回来时再吃就可以得到更多的棉花糖。

最后,大约1/3的孩子成功克制住了自己的欲望,坚持了15分钟左右,等到研究人员回来兑现了奖励。

实验并没有结束。离实验开始的时间差不多过去了20年后,研究人员再次追踪调查了这些孩子,最后发现,凡是能实现延迟满足的孩子,成绩更好,成年后更加成功。

要让孩子逐渐发展出掌控自我的能力,从被动走向主动,依靠自己不断提升的判断力去实现自控。

五、共同活动

谈及如何拉近父母与子女之间的距离,其乐融融的家庭聚餐画面便浮现眼前。在本部分中,共同活动是指父母与子女以及其他家人通过聚餐、外出等方式创设与家人共同相处的机会,旨在促进父母与子女关系健康发展的活动方式。

(一)共同活动的意义

共同活动具有以下意义。

(1) 搭建父母与孩子情感交流渠道。

形式丰富多样的家庭共同活动为父母与孩子之间的情感交流搭建了桥梁,提供了充分的时间与空间。聚餐、出游等家庭活动开展时相对轻松的氛围与平日严肃、庄重的面对面谈话相比,更容易使父母与孩子打开心扉,畅谈心中所思所想。共同活动不仅为双方提供了沟通交流的机会,更为亲子关系的改善、优化提供了更多可能性。

（2）助力孩子人格、心理的发展。

共同活动想法的提出、筹备、开展需要家庭成员的参与及协作。父母可利用这一机会,放手交由孩子负责,以锻炼孩子的社交能力、组织能力等。以外出游玩为例,首先需要对游玩地点进行挑选,敲定外出时间;其次需要充分做好路线规划、酒店预订、交通出行安排等工作。这些工作对于孩子而言存在一定的挑战性,是培养、锻炼孩子的绝佳机会。除此之外,在旅程中父母与孩子之间留下的美好回忆同样也能增强家庭成员凝聚力,提升孩子的安全感、幸福感、满足感与归属感。

（二）共同活动的分类

根据共同活动开展主体的不同,可细分为以下三种类型:由社会力量开展的共同活动、由学校开展的共同活动和由家庭内部开展的共同活动。

1. 由社会力量开展的共同活动

社会力量包括社会企业、社区组织、非营利性机构等具备举办活动能力的各级各类的组织单元。社会力量举办该类活动通常具有明确的动机、清晰的目标,如社会企业期望通过举办该类活动提升知名度,达成一定的经济效益;社区组织期望通过举办该类活动营造和谐的社区氛围,增强社区内部凝聚力;非营利性机构期望通过举办该类活动宣扬公益精神,为促进亲子关系提供平台。由于目标不同,不同社会力量下组织的活动形式存在差异。

阅读案例

2017年5月28日,是端午节小假期首日。但在人民西路,约300名孩子和家长穿着一样的绿色T恤,迎着阳光早早地出发了——他们正在参加"爱是一次共同的成长"大型亲子公益活动。

8时许,提着粉色垃圾袋,戴着手套,99组家庭按孩子的年龄分成三大组,陆续从人育职业培训学校出发,步行至北湖公园,正式开始了"环保之旅"。"我们是'垃圾三人组'!"3名男孩喊着口号,几步甩开家长,跑到了队伍前列。其中一个几步冲到花坛边,蹲下身将烟头和纸团飞快地装进垃圾袋。"我捡得比你多!"

花坛中、行道树根部、砖缝里,烟头、槟榔渣、纸屑,地面上的垃圾几乎都逃不过孩子们的"法眼"。"我们参加过好多次类似的活动了。"李晶打开垃圾袋,让儿子把垃圾放进去。她觉得,儿子

8岁,正是树立环保意识的好时机。"今天可以培养他爱护地球的意识和社会责任感,虽然个人力量微薄,但也要尽力。"

回到人育职业培训学校,"环保小卫士"们洗过手后,开始在志愿者和父母的指导下,学着包粽子。"粽叶是这样卷的吗?"卷粽叶、填米、扎紧绳子,不少孩子学得很认真。"平时工作忙,陪女儿的时间少。今天会让我们更亲密,也能教会她尊重劳动成果。"曹鸣燕说。

据了解,本次活动由市妇联主办、人育职业培训学校承办,郴州市巾帼志愿者协会执行。意在通过亲子共同捡垃圾、包粽子,开展向环卫工人赠送粽子的公益活动,让孩子编织感恩绳、写信、填写调查问卷,为家长举办"如何成为智慧父母"讲座等,加强全市未成年人思想道德教育,传承良好家风家训,让孩子们进一步了解中国传统节日习俗,让社会主义核心价值观成为日常行为准则。

——节选自黄靖雯.这个端午有意义 99 组家庭共同参加公益活动.郴州新闻网 http://www.czxww.cn/2017/05/31/100350524471.html,2017-05-31.

2. 由学校开展的共同活动

以学校为主体的活动开展,旨在促进家校间的交流联系,为家长与教师的交流、家长与家长的交流、家长与学生的交流、学生与学生的交流构建桥梁。该类活动的开展,通常不是以拉近父母与孩子的关系作为唯一目的,但由于该类活动有家长、教师、学生等角色参与,活动的举办对于家校关系、亲子关系、同学关系的改善提升有显著效果。

阅读案例

"日出东方七彩彤,滴水湖里藏蛟龙,从小怀揣青云志,一家大小向前冲!"2019 年 5 月 29 日,滴水湖学校举行了以"动感水滴,献礼 70 华诞"为主题的第一届亲子运动会暨六一颁奖典礼,包括《湖南日报》小记者在内的全校 420 多个学生家庭,近 800 余人参与活动。

学校 1801 中队的妈妈团以一曲《龙腾中华》拉开了颁奖典礼的序幕,金色的祥龙,明黄的绣球,在妈妈们的舞动下风生水起,矫健俊秀。全校学生以古典韵律吟诵《千字文》和现代动感啦啦操《韵舞水滴》将滴水湖学子的"动如脱兔""静润书香"展现得淋漓尽致。

"校长奖""尚美学生""优秀家长""优秀辅导员"以及学生单项

特色之星"恒学、恒志、恒康、恒乐、恒思、恒爱"六项"恒润之星"欢乐走上红毯，学校曹峰校长、詹迎副校长为获奖者颁奖，周海鹰副校长宣读颁奖词。随后，亲子运动会火热上演。

滴水湖学校校长曹峰在接受《湖南日报》小记者许轩闻的体验采访中表示："六一临近，学校通过这样的集仪式感、趣味性、参与性为一体的活动，来增强孩子们的集体荣誉感，树立身边的学习榜样，同时增进亲子、家校间的情感交流和沟通，让孩子们在运动中体会快乐，在活动中经历成长，体验与家人、同伴合作的快乐。"

——节选自动感水滴，趣味献礼 70 华诞 湘潭滴水湖学校亲子运动会火热上演. 华声在线 https://baijiahao. baidu. com/s?id＝16350405088857288482&wfr＝spider&for＝pc，2019-05-31.

3. 由家庭内部开展的共同活动

家庭成员作为共同活动的组织者、参与者，通常不以促进父母与孩子关系为目标，但此类共同活动的组织开展将切实改善亲子关系，促使父母与孩子关系健康发展。不同家庭开展的共同活动形式多样，内容丰富，并无具体范式、具体标准要求。

阅读案例

2019 年 8 月 21 日，汕头大学校门口，三个身影在家长和学生的人流中异常显眼，他们戴着太阳帽，身穿防晒衣，穿着运动鞋，一身驴友打扮。原来，这是汕头大学 2019 级新生卢悦与她的父亲和妹妹。她的大学报到之路很特别，用时 26 天，徒步 1 300 千米，平均每天走 50 千米。

26 个日夜，1 300 千米路程，从益阳桃江县大栗港镇出发，途经三个省份，8 月 21 日上午，卢悦和父亲、妹妹一起抵达目的地——汕头大学。至此，父女三人"徒步上大学"的计划画上了圆满的句号。

高考前，父亲卢庆丰提议，等女儿高考结束后一起徒步去学校报到，"一开始以为父亲是开玩笑，后来发现他在认真准备相关的事情，我觉得这个提议挺不错，就同意了"。

徒步旅行中，脚底被磨出疮，皮肤也晒得黝黑，卢悦调侃地说自己"只剩牙白了"。一趟下来，卢悦感触很深，"不仅看到了不同地方的风土人情，学到了很多在书本里学不到的知识，和家人的感情也进一步加深，自己也变得更加自立。这一趟很值得"。

——节选自张沁,孙诗雨. 徒步 1 300 千米送女儿上大学 父女三人 26 天从益阳徒步到汕头. 红网湖南频道 https://hn. rednet. cn/content/2019/08/23/5829161. html,2019-08-23.

本章小结

　　亲职教育作为面向父母开展的一种专业教育,使父母素养的系统性提升成为可能。父母与孩子和谐关系的形成需要父母树立符合现代儿童发展规律的教育观念,掌握家庭教育的基本知识,学习科学有效的教育方法,不断提升教养能力。

拓展阅读

《小欢喜》:最高级的家庭教育,是懂尊重,知分寸,善鼓励

　　最近,由黄磊、海清、陶虹等主演的都市生活剧《小欢喜》正持续热播。逼近真实的剧情,直击家庭相处矛盾的刻画,不仅引人深思,给人启示,也让人仿佛回到了那年高考季。亲子教育、学区房、高考、中年危机……当一朵朵现实的浪花,不断地溅落在每个家庭面前时,也引发了人们激烈的讨论。对于孩子来说,在剧中总能找到一些共鸣点。要么被父母管得太严,感觉被控制,不被尊重;要么自己的想法、选择与父母发生冲突,不被理解;要么和父母压根儿就没多少交流,在生活的沼泽里独自前行,不被关注。

　　比如剧中陶虹饰演的宋倩,她是一个高三学子的妈妈,为了让女儿按照自己的期望考上一所好大学,她拼尽了全力,从春风中学辞职、给孩子吃不喜欢但营养高的海参……给孩子无穷无尽的爱,却处处充满着控制欲。本最用心,付出最多,却与女儿的冲突最激烈。吵架时女儿甚至飙出了"我恨你"来发泄,一心想去南京大学,以此摆脱母亲过紧的约束。孩子觉得没自由,父母觉得为你好。在孩子的成长史里,总会留下父母望子成龙、望女成凤的鞭痕。

　　爱与教育的天平,一边是不求回报的付出,一边是深受其扰的包袱。为人父母,到底该如何与孩子沟通、相处? 如何教育孩子? 如何给予孩子恰如其分的爱呢?

懂尊重,是孩子一生的财富

　　剧中的方一凡是一个性格活泼,不爱学习的孩子。一开学就跟同学打架,还用乌龟戏弄教师,众目睽睽之下,被妈妈追着打。可就是这样一个孩子,他与家庭的关系是最为密切,相处也是最幸福的。在学校举行的"认清自己,减轻压力"的活动中,他大声而自豪地说出了他是童文洁和方圆的儿子,而其他同学在这一环节总显得不自信,没安全感。

究其原因，与爸爸方圆的教育有很大的关系。

在方一凡犯错误时，方一凡的爸爸不会一味地责骂，而是平心静气地站在孩子的角度引导、沟通；发生家庭矛盾时，他会问问孩子的想法；在自己失业后，他也坦然地告诉儿子。面对老婆童文洁的暴脾气、急性子，他不会与其发生正面冲突，而是有思路、有策略地去化解。潜移默化中，方一凡也觉得他在这个家是被尊重的，他可以有自己的想法，也敢于说出口。

在期中考试不理想的情况下，方一凡萌生出了参加艺考的想法，妈妈当然是不同意的。但方圆尊重孩子的选择，不会一开始就扼杀掉孩子的梦想。他答应儿子去做母亲的思想工作，他说："儿子怎么都十八了，是不是该听听他内心是怎么想的？"遇到事情，方圆首先想到的是儿子怎么想，一通操作下来，简直是教科书般的教育方式。十分的尊重，换来的是孩子更加独立、更加宽广的成长大道。

诗集《轩言轩语的世界》的作者李轩，13 岁的年纪就能写有魂的诗。"淌过多少迷离的醉地，无愁的桃源……"读来让人如沐春风，倍感自由。小年纪，大才华。这一切若说都归功于她本身的努力和热爱，那肯定是不成立的。没有父母对她梦想的支持和尊重，未来就是一条没有期望的路。在多数人眼里，学才艺应该是舞蹈、钢琴之类更为主流的东西。可李轩的父母不这么看，他们认为既然孩子喜欢，有自己的爱好，就应该支持。他们不仅从实际行动上帮助女儿，给她找适合的诗歌资料，与她一起练习，还一直鼓励她，做她的精神支柱。有这样的父母，何其幸运！

知分寸，是孩子成长的源泉

在乔英子眼里，妈妈宋倩就是豺狼虎豹，那个家就是万恶的旧社会。她虽然知道妈妈是为了自己好，但是她感觉这样的爱是让人窒息的。为了不让妈妈难过，她只好更多地压抑自己的想法，哪怕透不过气来，也尽可能地去迎合妈妈给自己安排好的一切。而宋倩的控制欲也一度冲上了微博热搜。有网友评论说：宋倩对女儿的爱和现代许多的母亲真的是太相似了。应该多听听孩子的意见，给一定的空间，让他们为了自己的理想而努力。同款妈妈也出现在很多人的生活里，一句为你好，堵住了所有的退路。

乔英子在家里总显得很拘束，谨小慎微，但每当去到学校，去到爸爸乔卫东那里，去跟刘静阿姨相处时，她就像变了一个人似的，脸上洋溢的是发自内心的快乐。只有让孩子舒坦地说出自己的想法，有空间给自己转个身，成长的轨道才不会脱轨。

2018 年 1 月，北京大学毕业生王猛数落父母的万字长文信曾引发广泛关注。作为"别人家孩子"的典范，他已足够优秀。然而，这优秀的背后，却是王猛和父母的决裂：12 年前，他不再回家过春节；6 年前，他拉黑了父母所有的联系方式；他甚至还准备再到北京大学读个心理学方面的博士，以解决自己长期压抑之下的心理问题。为什么会这样呢？他将自己与家庭决裂的根源归结为父母从小对自己的"过度关爱"。他认为自己性格的"弱点"——"内向，敏感，不善交际"与父母有关。他的心里，满是父母的"肆意操控""冲突"和"炫耀"，父母的控制欲，让他没能树立足够的信心。他说："父母的爱其实是伤害，过去的经历无法与我的认知调和。"爱不是看上去一往无前的用力和使劲，而是恰到好处让人可以喘气的放手。

善鼓励，是孩子进步的阶梯

在剧中，方一凡要去参加艺考，但他前期的准备工作是不及格的。此时，妈妈已是充满了焦虑，试想了无数种不靠谱的可能。但方圆却是站在一个欣赏的角度去看待问题的，即便是两百里挑一，难度很大，他也没有立马退缩，而是鼓励儿子说他跳得很好，唱得也很出色。儿子也因此信心倍增。父母的一句肯定，会比十句训斥和督促的话管用。

泰国有一个名为"每天努力一点点"的短片，讲述的就是一个在妈妈的鼓励下，孩子不断蜕变的故事，让人潸然泪下。孩子喜欢踢足球，但是基础很差，没有天分，体力也跟不上，教练委婉地说只能观察一下。言外之意就是这孩子不是这块料，不行。但这位妈妈没有这样认为，她对儿子说："今天老师夸你很努力哦，你以前完全顶不到球，现在偶尔都能顶到了，只要再努力一点点，接触到就够了。"儿子听后，满血复活，跑到院子里反复练习，一点点进步。当儿子说追不上别人，感到很气馁时，她又说："做得不够好没关系，我并不想让你是第一名，只希望你每天超越自己一点点，就够了。"慢慢地，儿子坚持下来，努力带来了神奇的蜕变。在最后一分钟，儿子打进了关键球，扳平了比分。这个当初最弱的人在母亲的不断鼓励下，突破自我成为小英雄。有时候，你相信他可以，他也许就会真的可以。

美国一位著名的教育家曾说过一句话：在教育孩子这件事上，除了赞美与鼓励外，我找不出还有什么其他更好的办法。鼓励是一种支持和信任，孩子是能感受到的。不要给孩子贴上不行的标签，每一次说他有进步，就是日后让你以他为傲的更上一层楼。

教育是一种学问，为人父母更是一种修行。在这部剧中，我们看到了我们自己的生活，同时也反思了切实存在的教育问题。好的家庭教育，不是权威至上，而是尊重孩子；好的家庭教育，也不是付出所有，而是爱之有度；好的家庭教育，更不是打压激励孩子，而是给予他足够的信任与鼓励。

父母是孩子最好的教师，孩子也是上天送给父母最好的礼物，成为一家人是一种特别的缘分，所以，请好好珍惜你们父子母女之间的每一场小欢喜吧！

——节选自《小欢喜》：最高级的家庭教育，是懂尊重，知分寸，善鼓励.知子花家庭教育微信公众号 https://mp. weixin. qq. com/s/OKpg5kNocS5-8SLipoLogQ,2019-08-20.

思考与练习

一、简答题

1. 谈谈你对亲职教育的理解。

练习题剪下后，可作为课程作业上交。

2. 如何使用榜样教育法教育孩子？

3. 如何有效地对孩子进行奖惩？

二、论述题

1. 你认为家庭教育应该怎样开展？

2. 你怎样理解共情沟通和积极倾听？

第八章
特殊儿童的家庭教育

前面我们探讨了家庭教育的原则、理念、方法等问题，接下来我们将一起关注另一个群体——特殊儿童。所谓特殊儿童，广义上来说就是与正常儿童在各方面有明显差异的孩子，包括高智商儿童、问题儿童、情感或者精神问题障碍的儿童等。狭义上特殊儿童一般是专指那些心理或者生理发展有缺陷的孩子，包括视力障碍、听力障碍、智力障碍、多种残疾的儿童。本书中特殊儿童的家庭教育主要是指广义的特殊儿童。

本章共包含"智力异常儿童的家庭教育""自闭症儿童的家庭教育""其他特殊儿童的家庭教育"三节内容。本章从特殊儿童的鉴别与发现、特殊儿童的发展特点以及特殊儿童家庭教育策略三个方面出发对智力超常与智力障碍儿童、自闭症儿童，以及多动症儿童、视听障碍儿童等其他特殊儿童进行分析。希望可以对具有特殊需要的家庭提供帮助。

 学完本章，你将能够：

1. 了解各类特殊儿童的界定；
2. 掌握各类特殊儿童的发展特点；
3. 具备鉴别与教育特殊儿童的能力。

　　孩子是活生生的生命，美好的生命，因此对待他们就该像对待同志和公民一样，必须了解和尊重他们的权利和义务：享受快乐的权利，担当责任的义务。

——马卡连柯

根据特殊儿童的定义我们可以将特殊儿童分为身心障碍的儿童和天赋异禀的儿童两类。针对特殊儿童的教育就是为了满足特殊儿童的独特需要而设计的教育措施。其目的在于可以在最少的限制下尽可能地让特殊儿童在正常的环境中生活学习,而不是把他们从普通家庭、社区、学校中隔离开来。

第一节 智力异常儿童的家庭教育

智力是指人的认知、理解、记忆、观察、想象、思考以及理解客观事物规律,运用经验知识等解决问题的能力,是生物所具有的一般性精神力量。智力受到遗传和环境、早期经验、后期学习等的影响,因此不同的人的智力也存在着差异。心理学家在此基础上设计了心智量度也就是智力商数测试,并以此来衡量人们的智力差异。

所谓智力异常,就是指智力与正常儿童有明显差异的孩子,包括超智力儿童和智力障碍儿童。

一、智力异常儿童的发现与鉴别

家庭教育中家长可以通过对幼儿行为表现的观察来对孩子的智力情况做一简单的判断,如观察幼儿的肌肉动作、刺激反应、语言表达等。无论是智力超常或是智力障碍的孩子都只是极少数存在的,我们可以通过智商筛查方式来进一步确定孩子的智力发展情况。下面将主要介绍几种智力筛查的方式。

(一)丹佛发展筛选测验

丹佛发展筛选测验简称 DDTS,是由美国心理学家 J. B. 道兹及医生 W. K. 弗兰肯伯共同研究制定的,最早发表于 1967 年,适用于 0～6 岁的儿童,共设置 104 个项目,包含了语言、运动、精细动作与适应性、个人社交 4 个功能区。中国自 1979 年开始使用这一测验对儿童进行筛查,该测验只用于筛选而不能用于诊断。

四个功能区分别对应幼儿不同的能力,个人社交功能区代表幼儿对周围的应答和生活料理能力;精细动作与适应性功能区代表幼儿看的能力和取物、绘画的能力;语言功能区代表幼儿听、说及理解能力;运

视频

智力异常儿童的家庭教育

扫描二维码观看微课视频

动功能区代表幼儿站立、行走等运动能力。

该测验仅用于筛查，因此结果分为异常、可疑和正常三种。对于测验项目中出现多个区有 2 项或以上迟缓、1 个区有 2 项或以上迟缓另有 1 个区有 1 项迟缓的孩子判定为异常；有 1 个区出现 2 项或以上迟缓或多个区有 1 项迟缓的孩子判定为可疑；其余孩子为正常。对于判定异常和可疑的幼儿应做进一步的筛查。

（二）比内-西蒙智力量表

比内-西蒙智力量表由法国心理学家比内（A. Binet）和西蒙（T. Simon）于 1905 年编制，是世界上第一个正式的心理测验。这个测验的目的在于把异常儿童和一般儿童区分开来，并对其进行特别的教育。1905 年版的比内-西蒙智力量表编制相对粗糙，操作及计分标准尚不科学、规范，但还是引起了各国众多心理学家的关注。在此后的实验反馈中比内不断地进行了修订，出现了 1908 年版和 1911 年版。

比内-西蒙智力量表 1922 年正式传入我国，目前一般选用吴天敏教授 1982 年修订完成的中文第三版，也被称为"中国比内测试"。测试共 51 题，适合 2～18 岁的受测者，农村和城市共用一套题目。中国比内测试内容见表 8-1。

链接

《中国比内测验指导书》（第三次修订）

表 8-1　中国比内测试内容

试题 1	比圆形	试题 18	找寻数目	试题 35	方形分析（二）
试题 2	说出物名	试题 19	找寻图样	试题 36	记故事
试题 3	比长短线	试题 20	对比	试题 37	说出共同点
试题 4	拼长方形	试题 21	造语句	试题 38	语句重组（一）
试题 5	辨别图形	试题 22	正确答案	试题 39	倒背数目
试题 6	数组扣十三个	试题 23	对答问句	试题 40	说反义词（二）
试题 7	问手指数	试题 24	描画图样	试题 41	拼字
试题 8	上午和下午	试题 25	剪纸	试题 42	评判语句
试题 9	简单迷津	试题 26	指出谬误	试题 43	数立方体
试题 10	解说图画	试题 27	数学巧术	试题 44	几何形分析
试题 11	找寻失物	试题 28	方形分析（一）	试题 45	说明含义
试题 12	倒数二十至一	试题 29	心算（三）	试题 46	填数
试题 13	心算（一）	试题 30	迷津	试题 47	语句重组（二）
试题 14	说反义词（一）	试题 31	时间计算	试题 48	校正错数
试题 15	推断情境	试题 32	填字	试题 49	解释成语
试题 16	指出缺点	试题 33	盒子计算	试题 50	明确对比关系
试题 17	心算（二）	试题 34	对比关系	试题 51	区别词义

测试时根据孩子不同年龄从指导书中查找对应开始的题目,如6岁孩子从第7题开始,答对1题计1分,当出现连续5个问题不能回答通过时测试停止。中国比内测试采用离差智商计算方法,设定平均数为100,标准差为16,根据量表将原始分数进行转换得到智商测试得分。根据智商得分情况判定智力等级(表8-2)。

表8-2　中国比内测试智力等级分布表

智力等级	智商范围/分	理论百分数/%	智力等级	智商范围/分	理论百分数/%
非常优秀	≥140	1.6→1	边缘状态	70～79	5.6
优秀	120～139	11.3	智力缺陷	≤69	2.9
中上	110～119	18.1	愚鲁(IQ为50～68)		
中等	90～109	46.5	痴愚(IQ为25～49)		
中下	80～89	14.5	白痴(IQ为24以下)		

根据中国比内测试的结果,全国大概有1.6%的儿童智商范围超过140分,也就是智力超常儿童。智商低于69分的为智力障碍儿童,其中智力障碍又被分为愚鲁(IQ为50～68)、痴愚(IQ为25～49)、白痴(IQ为24以下)三类。

(三)韦氏智力测验

韦氏智力量表是由美国心理学家韦克斯勒于1916年编制完成的,是继比内-西蒙智力量表以后另一套世界通用的智力测试量表。1939年至1967年间,韦克斯勒又进行了进一步的修订,将量表根据年龄阶段细分为三大类。20世纪70年代以来韦氏智力量表又进行了多次完善,于20世纪80年代后期引入我国,并修订推出中文版,得到广泛应用。目前,主要应用2002年韦氏学龄前及幼儿智力量表第三版(WPPSI-Ⅲ)、2003年韦氏儿童智力量表第四版(WISC-Ⅳ)以及2008年韦氏成人智力量表第三版(WAIS-Ⅲ)。本部分主要选取韦氏学龄前及幼儿智力量表进行介绍。

2002年韦氏学龄前及幼儿智力量表第三版(WPPSI-Ⅲ)适用于2岁6个月至7岁3个月幼儿。有农村和城市两套测试题,每套题目分为操作类试题和言语测试类试题两部分。言语部分包括常识、词汇、算术、类同、理解、背诵6个方面的内容;操作部分包括动物房、图画补缺、迷津、几何图形、积木图案5个方面的内容。

根据指导手册要求对幼儿每项测验进行计分,得到每一项测试的原始分数后,根据量表将其转换为平均数为10、标准差为3的量表分,分别将言语测试和操作测试量表分相加,可以得到言语量表分(VS)和操作量表分(PS)。再将两者相加得到全量表分(FS)。再根据应用常

模将其转化为言语智商（VIQ）、操作智商（PIQ）和总智商（FIQ），依据得分可以判断不同智力等级（表8-3）。

表8-3　韦氏学龄前及幼儿智力测验智力等级分布表

智力等级	智商范围/分	理论百分数/%	智力等级	智商范围/分	理论百分数/%
极超常	≥130	2.2	智力缺陷	≤69	2.2
超常	120～129	6.7	智力缺陷等级	智商范围/分	占缺陷人数百分数/%
高于平常	110～119	16.1	轻度	50～68	85
平常	90～109	50.0	中度	35～49	10
低于平常	80～89	16.1	重度	20～34	3
边界	70～79	6.7	极重度	≤19	2

二、智力异常儿童的特点

（一）智力超常儿童的特点

对于天赋异禀智力超常的儿童家长们要及时发现其特点，再加以正确的、科学的教育与引导，那么这些孩子将会更好更快地成长。与正常儿童相比，智力超常儿童一般具有以下几方面的突出表现。

1. 生理成熟期短

智力超常儿童在出生后不久便会表现出与一般儿童不一样的特点。常态儿童的大动作发育一般遵循3个月会翻身，6个月会坐，8个月会爬，1岁左右会走路的发展顺序，但智力超常儿童相对的生理成熟期会短一些，他们的许多动作会提早出现，会更早出现抓握动作，相对协调性也更好。除此之外，身高、体重等各项身体机能也会比同龄人发展得更好一点。

2. 认知能力突出

绝大多数智力超常儿童的认知能力都比较突出，主要体现在他们可以比同龄人更容易集中注意力长时间做某一事情，记忆力强，反应敏捷，想象力丰富等。智力超常儿童有着较强的视听能力，可以在较短的时间内迅速获取大量信息，观察能力强，并且可以找寻规律，短时与长时记忆都超过常人。有些智力超常儿童甚至可以做到过目不忘，理解力强并且有一定推理能力，对于问题反应快，常常一点就通。

3. 存在优势领域

智力超常儿童往往会在某些方面表现出明显的兴趣，存在明显的优势领域,比如,有超强的逻辑推理能力、非凡的语言表达能力、超凡的音乐素养等。这些儿童求知欲和进取心强,往往不服输,一旦决定学习什么就一定要学好,能进行一定的自我调节。智力超常儿童喜欢自我思考和反思,因此常表现出沉默,与同伴关系往往不是太好。

(二)智力障碍儿童的特点

造成智力障碍的原因十分复杂,如果家长能尽早发现孩子存在智力障碍,并及时进行干预训练,在一定程度上是可以使其智商提高的。智力障碍儿童一般会表现出以下特点。

1. 认知能力差

智力障碍儿童对事物的认知能力比常态儿童要差,感受性低,对于颜色、味道、形状等无法做到细微地区分,知识记忆能力和储备都较差,对周围事物关注度低。中重度儿童甚至没有注意力,基本无法理解他人的表达。

2. 语言思维发展缓慢

研究显示,超过 80% 的智力障碍儿童存在言语缺陷。如果一个孩子的发音、吐字、说简单句子的时间比正常孩子晚半年以上就要考虑孩子可能存在智力发展落后的情况。智力障碍儿童往往不能很好地连贯表达,语法错误多,词语匮乏,严重者语言表达不清,只停留在表面或者难以表达想法等。

3. 无法控制情绪

智力障碍儿童往往情绪表现不成熟,且波动大,无法控制自己的情绪,社会化水平低下。无法进行正常社交活动,对周边的人或事物从不关心,对自己遇到的事情常常有冲动表现,大喊大叫,易于激怒,对人有敌意。

4. 表现异常

智力障碍儿童大多数是脑部出现问题,所以会表现出异于常人的行为,例如,吞咽或咀嚼困难、经常喷射状呕吐、伸舌头痴呆(先天愚钝)、剪刀腿(痉挛性脑瘫)、头颅畸形(脑积水、发育不完全),各项身体机能发育迟缓等。

三、智力异常儿童的教育对策

(一)智力超常儿童的教育对策

家长对于智力超常儿童的培养十分重要。王安石的《伤仲永》便对智力超常儿童培养的问题做出了分析,只有在正确的引导下才能发挥出智力超常儿童的独特优势，如若对智力超常儿童缺乏正确良好的教育，最后只会泯然众人矣。

1. 遵循发展规律客观地看待孩子

家长在教育孩子的过程中要正确地、客观地看待孩子，遵循孩子身心发展的规律。要知道智力超常儿童毕竟是极少数，只占所有儿童的2%左右，并不是所有儿童都能够成为"神童"。如果家长一味地追求让孩子成为神童则会出现揠苗助长的情况，违背了孩子身心发展规律，结果适得其反。父母应该了解孩子的发展规律，用发现的眼光去关注孩子，发现孩子的优势特点，科学地教育让其得到更好的发展。

2. 提供环境因材施教

丰富多彩的生活环境对于智力超常儿童的发展会起到促进作用。真正的天才一般都是生活在和谐快乐的家庭环境中，并且愿意挑战学习新的事物，对于新鲜事物带来的刺激十分敏感。父母要抓住这一特点，对于孩子感兴趣的领域可以为其提供材料、工具及活动场地，找寻合适的导师，鼓励孩子在该领域进行实践和探索。

在教育过程中还要注意智力超常儿童是比较独特的，往往有着与同龄人不同的行为表现。家长必须坚持因材施教，为其提供良好的、适合的成长环境。同时在教育方面要采用民主方式，把握好尺度，满足孩子的合理化要求，尊重孩子自己的决定与选择，给孩子以安全感，不能过于死板，要结合孩子实际发展情况，这样孩子才会得到更好的发展。

3. 重视非智力因素的培养

在智力超常儿童的成长过程中，家长们常常只关注与智力发展相关的教育，忽视了非智力因素的重要作用。甚至有些家长除了学习外包办一切，导致孩子生活自理能力低下，长大后无法融入社会。因此，家长在教育中要重视孩子非智力因素的培养，包括良好的行为习惯、独立性、理性、爱心、同理心、谦虚诚实的品质等。要保证孩子拥有良好的自我管理、自我生活的能力，将孩子培养成为全面发展的栋梁之材，而不是"高分低能"的考试机器。

阅读案例

方仲永，世代以耕田为业，长到五岁时，不曾认识书写工具，有一天忽然哭着要这些东西。父亲对此感到诧异，借邻居的给他，他立即写出四句诗，并且写上自己的名字。这首诗以赡养父母为主题，从此给他指定物品他便能立刻作诗，诗的文采和道理都有值得赞赏的地方。同乡的人对此感到惊奇，渐渐请他父亲去做客，有的人还花钱求仲永题诗。父亲把这种情况看作有利可图,每天拉着仲永四处拜访同乡的人,不让他读书。到十二三岁时,他写出来的诗已经不能与从前的名声相称。又过了七年,问其情况,舅舅回答说:"他已经成为普通的人了。"

——选自王安石《伤仲永》

(二)智力障碍儿童的教育对策

智力障碍是当今社会所面临的重要的医学难题和社会问题,我们不能够剥夺智力障碍儿童发展成长的权利。对于智力障碍儿童我们要做到早发现、早干预,抓住智力发展关键期,实行有针对性的特殊教育训练也能取得一定的成效。

智力障碍儿童的能力和水平千差万别,训练方法也多种多样,因此要针对不同孩子的不同情况进行有针对性的康复训练,选择适当的环境,有利于改善其各方面的能力,促进其发展。

一般对于智力障碍儿童的教育包括功能训练、智能训练、异常行为矫正三个方面,通过训练感知能力和活动刺激等方式促进大脑活动的改善。

1. 功能训练

功能训练包括感知训练、语言训练和肌肉训练。感知训练主要包括对视觉、听觉、嗅觉、味觉、时间感知等方面进行训练,使之能够辨别声音、颜色、形状、时间等形成认知并做出正确反应,以达到适应生活环境的基本要求。语言训练主要采取提问、对话等方式对口语表达进行练习。特别是要抓住孩子 3 岁前后语言学习的关键期,抓住具体的事物利用机会多与孩子交流,并结合点头、微笑等动作鼓励其不断发音说话,培养智力障碍儿童可以用单词及简单句子表达自己基本生活需要。肌肉训练主要包括大肌肉群训练和手功能活动训练,从力量、平衡、协调、速度等几个方面衡量智力障碍儿童的跑跳、爬行、俯卧、抬头、翻身、站立、行走等动作,以及手功能活动的粗大运动和精细运动两个方面,这些是智力障碍儿童康复训练中必要的领域,要求尽力做到动作准确,合理地控制力度和速度,由易到难逐步加深。

2. 智能训练

对智力障碍儿童注意力、记忆力、思维能力加强训练,使其能做到认知外界事物,对日常生活做出正确的反应。穿衣、进食、如厕等日常生活能够自理,配合环境解决生活上的问题。与他人也能建立良好的关系,友善合作并适应社会。对于教育的过程家长要有足够耐心,可以将一个动作分成若干个小动作,一步步反复做来加强记忆,如洗脸就可以分解为打水—双手用水洗脸—将香皂涂在手上—用水将肥皂泡涂抹到脸上—把手洗干净然后双手用水把脸洗干净—用毛巾擦干净。训练过程分解步骤越详细，越有利于智力障碍儿童接受。以多次循环原则，在反复的练习中掌握训练所学技能。训练形式多样化，以能够吸引患儿的注意力、引起好奇心为原则，培养其主动参与的兴趣。

3. 异常行为矫正

对于障碍较轻或已经经过长期训练的孩子可以通过正面强化、消退、塑造、条件强化、错误惩罚等方法对其出现的异常行为进行技术矫正。如对于某一动作的反复练习或者对于一些错误行为的批评惩罚等。

对于智力障碍儿童的康复训练往往要通过专业康复师和家庭康复的协助两个途径进行系统全面的康复训练。家长要及时地对孩子发展情况做出判断，并在康复训练前和训练中对孩子的能力水平做到心中有数。配合专业康复师在训练中进行阶段评估，以便调整下一个阶段的康复训练内容。在若干个阶段康复训练后进行总结评估，对康复训练过程做一个全面而系统的总结。

第二节
自闭症儿童的家庭教育

在我们日常生活中，每天都会使用语言和动作来进行人与人之间的情感交流，很多人认为这些能力是大家与生俱来的，没什么不同。殊不知，在世界上每 60 个孩子中就会有一个孩子不具备我们默认的这种与生俱来的能力，他们可能无法沟通、无法表达、对周围的事物无动于衷，他们就是自闭症儿童，也就是人们常说的"来自星星的孩子"。

阅读案例

"宝贝你把自己关进了心里，留给爸爸妈妈一片阴雨天。你吝惜每一句简单的语言，喊一声妈妈，真的太难。妈妈要怎样做才能走进你的世界，怎样让你认知外面的世界。牵你的小手，和孤独告别，是妈妈今生要做的一切……"

——节选自用亲情融化孤独的寒冰. 守望那一片星空 微信公众号 https://mp. weixin. qq. com/s/NQ6H0M-kNC_psCt4q15-

Hg,2018-05-26.

什么是自闭症？自闭症儿童有哪些特点呢？

1943 年美国儿童精神科医生 Leo Kanner 最早提出"自闭症"这一说法，自闭症是一种先天脑部功能受损伤而引起的发展障碍。自闭症儿童对这个世界上的一切缺乏应有的反应，有视力却不愿和你对视，有语言却很难和你交流，有听力却总是充耳不闻，有行为却总是与你的安排相违背。与人们日常接触的许多疾病不同，没有任何两个自闭症儿童具有完全相同的症状，他们的表现千差万别。与其表现的复杂性一致，自闭症依然是一种充满未知的疾病。

一、自闭症儿童的鉴别

对于自闭症儿童的鉴别需要专门的机构和专业的量表，目前我国对于自闭症儿童的诊断标准主要依据《中国精神障碍分类与诊断标准》（第三版）及《精神异常统计手册》（第四版修订），评估量表主要有儿童自闭症评定量表、克式自闭症行为量表、自闭症儿童行为量表等。

儿童自闭症评定量表（CARS）是目前使用最为广泛的自闭症评定量表，1980 年由美国学者 E. Schopler 等人编制而成。适用于 2 岁以上儿童，共分为人际关系、模仿、情感反应、躯体运动能力、与物体的关系、对环境变化的适应性、视觉反应、听觉反应、近处感觉反应、焦虑反应、言语沟通、非言语沟通、活动水平、智力功能及总体印象 15 个分量表。

打分时每个分量表有 4 个评分等级，正常计 1 分、轻微异常计 2 分、中度异常计 3 分、严重异常计 4 分。对于介于两者之间的情况，可以出现 1.5 分、2.5 分等。评定标准，儿童自闭症评定量表得分范围为 15～60 分，总分低于 30 分为正常，30～36 分判定为有自闭倾向，大于 37 分可以确定为自闭症儿童。

二、自闭症儿童的特点

自闭症儿童一般发病于 3 周岁以内，男孩子居多，一般有以下的特点表现。

（1）认知异常。

自闭症儿童没有与人交往、交流的倾向和要求，对集体生活环境不适应。对于身边的声音、现象无动于衷，充而不闻，表现迟钝。自闭症儿童常常是看着其他儿童玩，而自己不参与，对他人漠不关心，甚至当别人喊他时，也不理不睬。多数患儿智力迟钝，仅少数患儿可表现出在某一方面有特殊才能。

（2）交流障碍。

自闭症儿童情感冷淡，对人缺乏相应的情感体验，常常是毫无面部表情。缺乏社会交往的技巧，整日不言不语，只顾自己玩。且大多数孩子存在言语障碍，言语发育迟缓，平常话很少，显得很安静。有的即使会说，也常常是用手势来表达自己的愿望和要求，以致让人误以为是聋哑儿，严重的病例几乎终生不语。

（3）难以适应新环境。

自闭症儿童兴趣狭窄，行为活动单调刻板，适应新环境困难。常常是在较长时间里只专注于某一种或某几种游戏，强烈要求保持环境的现状，不肯改变所处的环境、生活习惯、行为方式，一有改变便大哭大闹、发脾气，满足他的要求后才罢休。多数自闭症儿童还表现出一种无目的的重复行为，如单调反复地拍手蹦跳，在房里长时间地来回跑，任何人不得阻止或妨碍。

三、自闭症儿童的教育对策

到目前为止，研究发现自闭症治疗的最有效的方法就是持之以恒的科学的康复训练。除此之外，尚无良策。训练一定要抓住自闭症核心目标。父母一定要知道，在运用方法的过程中，不可将手段与目标混淆，不可过于较真训练形式上的效果，而忽略训练背后的意义和目标。

自闭症儿童最终的训练目标是为了提高他的社交能力，为此，需要很多教育辅助媒介和各种方法、手段，如教孩子画圆形，并不是为了把圆形画得有多好，而是为了提高在画圆形过程当中所体现的社交能力和水平，家长要对他的主动的社交沟通表示赞同与肯定。而一些家长会将手段与目标混淆，以为应该像正常学校的孩子一样，要把圆形画得正式、规范。特别是刚刚开始训练的家长在这一方面可能会出现较大问题，这里需要提醒家长们多加注意。

视频

自闭症儿童的家庭
教育

扫描二维码观看微
课视频

很多家长会认为自闭症的干预训练是阶段性的，以为孩子在经过治疗半年、一年或两年后就会康复，可以去上正常的学校。真实状况是，自闭症并非像其他疾病一样治疗几个疗程就会痊愈，患者一旦被确诊为自闭症，对其的干预很可能是伴随终生的。只是因为个体因素不一样，在干预的强度上会有轻重之分，绝不是阶段性的干预后就可以高枕无忧。

自闭症的训练需随时随地进行。很多家长没有意识到干预训练需随时随地进行，需要付出绝对的耐心与毅力。家长觉得只有在机构和学校中，面对教师时才是教育，领回家后就可以不用训练，可以松懈下来，这种观点是大错特错的。训练孩子的最好教师就是孩子的父母。正确的做法就是醒来就开始训练，不管是谁面对孩子，都要采取科学的方法来进行训练，对孩子的教育须做到时时刻刻、随时随地进行。自闭症的训练越早越好,但没有"最晚",终生都有训练价值。应抓紧 6 岁以前的时间,这个年龄段的孩子可塑性很强,只要方法对,孩子的进步会很大。

所有的自闭症训练的终极目标是拥有生存下去的社会功能。要让孩子入学,在学校能学到许多在家里学不到的东西,如集体观念、进取精神、独立能力、自我保护、遵守纪律等。要尽可能地让孩子接受职业培训,融入社会,要培养孩子的劳动能力,要让孩子拥有一技之长,这样才能融入正常人之中。

第三节　其他特殊儿童的家庭教育

除了多数的智力异常和自闭症儿童以外还有少数存在其他问题的特殊儿童,如多动症儿童、听力障碍儿童、视力障碍儿童等。本节将对这类儿童的家庭教育展开讨论。

一、多动症儿童的家庭教育

多动症全称注意缺陷多动障碍(ADHD),是儿童期常见的一类心理障碍。表现为与年龄和发育水平不相称的注意力不集中和注意时间短暂、活动过度和冲动,常伴有学习困难、品行障碍和适应不良等问题。国内外调查发现患病率 3%~7%,男女比为 4:1~9:1。部分患儿成年后仍有症状,明显影响患者学业、身心健康以及成年后的家庭生活和社交能力。

(一)多动症儿童的鉴别

国际国内权威的统一惯用的行为诊断量表有美国简化康奈尔儿童多动症诊断行为量表及上海市多动症协作组制定的儿童多动症行为量表。现将以上两种诊断量表简介如下。

(1)美国简化康奈尔儿童多动症诊断行为量表:

① 活动过多,一刻不停。(　　)

② 兴奋活动,容易冲动。(　　)

③ 惹恼其他儿童。(　　)

④ 做事不能有始有终。(　　)

⑤ 坐立不安。（　　）

⑥ 注意力不集中，容易分散。（　　）

⑦ 必须立即满足要求，容易灰心丧气。（　　）

⑧ 经常易哭。（　　）

⑨ 情绪变化迅速剧烈。（　　）

⑩ 勃然大怒或出现意料不到的行为。（　　）

以上多项按活动程序分别填写分数：0 分—没有；1 分—稍有；2 分—较多；3 分—很多；总分超过 10 分有诊断意义，为多动倾向。

（2）上海市多动症协作组制定的儿童多动症行为量表：

① 上课时坐立不安。（　　）

② 上课时经常讲话。（　　）

③ 上课时小动作多。（　　）

④ 发言不举手。（　　）

⑤ 不专心，东张西望，易因外界干扰而分心。（　　）

⑥ 情绪变化快，易与人争吵。（　　）

⑦ 常惹人，干扰人活动。（　　）

⑧ 不能平心静气玩耍。（　　）

⑨ 做事心血来潮，想做什么就做什么，往往有始无终。（　　）

⑩ 做事不计后果。（　　）

⑪ 随便拿父母钞票，或在外偷窃。（　　）

⑫ 丢三落四，记忆力差。（　　）

⑬ 学习成绩差。（　　）

⑭ 说谎，骂人，打架。（　　）

以上项目按频繁或严重程度分别填 3、2、1，无此表现者填 0，以 10 分以上为阳性，为多动倾向。

要注意多动症与一般孩子多动情况及自闭症儿童的区分（表 8-4 和表 8-5）。

表 8-4　多动症儿童与正常儿童多动的鉴别

鉴别要点	多动症儿童	正常儿童多动行为
场合	不分场合	在适当的场合
多动性质	行为无目的性	行为具有目的性
	行为冒失、表现冲动	表现为感兴趣、求知欲
	不计后果、无法控制	可自控、多出于好奇心
	有始无终、杂乱无章	可以保持长时间专注于一件事
社会功能	受损	不受损

表 8-5　多动症儿童与自闭症儿童的鉴别

多动症儿童	自闭症儿童
多动	极端多动
有所忌惮的多动	无所畏惧的多动
注意力分散	注意力分散与过度集中并存
继发性交流障碍	原发性交往障碍
一般无语言障碍	语言发育异常
无刻板行为	刻板行为重复行为
记忆力一般	机械记忆

（二）多动症儿童的特点

多动症儿童在感知上的缺陷使之对事物的认知和体验发生偏离，从而心理变得异常，意志薄弱，性格波动。多动症儿童性格往往孤僻、任性，自控力差。注意力的强度、稳定性和范围体现了心理活动对一定对象的指向和集中的程度，而多动症儿童的注意活动过程往往发生障碍，注意力不能高度集中，注意时间短暂，注意力不稳定，范围狭窄且容易分心，不善于分配注意力。

1. 注意力的选择性差

注意分为无意注意和有意注意。多动症儿童无意注意占优势，对周围环境的变化、出现的新的刺激容易引起反应，该有意注意的事物却看不到。他们在家做作业时，总会听大人的谈话、窗外的吵闹声；上学路上也会被商店的玩具吸引，忘记上学。他们的注意力是不自觉的、无目的的，见到什么就去看、去做，不知道去辨别到底应不应该做。

2. 注意力难以维持

注意力不能高度集中，保持时间短暂。儿童上学以后，学习对他们来说是一件持久而艰苦的劳动，没有兴趣是不行的，上课专心听讲、按时完成作业是必须做到的，这需要注意力高度集中，不能再像过去那样贪玩了。但是，多动症儿童的学习主动性和自觉性很差，上课小动作不断，作业得让父母督促。同时，他们的注意力也难以持久，一般对 10～12 岁的学生来说保持 40 分钟连续学习并不困难，而多动症儿童很难做到这一点。

3. 注意力的转移性差

多动症儿童的注意范围比较狭窄，掌握的数量明显少于一般儿童，而且注意稳定性差，难以保持注意力，他们不能掌握和理解课文的全部内容，学习成绩波动也很大。这反映出他们的注意广度不够，注意力不

视频

多动症儿童的家庭教育

扫描二维码观看微课视频

稳定，并不是智力低下所致。同样，他们的协调性很差，不善于分配注意力，极易分心。完成某项任务需要眼、耳、脑、手分别控制并相互配合，如上课时眼要看书、看黑板，耳要听讲，又要动脑思考，动手做笔记，这时他们会显得手忙脚乱、无所适从。

（三）多动症儿童的教育对策

对多动症儿童的教育对策具体如下。

1. 养成规律的生活方式

父母要合理安排多动症儿童的休息时间，让孩子的生活富有规律。在生活上注意培养他们的自理能力，尽量分配给他们一些易完成的工作，让他们有一种可以独立完成一项任务的满足感。

2. 对儿童的多动行为进行反复纠正

家长要及时对他们的安静行为给予鼓励。如儿童表现出安静听讲，小动作少，安心游戏，与同伴合作完成某件事时，应及时给予口头表扬或奖励；如乱跑、乱喊、恶作剧时则给予批评或取消某种权利。

3. 及时表扬

当多动症儿童出现了我们期望的行为时，应及时表扬其行为，而不应含糊其词地表扬其整个人。因为对于儿童来说不能分清行为与整个人的关系。实际上，儿童如果只在一方面是好的，其他方面未必好。所以，当孩子出现了我们期望的行为时应马上予以表扬，表扬不只是语言上的表达，也包括非语言的表达。不同年龄的儿童应用不同的方式表扬，训练他们知觉的精确性，提高他们协调动作的能力，帮助他们在意识内建立起正确的行为判断标准。这种方法具有"润物细无声"的效果，能够减轻这些儿童的心理障碍和对抗情绪，潜移默化之中使儿童进步，恢复其自尊心和荣誉感，使其形成是非观念，增强抗诱惑能力。

4. 做到耐心引导

多动症儿童对一切事物都感到新奇不解，大到冰箱、彩电，小到一根针、一粒石子，他们都要摸一摸，玩一玩，忙个不停。其实，他们是在有意无意地探索世界的奥秘。每一次行为的后果总是给儿童带来一定的体验，好的结果使儿童充分享受欢乐，从而趋向这种行为。反之，儿童会避开引起不快的体验。好的行为习惯，是在不断地反复中得到巩固，不好的行为只有在不断地出现后被反反复复矫正才能戒除。所以我们要耐心引导，对自己的教育充满信心。

年幼儿童行为多带有冲动性，注意力分散、好动，随着年龄的增长，在父母的训练下，他们会渐渐学会控制自己的行为，按照规章制度来约束自己的行为。但也有一部分儿童发育较缓慢，父母若不了解这种发育上的差异，给儿童过早的强迫教育，或者说对儿童期望过高，超过了儿童实际所能承受的能力，就有可能诱发或导致多动症。家庭环境的好坏会直接关系到儿童的健康成长，所以，家长就这个问题应该给予高度的重视。

家庭教育对于学生的健康成长起着至关重要的作用，而对于多动症儿童来说，家长要去尝试了解儿童的需要和行为动机，掌握儿童的心理特点，并与教师积极配合，共同帮助多动症儿童改善自身行为。

二、听力障碍儿童的家庭教育

听力障碍是指听觉系统中的传音、感音以及对声音的综合分析的各级神经中枢发生器质性或功能性异常，而导致听力出现不同程度的减退。听力障碍是家长较容易发现的残障之一，因此家长应及时发现、及时干预，这样才能取得良好的教育效果。

（一）听力障碍儿童的鉴别

如果在生活中发现孩子的听力有异常，应及时到专业机构进行检查鉴定，一般鉴定包括听力及听力损伤情况鉴定、听力损伤部位鉴定、语言能力检测、智力检测及病因推断等内容。

我国把听力残疾划分为四级。一级：听觉系统的结构和功能方面极重度损伤，较好耳平均听力损失≥91dBHL，在无助听设备帮助下，不能依靠听觉进行语言交流，在理解和交流等活动上极度受限，在参与社会生活方面存在极严重障碍。二级：听觉系统的结构和功能方面重度损伤，较好耳平均听力损失在81～90dBHL，在无助听设备帮助下，在理解和交流等活动上重度受限，在参与社会生活方面存在严重障碍。三级：听觉系统的结构和功能方面中重度损伤，较好耳平均听力损失在61～80dBHL，在无助听设备帮助下，在理解和交流等活动上中度受限，在参与社会生活方面存在中度障碍。四级：听觉系统的结构和功能方面中度损伤，较好耳平均听力损失在41～60dBHL，在无助听设备帮助下，在理解和交流等活动上轻度受限，在参与社会生活方面存在轻度障碍。

（二）听力障碍儿童的特点

由于听力障碍，听力残疾儿童在感知觉、注意力、记忆思维等方面都表现出不同于健听儿童的特点。语言是人类思维和交际的工具，由于听力损失，听力障碍儿童的语言形成和发展滞后是显而易见的。感知觉是人最基本的心理活动，听觉是获取信息最重要的途径之一。听力障碍儿童由于听不到或听不清周围世界的声音，使他们对外界事物的感知和认知受到一定程度的影响。

听力障碍儿童在感知事物的特点方面，主要表现在知觉信息加工不完整，视觉功能占优势地位。但听力障碍儿童的视觉、触觉和动觉与正常儿童并无两样，由于听觉的丧失更多地借助视觉、触觉和动觉来认知世界。

（三）听力障碍儿童的教育对策

对于听力障碍儿童的教育首先要关注到孩子的心理健康，由于听力障碍导致孩子与正常孩子交流与沟通存在一定困难，在一定程度上会影响孩子的自尊心，使孩子产生一定的负面情绪，家长要多注意引导，鼓励孩子多参加集体活动，多和同伴交流。对于装置了人工耳蜗的孩子，家长要尽早开展听力训练，调动孩子的听力，让孩子听懂声音，训练方法得当且长期坚持，这一类型孩子可以得到很好的恢复。

对于情况比较严重的孩子要加强实际训练，发展孩子残存的听力，有意识地训练孩子的听说能力，如通过各种音节、音调、日常用语等来训练孩子能听懂一些词语的听话训练，通过唇齿、表情、手势等表达的看话训练以及教孩子如何发音、如何说出词语、句子的说话训练等。

听力障碍儿童的发展是一个漫长的过程，家长在过程中要有耐心和信心，针对听力障碍儿童的语言学习与训练应遵循语言获得与语言教学的一般规律，采用科学的训练设备、系统的训练手段、细致耐心的训练态度进行有效的听力障碍儿童语言教学与训练。实践证明，通过训练可以提高他们的语言水平、智力水平，可以提高与正常人交流和适应社会的能力，促进听力障碍儿童的整个心理发展和形成更为健全的人格。

视频

听障、视障儿童的家庭教育

扫描二维码观看微课视频

三、视力障碍儿童的家庭教育

视力障碍也称视力缺陷，是指由于某种原因造成的视觉器官障碍，经治疗后仍无法对事物进行辨别的一种情况。

（一）视力障碍儿童的鉴别

视力发展周期性相对较长，刚出生的婴儿是无法看清楚东西的，在几天后才能看见 20 厘米以内的物体，随着年龄的增长，视觉的广度、深度才慢慢发展，差不多到 6 岁前后视觉功能才彻底发展完备。由于这一特点，对于早期视觉的鉴别带来了一定的困扰。

为确定一个儿童视力是否发育正常首先应当知道不同年龄阶段正常的视力范围。根据应用不同方法（OKN, VEP, PL）测定婴幼儿视力所发表的文献报告，大多数专家认为新生儿及出生后一个月的幼儿视力为光觉～眼前手动，2 个月的视力为眼前手动～0.01，3 个月的视力为 0.01～0.02,4 个月的视力为 0.02～0.05,6 个月的视力为 0.06～0.08,8 个月为 0.1,1 岁为 0.2～0.3,2 岁为 0.5～0.6,3 岁时可能达到 1.0 左右。但同时也有研究指出视觉发育是有差异的,有人早些,有人晚些,但多数学者认为 6 岁以后(甚至 10 岁)方可发育成正常成人视觉。

一旦发现幼儿出现视力障碍,应及时到医院做进一步检测,按照我国的分类标准,视力障碍一般包括盲及低视力,标准见表 8-6。

表 8-6 视力障碍等级评定表

类别	级别	最佳矫正视力范围
盲	一级	无光感～0.02;视野半径小于 5°
	二级	0.02～0.05;视野半径小于 10°
低视力	三级	0.05～0.1
	四级	0.1～0.3

(二)视力障碍儿童的特点

根据大量观察,发现视力障碍儿童的气质倾向以黏液质和抑郁质类型的居多,而多血质和胆汁质类型的人数较少。某盲校通过对观察食堂开饭晚了之后学校盲生的气质表现,统计出胆汁质类型的占 11%、多血质类型的占 13%、黏液质类型的占 48%、抑郁质类型的占 28%。

视力障碍儿童的能力发展从质的角度来看,与明眼儿童存在着一定的差异:其听觉分辨能力、触觉能力比明眼儿童高些,但他们普遍存在着应变能力尤其是应变新环境的能力差、定向行走能力差、操作能力差等现象。从皮亚杰发展阶段论角度来看,视力障碍儿童每个阶段的发展要比明眼儿童缓 1～2 年,其生活、劳动、运动等能力的形成和发展都比明眼儿童晚而且慢,而且其生活适应能力较差。

视力障碍儿童的兴趣发展受个体心理过程的影响很大。常年以耳代目和以手代目,使得他们对听觉信息和触觉信息更感兴趣。就兴趣品质而言,视力障碍儿童与明眼儿童相比在兴趣的广度方面,尤其在视觉刺激信息方面显得不够广阔,但在兴趣的稳定性方面则比明眼儿童强。

(三)视力障碍儿童的教育对策

对于视力障碍儿童的教育与听力障碍儿童有共同之处。首先就是要关注孩子的心理健康状态,父母在发现问题后要及时对孩子进行疏导,使孩子形成正确的价值观和人生观,敢于直面自己的现状,接受现实中的自己,这样孩子才能更加积极地生活和成长。对于后天原因导致视力障碍的孩子,父母要尽快走出阴影,帮助孩子度过从正常人到视力障碍的痛苦过渡期,指导孩子重建信心。

生活技能对于一个人的生活十分重要,对于视力障碍儿童要尽早地培养其相关的生活技能,如吃饭、穿衣、洗澡等。对于视力障碍儿童生活技能和习惯的养成与一般孩子无太大差异,只是需要家长花费更多的时间,也要更加具有耐心。

针对盲童还要专门教会他们辨别方向,尤其是在他4岁以后更要从概念上教给他们如何辨别方向,并且进行专门的训练和指导。辨别前、后、左、右对培养盲童独自行走的技能意义最大,父母要使他们尽早掌握这些基本的方位概念。盲童的前、后、左、右是以他的面部及左右手的方位来确定的。因此,教他认识左手、右手、面、背就有重要意义。对于定向行走而言,最理想的状态是视力障碍儿童能够独自行走,家长要注意让幼儿有一个好的行走姿势,为了达到最后使视力障碍儿童独自行走的目的,家长可以引导视力障碍儿童先在家长的照顾下进行行走,从而逐渐过渡到独自行走。

本章小结

当下,社会各界对于学前儿童的发展越来越重视,然而,在众多无忧无虑充满童真的儿童中,却依旧存在着这样一些特殊群体。他们在心理和生理发展的某一方面或某几方面明显地偏离普通儿童的发展水平,但他们也有享受生活获得成长的权利。面对这样的孩子,父母和教师应该给予他们更多的关爱,呵护这些折翼的天使,让他们更加快乐地成长。

拓展阅读

"卖包子"给了特教学生自强的勇气

在湖北省枝江市,有一家特别的包子铺,这个包子铺每天只营业三个小时,经营者是枝江市特殊教育学校的数学教师周延清以及他的5名残障学生。包子铺开业至今11天,已受到许多顾客青睐,成为当地的"网红店"。周延清说,开包子铺不为挣钱,就为给学生们一个锻炼平台,让他们能有个手艺,以便今后能更好地生活。

这则新闻温馨而动人。"不为挣钱,让他们有个手艺",周老师用他的大爱,为残障学生编织起了生活自立的路径,鼓起了他们生命自强的勇气。小小的包子铺,是特校师生将课堂搬到实训,面向公众的展示区,是残障学生与社会对接的一扇窗口,理当赢得公众的尊重和点赞。

"手握千金,不如一技在手。"相比于普通教育,目前特教发展仍比较滞后。与普通人不同,他们更需要一技之长以谋生、立身。特校生当锤技炼能,为生存而拼搏,为生活而努力,以一技之长绘多彩生活,谱生命绚烂色彩。

古人说:"授人以鱼不如授人以渔。"作为特殊教育学校的一名数学教师,周延清带领残障学生开包子铺,体现了为师者的大智慧和大爱。与普通学校的教师相比,特殊教育教师更具有职业的专业性、独特性和复杂性。从新闻中我们得知,从事特教近 20 年,周老师更能体验到特教学生教育的艰巨性,在回访了许多毕业的残障学生后,他发现学生们无法融入社会,甚至连基本的生活自理都很难。基于此,特教师生包子铺开张,不为挣钱,只为让他们有个手艺。这是对残障学生"授之以渔"的试验田,为特校学生迎来了生活与梦想、人生与生命的精彩经历。特校师生包子铺,不仅传递了"师者,传道授业解惑"永恒的含义,更诠释了一名特殊教育教师对生命成长的关注,对生活的具体思考。教书育人,不再是理念上抽象的符号,更是化为教育实践中实实在在的行动。

发展特殊教育是推进教育公平、实现教育现代化的重要内容。坚持以人为本、弘扬人道主义精神,对残障学生投以更多关爱,是一个社会文明程度的象征。从特校师生包子铺受到许多顾客青睐中可以看到,公众以赞许之情看待特校师生包子铺,让这些特校学生得以在关爱与温暖中,开启幸福之门,感受生活美好,体验快乐人生。

——节选自葛昌明."卖包子"给了特教学生自强的勇气[N].中国教育报,2019-05-21.

思考与练习

一、单项选择题

1. 根据世界卫生组织的定义,双眼中优势眼的最佳矫正视力在( )为低视力。

    A. 0.02～0.03   B. 0.03～0.05

    C. 0.05～0.1   D. 0.05～0.3

2. ( )是听力受损儿童在成长过程中受影响最严重的问题。

    A. 语言   B. 认知

    C. 思维   D. 社会化发展

3. 智力落后儿童的概念为我们测查和鉴定智力落后儿童提供了三项指标,这些指标不包括( )。

    A. 情商   B. 年龄指标

    C. 智力指标   D. 适应行为指标

练习题剪下后,可作为课程作业上交。

4. 智力落后儿童的测查与鉴别，要由（　　　）进行。

   A. 教师　　　　　　　　　　B. 幼儿园或学校领导

   C. 专业人员　　　　　　　　D. 所有这些人员

二、简答题

1. 请你谈谈如何区分多动症儿童与正常儿童多动行为。

_____

_____

_____

_____

_____

2. 对智力超常儿童的教育可以采用哪些策略？

_____

_____

_____

_____

_____

3. 请联系实际谈谈应该如何教育引导自闭症儿童，使其更好地成长。

_____

_____

_____

_____

_____

参 考 文 献

[1] 李惟民. 社区教育目的概观与新探[J]. 当代继续教育, 2019, 37(1): 12-19+28.

[2] 陈思. 试论我国社区教育课程体系的完善[J]. 吉林广播电视大学学报, 2018(11): 90-92.

[3] 丁红玲, 都雅男. 我国社区教育政策 40 年: 历史回顾、价值逻辑及未来展望[J]. 当代继续教育, 2018, 36(4): 4-9.

[4] 王竞, 胡俊峰, 郭艳. 社区教育资源共享的推进策略[J]. 中国成人教育, 2018 (7): 141-144.

[5] 何欣欣. 我国社区教育机构发展现状研究[J]. 产业与科技论坛, 2018, 17(8): 9-10.

[6] 赵小段, 李媛. 责任与分工: 不同类型教育机构承担社区教育之比较分析[J]. 成人教育, 2017, 37(11): 32-35.

[7] 廖静云, 吴锦程. 社区教育课程开发研究综述[J]. 高等继续教育学报, 2017, 30 (4): 58-62.

[8] 赖长春. 略论社区教育评价指标体系构建: 顾客满意度测评视角[J]. 职教论坛, 2017(9): 48-51.

[9] 侯怀银. "社区教育"解析[J]. 山西大学学报(哲学社会科学版), 2017, 40(1): 133-139.

[10] 高卫东. 社区教育资源整合机制简析[J]. 职教论坛, 2016(3): 58-63.

[11] 李彦瑾. 社区教育资源建设探析[J]. 继续教育研究, 2015(11): 55-57.

[12] 房颖. 社区教育课程设计与实施模式研究[J]. 成人教育, 2015, 35(7): 8-11.

[13] 陈乃林, 赵瑶珍. 关于社区教育基本特征的反思与再认识[J]. 职教论坛, 2015 (15): 60-66.

[14] 王国光, 宋亦芳. 社区教育社会评价问题探析[J]. 教育发展研究, 2014, 34 (Z1): 44-49.

[15] 邓思平. 试论社区教育课程的开发[J]. 漳州师范学院学报(哲学社会科学版), 2013, 27(4): 107-111.

[16] 邓思平. 试论我国社区教育资源整合策略[J]. 湖南科技学院学报, 2013, 34(9): 149-151.

[17] 严娟红. 社区教育课程研发路径管窥[J]. 当代继续教育, 2013, 31(4): 40-43.

[18] 赵婧. 社区教育课程开发的概念、问题及策略选择[J]. 成人教育, 2013, 33(4): 67-70.

[19] 张志新, 何爱霞. 我国社区教育课程建设的价值取向与发展趋向[J]. 现代远程教育研究, 2013(2): 53-60.

[20] 杜幼文. 社区教育的社会效益评价问题[J]. 现代远程教育研究, 2012(6): 3-9.

[21] 仲红俐. 关于社区教育课程开发的思考[J]. 成人教育, 2012, 32(10): 31-33.

[22] 徐魁鸿. 我国社区教育的发展：历史、问题及对策[J]. 职教论坛，2012(4)：44-46.

[23] 赵艳立，徐玲. 改革开放以来我国社区教育政策的演进[J]. 中国成人教育，2011(19)：31-33.

[24] 沈光辉. 社区教育是一种区域全民终身教育——社区教育与终身教育、成人教育、学习型组织的关系[J]. 中国成人教育，2011(7)：14-17.

[25] 刘尧. 社区教育的内涵、特点与功能探讨[J]. 西北农林科技大学学报（社会科学版），2010，10(3)：110-114.

[26] 王勇. 论社区教育资源开发[J]. 现代教育管理，2009(12)：11-14.

[27] 刘杼. 创建学习型社会背景下的社区教育资源共享问题研究[J]. 继续教育研究，2009(8)：73-75.

[28] 李达柱，陈兆刚. 宝安区在社区教育体制改革方面新探索[J]. 中国农村教育，2009(Z2)：69-70.

[29] 汤海明. 当前我国城市社区教育管理体制构建初探[J]. 职教论坛，2009(13)：32-35.

[30] 黄云龙，史悦秀. 关于建构发展性社区教育评价模式的设想[J]. 教育发展研究，2006(24)：67-70.

[31] 苟顺明. 试论社区教育课程的开发[J]. 继续教育，2006(7)：29-31.

[32] 张培忠，由磊明，林心红. 社区教育与社区发展论[J]. 中国成人教育，2005(10)：28-29.

[33] 黄云龙. 我国社区教育的嬗变、发展态势及其实践策略[J]. 教育发展研究，2005(18)：71-79.

[34] 许芸. 社区教育资源的开发整合和利用[J]. 南通大学学报（教育科学版），2005(1)：22-25.

[35] 季东亮. 论社区教育的功能[J]. 成人教育，2005(1)：10-11.

[36] 杨向群，项复民. 认真开展评价工作 推进社区教育发展[J]. 成人教育，2004(11)：12-14.

[37] 吴遵民. 关于对我国社区教育本质特征的若干研究和思考——试从国际比较的视野出发[J]. 华东师范大学学报（教育科学版），2003(3)：25-35.

[38] 关颖. 社区教育资源的开发和利用[J]. 教育研究，2001(6)：54-57.

[39] 厉以贤. 社区教育的理念[J]. 教育研究，1999(3)：20-24.

[40] 孙灿成. 社区教育社会功能初探[J]. 上海师范大学学报（哲学社会科学版），1994(2)：116-120.

[41] 侯怀银. 社区教育[M]. 北京：北京师范大学出版社，2015.

[42] 檀传宝. 学校道德教育原理[M]. 北京：教育科学出版社，2000.

[43] 逯长春. 变迁社会中的家庭教育：困境与发展对策[J]. 广西师范大学学报（哲学社会科学版），2019，40(1)：132-139.

[44] 沈杰. 梁启超的教子之道及其当代启示——以家庭教育的理念选择为视角[J]. 现代教育论丛，2018(1)：79-84.

[45] 陈建翔. 家庭教育亟待重新定义[N]. 中国教育报，2017-04-27(009).

[46] 李树苗，王欢. 家庭变迁、家庭政策演进与中国家庭政策构建[J]. 人口与经济，2016(6)：1-9.

［47］童辉杰，宋丹. 我国家庭结构的特点与发展趋势分析［J］. 深圳大学学报（人文社会科学版），2016，33（4）：118-123，149.

［48］刘录护. 马卡连柯教育原则的理论解释与个案分析［J］. 现代教育论丛，2016（2）：17-24.

［49］张红艳，周晓阳. 论家庭的本质及其历史演进［J］. 南华大学学报（社会科学版），2015，16（5）：41-46.

［50］刘玉梅，朱萍. 当今的家庭教育重点要关注什么［J］. 辽宁教育，2014（12）：41-42.

［51］赵忠心. 教育理念决定家庭教育成败［N］. 人民日报，2013-09-01（005）.

［52］熊孝梅. 家庭教育与社会变迁［J］. 教育评论，2009（6）：17-20.

［53］夏扉. 论家庭教育的特性及其教育对策［J］. 中山大学学报论丛，2007（1）：18-22.

［54］骆风. 简析当代家庭教育概念的演进［J］. 学前教育研究，2004（11）：17-18.

［55］王兴宇. 浅谈家庭教育的特点及教育重点［J］. 吉林教育科学，1995（10）：38，47.

［56］季诚钧. 试论家庭教育的内涵、特点和规律［J］. 江西教育科研，1992（5）：46-48.

［57］杨宝忠. 大教育失业中的家庭教育［M］. 北京：社会科学文献出版社，2003.

［58］吴奇程，袁元. 家庭教育学［M］. 广州：广东高等教育出版社，2006.

［59］Howard Gardner. 重构多元智能［M］. 沈致隆，译. 北京：中国人民大学出版社，2008.

［60］李丹儿童亲社会行为的发展［M］. 上海：上海科学普及出版社，2002.

［61］熊丽娟. 单亲家庭子女常见心理问题及教育对策［J］. 中华文化论坛，2008（S1）：124-125.

［62］王文忠. 家庭教育手册［M］. 北京：科学出版社，2009.

［63］万慧颖. 学前儿童家庭教育［M］. 南京：东南大学出版社，2016.

［64］缪建东. 家庭教育学［M］. 北京：高等教育出版社，2009.

［65］Carol Gestwicki. Home，School and Community Relations：A Guide to Working with Parents（2nd ED）［M］. Albany，New York：Delmar Publisher Inc，1992：78.

［66］Matsuda Kimiko. A Suggestion for Family Life Education Based on Children's Conception of the Family：A Perspective in Accelerating Homemaking Education［J］. Journal of the Japan Association of Home Economics Education，1968，9.

［67］Gill Crozier，Jane Davies. Family matters：A Discussion of the Bangladeshi and Pakistani Extended Family and Community in Supporting the Children's Education［J］. The Sociological Review，2006，54（4）.

［68］Ato Essuman. Improving Education Delivery Through Community—School Partnership［J］. International Journal of Educational Management，2019，33（6）.